병와 이형상

일러두기

- 이 책은 『병와문집』(한국정신문화연구원 『병와전서』 1권)의 한문본과, 『국역 병와집』(한국정신문화연구원) 및 『병와연보』를 활용하여 원문을 쉽게 읽을 수 있도록 다듬었다.

- 이 책의 각종 사진 자료는 대부분 필자가 직접 촬영한 것이다. 그 외의 사진은 문화재관리국의 영상자료와 인터넷 자료를 활용하였다.

- 이 책의 이미지 자료는 연구나 스토리텔링 목적으로는 누구든지 자유롭게 활용할 수 있다.

- 한자어는 가급적 풀어쓴다. 그러나 꼭 필요한 경우 괄호로 처리하였다.

병와 이형상

이정옥 엮음

글누림

글 머리에

필자는 영천인으로 한빈한 집안에 태어나 학문의 길을 걸으며 영남의 명문 학인의 집안인 병와 이형상의 가문에 가연을 맺었다. 병와의 11세 후손인 국립국어원장을 지낸 남편과의 인연이 어느새 30년이 훌쩍 넘었고, 두 아들도 눈 깜빡할 새에 다 컸다. 두 사람 모두 학문 연구와 사회 활동한다는 핑계로 가정교육에 소홀하지는 않은 것인지 노심초사했다. 특히 어미로서의 도리를 제대로 못했다는 자책을 하곤 했다. 그런데도 두 아들은 큰 탈 없이 다 큰 것 같아 고맙다는 생각을 했다. 이제 곧 성혼을 하고 가정을 꾸릴 나이의 아들들, 또한 공직에 뜻을 둔 아들들을 생각하니, 수신(修身)의 범절이 왜 중요한지를 그리고 몸가짐을 바로하기 위해 수신의 경계가 얼마나 중요한지를 나이가 든 이 시점에 절절하게 깨닫게 되었다.

그런 고민에 빠진 즈음에 300여 년 전 이미 인간 수련의 길을 앞서서 훌륭히 갈고 닦으며, 국가와 사회를 위해 참으로 헌신했던 병와 이형상 선생의 수많은 저서들이 바로 내 곁, 우리집 서가에 있음을 발견하였다. 세상사 어떤 것은 신선함의 가치를 가진 것도 있으나, 오랜 시간 숙성의 인연으로 맺어진 것도 있음을 알 즈음의 나이가 되자 발견하게 된 글들은 보석같이 반짝거렸다.

병와 이형상

조선조를 관통하는 걸출한 대학자였던 병와 선생이 남긴 책속의 글귀가 차츰 가까이 큰 무게감으로 다가왔다. 남의 눈에 자칫 가문의 자랑으로 여겨질까 두렵지만 이 시대를 살고 있는 사람들, 나와 같이 아이를 기르고 남편과 함께 가정을 꾸리고 살아가는 평범한 사람들의 가정교육을 위해서, 더 나아가 무엇보다도 국민을 위해 일하고자 공복(公僕)이 된, 또는 되고자 하는 이들에게 병와 선생의 글을 꼭 읽히고 싶었다.

사실 처음 이 책은, 내 아이들에게 선조의 위업을 알게 하고 그 가르침을 실천하게 하기 위한 소박한 바람에서 시작한 일이었다. 그러나 글을 읽으면서 행간 속에서 300여년 전의 병와의 올곧은 목소리가 처음에는 낮은 목소리로 들리다가 점점 큰 울림으로, 때로는 꾸짖음으로, 때로는 따사한 목소리로 나를 바로 세움을 느꼈다.

요사이처럼 공교육이 위기에 처한 적이 있었을까. 가정교육 부재, 인성교육의 실종의 시대이다. 이전 시대에 나의 이웃을 위해 헌신했던 병와가 인성 교육과 가정교육을 어떻게 실천했는지 당쟁의 파랑 속에서, 그는 무엇을 생각하고 탐구했는지 우리 모두 한 번쯤 찾아 볼 만하다는 생각으로 출판하려는 용기를 얻었다.

현실적 이유를 또 하나 더 든다면, 수신제가치국평천하(修身齊家治國平天下). 자주 듣고 말하면서도 새삼스러운 이 명구. 요즈음 치국한답시고자 하는 사람들이 수신제가(修身齊家)하지 못한 불미스러움을 자주 목도함 때문이다.

세상이 어려울수록 한 사람 한 사람의 행동거지를 스스로 통제할 수 없다면 결코 아름다운 사회가 될 수 없다. 여기 병와 선생께서는 먼저 가정과 이웃을 바르게 이끌고 국가와 사회를 위해 그리고 힘없는 양민들을 위한 정치를 묵묵히 실천했던 목민관이었다.

이 책의 주인공인 병와 이형상(효종 4(1653)년~영조 9(1733)년)은 조선 후기의 문신으로 본관은 전주, 자는 중옥(仲玉), 호는 병와 또는 순옹(順翁)이다. 효령대군의 10세손이며, 성균진사를 지낸 이주하(李柱夏)와 파평윤씨 사이에 난 둘째 아들이다.

숙종 3(1677)년 사마시를 거쳐 1680년 별시문과에 병과로 급제하여 환로에 나서면서부터 철저한 원칙주의자였다. 권력에 굽히지 않고 당화에 휩쓸린 조선조 후기 관료사회의 모순들을 혁신하려고 노력했다. 호조좌랑 재임 때는 동지사가 가지고 가는 세폐포(歲幣布)가 병자호란 이후 바쳐온 보포(報布)보다 9척이나 긴 것을 알고, 이것이 이후 무궁한 폐단이 될 것을 우려하여 주변의 반대에도 불구하고 늘어난 척수를 끊어버리고 보내었다.

성주목사로 재직시에는 민풍 교화에 힘써 20조의 훈첩(訓帖)을 반포하고 유생 150명을 선출하여 관비로 교육시키기도 하였다. 인조 때 의사 이사룡(李士龍)을 위하여 충렬사를 지어 그의 사적을 길이 남겼다. 한편 독용산성(禿用山城)이 파괴된 채 방치됨을 보고 민정(民丁)을 차출하여 3일 만에 완성시켰다.

동래부사 때에는 이 지역이 일본과 접경된 관문으로서 국방상 요지임을 절감하고 수비에 더욱 힘쓰는 한편, 당시 일본의 구송사(九送使)가 많은 폐단을 일으킴을 통감하여 이를 폐지시키려 노력하였다.

경주부윤 때에는 운주산(雲住山)의 토적 수천 명을 해산시켰으며, 향교와 서원에 교유하여 학풍을 진작시키고 향약과 향음주례를 강화하여 향촌 질서를 세우고 충·효·열을 민간에 장려하여 유교적 도덕정치를 실시하였다.

1703년에 제주목사로 부임하여 제주의 누속(陋俗)을 일체 개혁하여 유속(儒俗)으로 바꾸게 하였다. 즉, 석전제를 행하였던 삼읍의 성묘를 수리하고 이름 높은 선비로서 선생을 정하여 글을 가르치게 하였고, 고을나(高乙那)·양을나(良乙那)·부을나(夫乙那)의 삼성의 사당을 세워 제주민의 신화를 존중하였다. 제주 해녀들이 나체로 잠수 작업하는 것을 일체 금지시켰다. 이때부터 비로소 제주 해녀들은 잠수복을 입기 시작하였다.

병와는 목민관으로서 경세치용을 실천하여 백성의 삶을 풍요롭게 하고자 하였다. 한편으로는 학문을 진흥시키고 문화재와 고적을 수리, 보존하는 등 문화적 치적도 남달랐다. 백성들의 풍속을 시대정신에 맞게 교화시키고 생활개선을 주도하였다. 당시 백성들은 송덕비 4개를 세워 그의 맑은 덕을 칭송하였다. 그런 그가 청백리에 천거된 건 당연한 결과였다.

그러나 점점 격해져 가는 당파에 휩쓸리자 환로의 꿈을 접고 고향이 아닌 경상도 영천(永川)의 호연정(浩然亭)에 낙남하여 학문과 후학

양성에 정진하였다.

병와는 전 생애를 통해 총 142종 326책이라는 방대한 분량의 저술을 남겼다. 목민관으로서의 경험과 성리학적 사유가 새로운 실학의 불을 당기는 가교 역할을 했다는 평가를 얻을 만한 대저술들이다. 그의 생애 경험이 고스란히 스며 있는 대표적인 저술, 『둔서록(遯筮錄)』, 『악학편고(樂學便考)』, 『강도지(江都志)』, 『남환박물지(南宦博物誌)』, 『탐라순력도(耽羅巡歷圖)』 등은 국가 보물(제 256호 1~10)로 지정되었다.

마치 한 편의 역사드라마와도 같은 엄청난 사유의 진폭을 지닌 병와 선생의 삶을 간추려 내기가 쉽지 않았다. 1부 '백성이 궁하면 어찌 인심이 변하지 않겠습니까?' 중 '백성은 물, 임금은 배', '전정(田政)은 공평 균등하게 정해야 할 것입니다' 등에서는 목민관으로서의 개혁적인 삶을 조명해 보았다. 가는 곳마다 백성들의 민풍을 바로 잡고 가난한 백성의 편에 서서 전제 개혁이나 세금을 줄이기 위한 합리적 방략을 제시했던 상주문을 읽노라면 병와의 백성 사랑하는 절절한 마음을 읽어낼 수 있었다.

동래부사 시절, 왜관에 머문 왜인들의 횡포와 그에 동조하는 관원들을 바로잡기 위한 노력이 배여 있는 '왜(倭)에게 뒷바라지를 한다는 것은 대의에도 벗어나며' 편에서는 중앙 환로에 있는 예조판서에게 신랄한 비판을 서슴치않은 청백리의 올곧은 모습이 통쾌한 드라마의 한 장면으로 선명하게 보인다.

병와는 조선조 신분사회의 구조적 모순을 몸소 실천하며 개혁으로

·이끌었다. '노비 해방의 선구자, 가족사랑'에서는 재산으로 치부되었던 가노들을 모두 속량한 과감한 실천적 지식인의 모습을 발견한다. 그리고 그의 가족과 자녀들에 대해 항상 엄격하지만 따뜻한 마음이 묻어 있는 몇 편의 편지글을 소개한다. '예악(禮樂)의 처음과 끝'에서는 성리학의 실천적 구현은 예악의 겸비에 의해 민풍을 순화하는 동시에 악학 이론의 뼈대를 세운 선생의 예악이론을 만난다.

'병와의 여행기'편에서는 제주 목사 시절, 바쁜 목민관으로서 숨가쁘게 오른 한라산 기행을 함께 하는 기쁨도 누려본다. 또한 평소 병와가 존경하였던 여헌 장현광 선생을 뜻을 좇아, 입암 28경을 주유하며 관찰하기도 하면서, 여항의 민풍을 만날 수도 있었다.

2부에는 조선조 최대의 저술을 남긴 병와 이형상의 저술을 간단하게 종합 정리하고 번암 채재공이 쓴 행장과 대산 이상정이 쓴 발문과 함께 몇 편의 산문을 추록하였다.

병와는 어린 시절부터 일족이었던 지봉 이수광 가문, 그리고 식산 이만부 선생과 끊임없는 학문적 교류를 나누었다. 거기에서 발견한 그의 경학(經學)과 주역(周易)에 대한 방대하고 심오한 학문과 철학에 대해서는 아직도 우리 학자들의 손이 미치지 못하고 있어 안타깝다는 생각도 가진다. 많은 연구가 이어질 것을 기대해 본다.

아직 완전히 공개되지 않은 병와 선조의 서책에 배여 있는 위대한 사상과 그 학문적인 세계를 간추려 많은 사람들에게 교양서로서 소개할 필요성이 있다고 판단하고 글누림출판사의 도움으로 이 세상에 내놓게 되었다.

역사는 이성적일 듯하지만, 때로는 철저하게 비정하기도 하다. 사회 조직 또한 눈에 보이지 않는 폭력을 마구 휘두르는 비이성적인 힘을 가지고 있다. 그런가 하면 역사는 우리 개인이 직면하는 눈에 보이지 않는 폭력적인 삶을 이성적으로 윤색한 한 편의 드라마일 수도 있다. 그러나 학문은 가장 비이성적인 부분까지도 냉철하게 평가하고 해석하고 분석하여 대안을 제시할 책무가 있다. 그런 점에서 21세기, 이 시대는 인문학적 성찰을 더욱 요구한다. 비록 돈이 되지 않는다는 이유로 학문의 전당, 대학에서조차도 홀대받고 있지만······.

한 개인이 지켜내야 할 정직하고 깨끗한 숭고한 삶이 얼마나 가치 있는지를, 또 한 개인의 삶이 얼마나 고결해야 하는지를 알리기 위해 편찬한 이 책에는 300년 전 병와가 이루어낸 인문학적 성찰 또한 고스란히 담겨져 있다.

그럼에도 불구하고 청빈한 목민관이요, 위대한 학자였으며, 따뜻한 인간이었던 병와 선생께 미흡하기 짝이 없는 필자가 추호의 누라도 끼칠까 가장 두렵다.

끝으로 일일이 거명하지는 않았으나 많은 선행 연구자들의 성과에 대해 감사한다. 어려운 출판사 사정에도 원고를 보자마자 곧바로 출판을 추진해준 글누림출판사 최종숙 사장과 이태곤 편집장, 안혜진 대리와 임애정 편집자에게 고맙다는 인사를 드린다.

30여 년 가까이 날마다 학생들과 호흡하며 살다가, 작년부터 최근까지 20여 개월, 잠시 강단에서 자유로울 수 있는 절호의 기회를 얻었다. 이렇게 병와 선생의 글을 가까이 뵙고 되새기며 더 많은 내면의 성찰의 시간이 되었다. 게다가 책으로까지 출간할 기회를 얻음은 기대 그 이상의 큰 행운이었다.

이정옥 삼가 씀.

목차

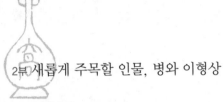

2부 새롭게 주목할 인물, 병와 이형상

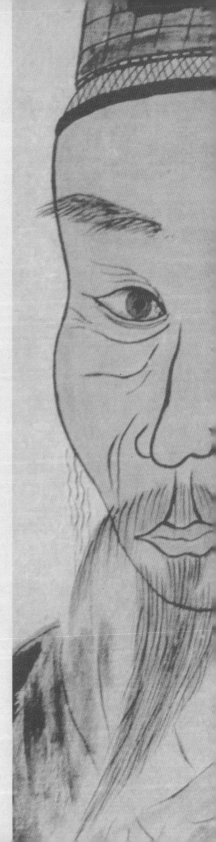

1부
백성이 궁하면
어찌 인심이 변하지 않겠습니까?

渾存楣則幸從修撰悉欲教良史記嘉言

没乾龍爛日邪惹説庚申地下煩冤積人間邨

唔名嗟有限世跡欲無塵險阻吾嘗備不堪哭

李參判 元祿輢

送宋德普赴關西幕

城頭滚滾大江橫浮碧晴光麼樹涼留我昔年

興送君今日鏡中行永明寺傑塵心少箕子田

跡荒試到綺羅叢裡問幾人能免別離情

백성은 물, 임금은 배

백성은 물, 임금은 배

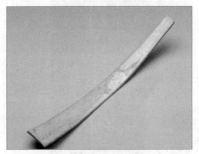

당상관이었던 병와가 조정에서 패용했던 홀(笏)

　　대저 사람의 세상이란 하나의 큰 물이고, 백성의 마음은 하나의 큰
바람이다. 성난 물결이 해를 향해 쏟아지고 급한 여울이 산을 밀치며, 무너져 내린
구름과 자욱한 안개가 바다를 가리고 하늘을 막아 천오(天吳, 북두의 중심별)가 잠
깐 보였다가 금방 숨어 암초를 지났는데 다시 부딪치게 되는 것이 바로 험악하다는
것이다. 막연하고 어두운 속에 감추어져 있다가 갑작스레 거울같은 평면의 물결을
격렬하게 뿜어대어 하늘에 닿을 형세를 이루어서 돛대가 부러지고 삿대가 망그러
져서 방황하고 정신이 없어 지척을 알 수가 없고 담이 떨어지고 정신이 나가는 것
이 이른바 무섭다는 것이다. 사해(四海)가 물로 가득 차 있기 때문에 넓다는 것이
다. 그것들이 임금을 떠받들고 있기 때문에 백성이 귀하다는 것이요, 거기에 붙어
있기 때문에 임금이 가볍다는 것이다.

병와 이형상

함께 탄 배에 바람 만나면 오랑캐도 마음 같이 하는 법

숙종 35년 무자년 11월 10일 서연(書筵)이 열렸을 때에 왕세자(경종)가 주수설(舟水說)을 내어 보여주었다. 이때 마침, '대학연의(大學衍義)'를 진강하고 있었는데, 주상의 마음이 황보 규(皇甫規)[1]의 말에 특별한 느낌이 있어서 말씀할 바를 만들어 궁료들에게 하문을 내리신 글이었다. 이 글을 한 장 베껴 보내온 사람이 있어서 향을 피우고 손을 씻고 나서 보았다. 말씀이 엄정하고 간략하며 증거가 확실하고 뜻은 깊었다.

물의 넓은 이치로 백성이 귀하다는 것을 아신 것이다. 험하다는 것을 물에 비유함에는 소고(召誥, 『서경』의 편명)에 나오는 민암(民嵒, 백성이 무서운 것)을 들었고, 두렵다는 것으로 백성을 비유함에는 오가(五歌, 『서경』의 편명)에 나오는 후색(朽索, 썩은 새끼줄로 여섯 마리가 임금 수레를 끎)을 들었다. 그리고 또 하교하시기를 "배는 위태로운 것이고 임금은 가벼운 것이다."라고 하시면서 몇몇 임금의 경복(傾覆, 축출)된 예들을 낱낱이 들고 소강(小康)의 군주에까지 언급하시면서 같은 배를 탔다는 것을 강조하고 노를 잘 잡아야 한다고 다짐했다. 성난 물결을 무섭다고 했고 헛된 꾸밈을 경계했다. 끝에 가서는 법도를 무시하고 뛰어넘는 무장(武將)을 들어 세상의 도리를 깊이 탄식하시기도 했다.

아! 예로부터 임금이라면 누가 나라의 형세를 태산같이 안정되게 하려고 하지 않았겠는가마는, 오직 사치스럽고 거만한 마음이 있기 때문에 스스로 높은 체하고, 성스러운 체하여 신하들을 공경치 않고 백성에게 포학을 부렸으며, 또 간신들에게 함익(陷溺, 모함에 빠짐)됨을 깨닫지 못한 것이다. 참으로 험하고 무섭다고 생각하여 위태롭게 여긴다면 어찌 불안할 일이 생기며, 또 백성을 귀하게 여겨 지켜주고 의지한다면 또 어찌 함부로 하는 마음이 생기겠는가?

열 줄의 천찰(天札, 임금의 편지)이 별과 은하수가 빛나듯 환하니, 항시 조심조심하고 계시다는 것을 짐작하고도 남음이 있다.

대개 논하건대 "백성은 물과 같다."는 말은 다만 황보 규만의 말이 아니다. 무릇 연빙(淵氷, 연못의 얼음)의 경계를 생각하고 있는 사람은 모두가 임금은 배와 같다고 짐작하고도 남음이 있다.

대저 사람의 세상이란 하나의 큰물이고, 백성의 마음은 하나의 큰 바람이다. 성난 물결이 해를 향해 쏟아지고 급한 여울이 산을 밀치며, 무너져 내린 구름과 자욱한 안개가 바다를 가리고 하늘을 막아 천오(天吳, 북두의 중심 별)가 잠깐 보였다가 금방 숨어 암초를 지났는데 다시 부딪히게 되는 것이 바로 험악하다는 것이다. 막연하고 어두운 속에 감추어져 있다가 갑작스레 거울같은 평면의 물결을 격렬하게 뿜어대어 하늘에 닿을 형세를 이루어서 돛대가 부러지고 삿대가 망가져서 방황하고 정신이 없어 지척을 알 수가 없고 담이 떨어지고 정신이 나가는 것이 이른바 무섭다는 것이다. 사해(四海)가 물로 가득 차 있기 때문에 넓다는 것이다. 그것들이 임금을 떠받들고 있기 때문에 백성이 귀하다는 것이요, 거기에 붙어있기 때문에 임금이 가볍다는 것이다.

그리고 노를 젓는 사람의 공로를 어찌 쉽게 말할 수 있겠는가. 노를 저어야 배가 나아가고 힘을 합쳐야 수월하게 건널 수 있다. 능히 호령을 통일하여 임금의 배가 편안하게 하는 방도는 어찌 다른 길이 있겠는가. 배를 같이 탄 사람들이 죽고 사는 것이 순간에 있다는 것을 알고 남과 내가 환란을 같이 하고 있음을 깨달아 혹 노를 젓기도 하고, 혹 돛대를 세울 때에 힘을 함께 다하고, 나아가고 물러가고 두루 돌고 할 때에 모두가 뱃사공의 말을 듣게 되면 위태로운 것을 편안하게 할 수 있고, 망가진 것을 온전하게 할 수가 있는 것이다.

비록 모두가 충성심에서 우러난 것이 아니라 하더라도, 함께 탄 배에서 바람을 만나면 오랑캐도 마음을 같이하는 법이니 그 배를 보위하는 것은 바로 자신을 지키는 일이다. 그러나 세속의 소견은 밝지를 못하여 사람들의 마음은 편안하기만 좋아한다. 단지 구차하게 눈 앞의 편안함만 생각하고 모두가 남으로 인하여 일이 이루어지기를 바란다.

충고하는 말과 착하게 달래는 소리는 허망하다 여기고 노를 젓고 키를 잡는 일을 형식으로 생각하며, 심지어는 그 돛대를 찢어서 방석을 만들고 노를 찍어서 기구를 만든다. 그러면서 '기회를 이용해서 이로움을 취한다'고 변명한다. 그렇게 해서 배가 가라앉고 자신이 죽게 될 줄은 모른다.

이 배가 지극히 넓은 물결 위에 떠 있고 지극히 위태로운 곳을 가고 있는 것이니, 좌로 치우치면 우측이 기울고 앞만 지키다가는 뒤가 소홀해지는 것이 당연한 형세이다. 반드시 균일하고 반듯하게 하여 똑같이 나누어서 고르게 싣고, 부릴 만한 사람을 가려서 부리고 방비할 만한 사람은 방비를 하게 하여 거취와 향배를 전적으로 맡겨야만 배가 기울어질 염려가 없고 사람이 빠져 죽을 우려가 없는 것이다. 그래서 특별히 양기(梁冀, 당나라 시대의 간신)와 같은 아주 못된 간신의 예를 들어 노를 잡는 이야기를 마무리한 것은 매우 깊은 의미가 있다. 그런데 당 태종은 중재(中材, 뛰어난 인물이 아님)에 불과한 임금이었으나, 왕세자같이 하늘이 내신 덕으로 무엇을 사모하고 배울 것이 있다고 그를 스승으로 삼고자 하신단 말인가. 다만 걸주를 경계하셨다면 그 밖의 것은 알 수가 있는 것이요, 중주를 들어 말씀했다면 그 이상은 미루어 알 수가 있는 것이다. 성곽이나 토목의 역사도 오히려 함정에 빠지는 증거로 삼았는데, 하물며 높은 부귀를 스스로 자랑하고 백성을 건져줄 생각을 아니 할 수가 있겠는가.

하루에 세 번 문안을 드리러 가신 끝에 이런 것을 아뢰고 편언(片言, 옥사를 처결)의 사이에도 이 마음으로 깨우쳐드려 위로는 성부(聖父)의 다스림을 도와 드리고, 아래로는 여러 신하들의 태만함을 꾸짖으신다면, 온 나라 수천 리에 사는 백성들이 장차 모두 태평의 장생하는 지역에 들 것이요, 다시는 배가 가라앉거나 뒤집힐 염려가 없을 것이라는 것을 또한 장차 이것을 근거로 점칠 수가 있을 것이니, 기쁘게 바라는 마음 가눌 길 없다. 삼가 손을 맞잡고 머리를 조아리며 송을 지어 올린다. 송은 다음과 같다.

주수설 송(舟水說 頌)

백성은 물이라는 비유의 말씀
임금은 배이니 조심해야 하는 것
진실로 깨우치고 삼가지 않으면
그 뒤에는 후회를 하게 된다
경적(經籍)을 상고해 본다면
성인의 가르침이 분명하도다
신수(辛受)[2] 같은 사람은
스스로 멸망을 취하였도다
그리고 진시황같은 사람도
엎어져 멸하고 말았도다
그 기틀이 이와 같으니
어찌 감히 함부로 하리요
아, 아름답도다 오늘날에
성인이 으뜸으로 나셨도다
왕도로써 거느리시니
백성들 흡족하여 기뻐하도다
그리고 왕세자께서도
기질이 순수하고 거룩하도다
몸가짐 행동거지가

어느 것이 성스럽지 아니 하신가

그래서 모든 신하와 백성들이

기꺼이 목숨을 바치려 하도다

자주 경연을 여시고

밝으신 학문이 날로 진취하도다

대학을 강하게 되시면서

연의(衍義)까지 겸하여 통하였도다

황보 규의 논하는 바가

더욱 깊은 마음 열어 주었도다

배와 물로 비유한 그 한 말에

유독히 선의 뜻을 이루셨도다

글자 글자마다 훈계가 되고

글귀 글귀마다 비단이로다

하시는 그 말씀이 아, 참으로

천위(天位)는 보전하기 어려운 것이다

험한 것은 물이 아니겠는가

무서운 건 백성이 아니겠는가

물은 넓고 배는 위태로우니

큰 나루를 건너기와 같아라

임금은 가볍고 백성은 귀한 것이니

바다에서 바람을 만난 거나 마찬가지로다

병와 이형상

그래서 예부터 성왕들은

반드시 좋은 사공을 가리었도다

한 배를 같이 타고 힘을 다하면

위태로운 것을 편케 할 수 있는 것

용렬한 임금은 살피지를 못하고

사치하고 거만하여 맘대로 놀아난다

작은 물 조심하지 않다가

하늘에 닿는 큰 물 어찌 막으리

저 당 태종같은 분이야

소강(小康)이라 일컬을 뿐이다

후손에게 가르치심 남기시느라

인증하며 하신 말씀 뜻이 깊도다

적신(賊臣)들이 사욕을 부려서

엎어져 망하기를 달갑게 했다

사물을 끌어다가 비유하면서

하시는 말씀 문장을 이루었다

이제와 옛 일을 증거대시니

아름다운 그 말씀 빛이 있도다

말씀이 이미 절실하거니와

타이르고 책망함이 더욱 간절하도다

하물며 그 나머지 뜻은

더욱 헛된 문식(文飾)을 경계하셨다

소고(召誥)에 백성이 위험하단 말과

오가(五歌)에 썩은 새끼란 말과 함께

다 같이 아름답고 좋은 말씀이니

태평성대를 이룩할 수 있으리로다

세 번의 문안을 올리시는 틈에

성부(聖父)께 규간(規諫)도 드리고

다스림을 도와드리는 즈음에

여러 대신들도 깨우치소서

그러면 효가 어찌 넓지 않으며

치평(治平)이 어찌 넓지 않으리

신(臣)이 성세(聖世)를 당하였기에

대책(大冊)을 뵈올 수 있었도다

노래를 지어 이으니

금석에 새겨서 오래 전해졌으면…

(『병와집』 중에서)

병와 이형상

항간의 말과 노래를 채집하여 책을 엮다

공이 처음 벼슬에 올랐을 때의 일이다. 공과 잘 지내는 어떤 재상이 와서 공에게 말하기를 "근래에 여러 재상들의 마음에는 그대의 재능을 크게 쓰일 재목으로 인정은 하지만 그대를 임금의 측근에 두게 되면 임금의 마음이 그대에게 쏠릴 것을 걱정하여 단지 음직예(蔭職例)에 의거하여 지방의 수령으로만 임용할 방침이니 그대는 끝내 이름난 큰 벼슬은 하지 못할 것이네."라고 하였다. 이때는 붕당(朋黨)이 서인과 남인으로 이분되어 그 세력이 일진일퇴하였다. 서인이 세력을 잡으면 그들의 생각은 이상에서 말한 바와 같고 남인에서 세력을 잡으면 공은 언제나 민(閔, 서인을 상징)과 유(柳, 남인을 상징)가 권력에 탐욕하는 것을 지적하곤 했다. 때문에 민(閔)과 유(柳)는 자신에게 아부하지 않음을 괘씸하게 여겼기에 공처럼 세상에 크게 쓰일 재목임에도 불구하고 마음대로 활동하지 못하게 하였다. 심지어 『만언소』와 『강도지』를 써서 올리려한 것은 진실로 국가의 근본을 견고하게 할 면 경륜의 계책에 대한 집념이었으나 끝내 시행되지 못하고 빈 말로 돌아갔으니 참으로 애석하다.

(대산 이상정의 『병와집』 발문에서)

좋은 신하가 되기를 바랄 뿐, 충신이 되기를 바라지 않음

엎드려 생각하건대 임금과 신하는 아버지와 아들과 같아 하루라도 떨어져 있으면 바로 후회할 일입니다. 이는 하늘이 준 천리의 정분이니 외형적으로 꾸며서 되는 일이겠습니까?

신은 보잘 것 없는 사람이지만 왕족에서 종파가 갈려 나와서 나라에 대한 간절한 정성이 다른 사람들보다 배가 됩니다. 그러나 사람됨이 미미하고 명망이 낮아 조정에 나간 지 12년, 생각할 때마다 마음은 부끄러울 뿐입니다. 거기다 사람의 도리로 말하면 저는 이미 늙었으니 스승도 없고, 또 부모마저 돌아가셔서 똑같이 받들어야 할 나라, 부모, 스승 중에서 남은 것은 오직 나라 하나뿐입니다.[3]

그러나 노둔한 재질로서 끝내 힘쓰고 노력하지 못하였사오며, 따라서 벼슬도 끝내 사사로이 제가 더럽힐 수 없습니다. 힘으로 보답하고자 하나 이미 젊은 날의 정신이 아니어서 나라에 도움이 안 되고 다만 먹고 사는 방편만으로 살아서 실로 부끄러운데, 전하로부터 제수의 명이 여러 번 거듭 내리어 전하의 신의가 더욱 황송하오니 어찌 피를 흘리며 신의 정성을 개진하여 물러가 죽을 신의 뜻을 드러내지 않겠습니까? 그러나 관은 비록 2품이나 직은 수령에 불과하니 의절로써 임금께 누를 끼칠 수 없습니다. 이는 감사에게 사직서를 올릴 길이 있고, 이조에서도 나중에 전하게 아뢰어 말씀 올릴 기회가 있으므로 감히 말하지 아니합니다.

또 생각해 보니 전하께서 신이 어떠한 사람인지 알지 못하고 이조 또한 신의 모습을 보지 못하였으니 저에 대하여 어디에 근거하여 들으며, 무엇을 의뢰하여 보아서 의망(擬望, 임금이 벼슬자리를 내정하는 일)을 갖추어 강화 유수의 중임을 맡기셨습니까?

인물을 선택하지 않을 이유가 여기에도 충분히 있으므로 전하의 관작을 내리심이 날로 더럽혀질 것이 분명합니다. 인사행정은 조정의 큰 권한으로 신이 도리상 이 벼슬을 안이하게 받아 전하의 밝으신 정치를 손상시킬 수는 없는 일입니다. 그리고 신은 은거할 뜻을 굳힌 지 오래입니다. 그러나 끝내 한 마디 말도 없이 물러간다면 평생에 생각하고 있던 것이 겨우 배불리 먹는데 만족한 것이 되니, 이는 신하로서의 도리가 아닙니다.

신이 근년에 은둔해 살고있는 곳은 우리나라의 군사 요충지인 강화도로서 사조의 경세의 방략이 마음에 힘을 다하여 국가의 계책이 여기에 있다고 말할 정도였는데 그동안 사목이 여러 번 바뀌었고, 수령 또한 고열(考閱)을 잘못한 관계로 진을 설치한 본의에 배치되지 않는 것이 거의 없습니다.

항간의 말이나 노래를 채집하여 책 한 권을 만들어 『강도지(江都誌)』라 이름하였습니다. 이와 아울러 민간의 나쁜 습속을 모두 기재하였지만 자료로 삼기 위한 사사로운 개인 기록에 불과하고, 처음부터 전하께 올리려는 뜻은 없었습니다. 그러므로 말투가 오만한 경향이 많고, 글씨도 정밀하지 못합니다. 신이 비록 무상하나 나라를 사랑하는 도리는 조금 알고 있으니, 어찌 비루한 말로써 성상께서 보아주시기를 바라겠습니까마는 신이 사퇴하려는 지금 이때를 놓치면 앞으로 말씀 올릴 시기를 잃게 될 것 같아 참람한 죄를 생각하지 않고 감히 보잘것없는 저의 정성을 이것으로 대신하오니 바라건대 한가하신 틈에 헤아려 살펴 주십시오.

먼저 장단점을 헤아리신 후에 곧 바로 의정부에 내리시어 시비를 가리게 하시고, 또 사대하는 날에 재상과 신하들에게 어전에서 논란하게 하시어 조목마다 변통하여 전후 사목 가운데에서 불확실하고 정확하지 않은 것을 하나하나 심의하게 해 주시면 신은 비록 돌아가 죽어도 신의 말이 시행되는 것을 알 것이옵니다. 만약 신의 진부하고 천박한 이 말이 전하의 마음에 들지 않는 것이 있다면 신에게 관작을 주어도 소용이 없습니다.

실로 이 일을 미루면 전하의 나라 다스림이 또한 이와 같을진대 하늘의 뜻이 전하로 하여금 좋은 정치를 하게 하시려는 건지, 아니면 못하게 하시려는 것인지 모르겠습니다. 하늘이 위에서 노하고 백성이 밑에서 원망하고 조정에는 당파로 인한 분열로 걱정스러운 형세라, 나라를 지탱해 나갈 세력은 없으니 초개같이 못난 신이야 살려고 하지 않습니다만, 가만히 이 나라의 앞일을 생각하면 전하 또한 반드시 밤에도 편하지 않으실 것입니다.

저 당나라 태종 때의 위징(魏徵)[4]은 패도를 도운 자이지만 "좋은 신하되기를 원하고 충신이 되기를 바라지 않는다."고 말하였는데 용렬한 신은 백 가지 중에서 한 가지라도 취할 만한 재주가 없어서 값을 따져 좋은 옥을 팔려고 하는 것도 아니고 고상하여 옛것을 사모하려는 것도 아닙니다. 다만 스스로 역량을 잘 알고 재주가 없음을 잘 알기 때문에 좋은 신하나 되기를 바랄 뿐 충신이 되기를 바라지 않음을 맹세합니다. 하늘에 해와 달이 있는 한 어찌 나라를 속이겠습니까?

삼가 합문에 나아가 전하의 은혜에 감사드리고 결별하려 합니다. 궁궐을 이제 하직하는지라 정전의 섬돌을 바라보니 저도 모르게 눈물이 흐르고 마음의 괴로움 어찌할 줄 모르겠나이다. (『병와문집』에서)

이 기록이 법으로 세워지기를

『강도지(江都誌)』[5]는 강도에 대해 기록한 책이다. 무릇 강역에 대한 기록이 있는 것은 옛날부터였다. 그래서 사마천의 『사기』에 근거하여 연표와 전기를 합쳐서 하나로 만들었으니, 이는 전일의 사적을 기록하여 후일에 상고하기 위한 것이다. 더구나 강도가 겪었던 일들은 나라의 고실[6]에 관한 것이니 또한 문헌에 관계되는 바가 아닌가. 그래서 이 『강도지』를 짓게 된 것이다.

이 강도는 바다에 둘러싸여 있는 섬이다. 서쪽과 남쪽은 넓어서 끝이 보이지 않고 동쪽과 북쪽은 두 나루만은 그리 넓지 않은 것 같은데, 물살이 세고 암초가 있으므로 조수가 들어온 뒤에야 건널 수가 있다. 그러므로 오랑캐를 방어하는 데는 가장 적합한 곳이다. 관방을 창설하고 부윤을 고쳐둔 것은 광해 무오(1618)년에 있었던 일이다. 인조가 주필(駐蹕)[7]한 뒤에 승격시켜 분사(分司)를 삼은 것이 건치(建置)의 시초이다. 병정(병자년, 정축년) 이후로 네 조정에서 군기와 양곡을 강도에 쌓아두었다. 견고한 것은 무엇인가? 동·북쪽에 있는 성첩(城堞)과 바다에 둘러있는 돈대(墩臺)인 것이다. 지키는 자는 누구인가? 10진보장(鎭堡將)과 6돈장(敦將)이다.

변장(邊將)들이 각각 화포를 맡고 진도(津渡, 나루를 건내는 수단)를 구비하였다. 그러나 그 파수의 책임은 본부와 속읍에 달려있다. 관기(官

旗)를 통솔하고 인구를 계산하고 성첩을 나누는 일이나 기정(奇正)[8]을 교대로 사용하고 기회에 따라 의각지세(掎角之勢)[9]를 펴는 일을 하는 자는 주장(主將)이다. 학교와 풍속에 관한 정책을 우선적으로 펴고 이교(異敎)와 음사를 물리치며, 산천과 마을이 그 형승을 이루고 장교와 복동(僕僮)이 함께 죽을 뜻을 맺게 하며, 부역을 고르게 해서 백성을 편안히 살 수 있게 하고 관원의 근태를 상고하여 용기를 고무시키는 일들은 수령의 책임이다.

성씨와 고적에 대한 기록과 같은 것들은 뿌리를 잊지 않아야 된다는 것을 보이는 것이며, 전각, 누관(樓觀), 선박, 교량, 제궁(諸宮), 각사(各司)에 대한 기록은 그들을 전부 드러내기 위함이며, 호구, 인물, 토산, 축물에 대한 기록은 그들의 부유함과 가난함을 드러낸 것이다.

폭원(幅員), 전결, 목장, 제방, 우물의 등속은 군사와 식량을 그에 힘입게 되는 것이며, 바람과 안개와 비와 눈이 오는가와 같은 기후는 완급(緩急)이 모두 관계되는 것이다. 시재(詩才)와 차제(差除)는 인재를 배양하여 승급하거나 뽑는 것이며, 연혁과 제영은 문헌을 증빙하고자 넣은 것이다.

역대의 왜구의 책동을 상세히 기록한 것은 앞에서 상처를 받고 뒤에서 경계하기 위한 것이다. 또한 녹봉을 기록한 것은 수입을 헤아려서 지출을 하기 위한 것이다. 전후 사목은 시설의 궤범인 것이다. 단, 막히고 걸려서 행하기 어려운 것은 품재(稟裁)할 바이나 변통하는 방법은 더욱 상세하게 살펴야 한다. 관부(官府), 제명(題名), 기류(器類),

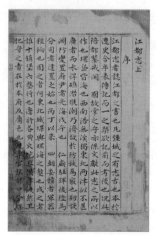

숙종 22(1695)년, 병와의 나이 44세 때 인천에 머물면서 지은 『강도지』 서문

고방(庫房), 선생안(先生案)[10] 등은 아무개는 충성하고 아무개는 양순하고 아무개는 청렴하고, 아무개는 탐오하고 아무개는 부지런하고 아무개는 게으르다는 등의 사실을 역력히 알 수 있는 것들이다. 그리고 부월(斧鉞)[11]은 엄격한 것이니, 벌은 반드시 죄를 주어야 하기 때문에 찬적(竄謫, 멀리 귀양 보내어 벌을 준 사실)을 기록한 것은 경계를 보이는 것이다.

사람은 언젠가는 한 번 죽기 마련인데, 죽은 뒤 무덤을 가리키며 상을 주고 벌을 내리는 것이 두렵다. 사라져서 전해지는 것이 없는 것보다는 충효와 절의가 천하에 알려지는 것이 낫지 않겠는가. 그래서 이 『강도지』의 비중이 큰 것이다. 전에, "지리적으로 유리한 것이 사람이 단합하는 것만 못하다."[12]고 하였으니, 왕의 교화를 받들어 선포함으로써 섬의 백성들이 평소에는 윗사람을 친애하고 난리가 났을 때에는 윗사람을 위해 죽을 수 있도록 만드는 것이다. 주사(籌司)[13]의 천섬(薦剡)[14]은 마땅히 삼가야 할 것이다. 각각 그 이름 밑에다 폐단을 말한 것은 그것이 좋게 변하기를 바라는 뜻에서였다. 간혹 나의 억견을 곁들인 것은 헌근(獻芹)의 정성[15]을 슬며시 붙여본 것인데, 취사선택을 하는 실마리로 삼는데 해롭지 않다.

합쳐서 기록하여 그 이름을 『강도지』라 하였고, 이 글은 어리석은 내가 스스로 지은 것이다. 옛날에는 기록이 없었는데, 나에게 부탁하여 기록을 시킨 자는 유상(留相) 민진주(閔鎭周)[16]였다. 나는 이미 이 나라의 백성이 되어 군국에 도움을 준 바가 없으니, 노인들에게 물어서 국가의 기반을 튼튼하게 만드는 일에 대비하는 것도 역시 마땅히 할 일이다.

『강도지』를 편찬함에 있어서 기본으로 한 것은 『여지승람』인데 이를 상고해서 첨가한 것은 『열성행장』과 고려의 역사책들과 『고사촬요』, 그리고 선배들의 문집과 소설들이다. 그 책에 방계로 채록한 것은 초야의 옛 늙은이와 글할 줄 아는 스님에게 보고 들은 것으로서 이전의 일을 증빙할 수 있는 것들이다.

아! 관문(官門)의 1보 땅에는 물정을 알기 어렵고 들을 곳은 다만 서리들 뿐인데, 그 안독(案牘)에서 머리가 흰 서리들은 본 바가 옛 투식이므로 복철(覆轍)[17]을 경계할 만한 것이 없다. 생각하건대 술에 취한 장수도 사람이거늘 마치 8백 사람 모두가 음릉(陰陵)에서 길을 잃었던[18]

것도 어찌 그 본심이었겠는가?

　선배가 평론하기를, "글이 없었던 것이 한이다. 먼저 절목(節目)을 강독하여야 바야흐로 앞 사람들의 말씀과 지나간 일들이 바로 큰 귀감이 된다는 것을 알 수 있다."고 하였다. 지(誌)는 기록이고 문(文)은 법(法)이다. 이미 기록을 하였으니, 마침내는 법으로 세워지기를 원한다.

(『병와집』 중에서)

이인좌의 난을 토평하려다 무고의 혐의를

　　　　"영남 사람 전 참의 이형상을 발탁하여 가선(嘉善) 자급으로 하고,

전 응교 조덕린(趙德隣)을 통정(通政) 자급으로 하여 아울러 경상도 소모사(慶尙道召

募使)로 삼았다. 하유하기를, 이형상은 벼슬을 쉬고 물러난 지 이미 30여 년인지라,

나이가 비록 많지만 인망이 가장 두텁다. 이처럼 어려운 때에 권장해 쓰는 도리가

없어서는 안 되며, 조덕린은 그 문학과 식견이 영남 선비들이 우러러보는 바인데,

지금까지 막히고 눌려 있어 사람들이 아깝게 여기는 바이니, 아울러 가자(加資, 임

시로 등용함)하고, 인하여 영남상하도의 소모사로 차임하여 인심을 수습하고 충의

를 격려하며, 왕실에 힘을 다하고 남쪽 지방을 편안케 하도록 조정에서 특별히 발

탁하여 위임하는 소망에 부응토록 하라고 하였다."

(『조선왕조실록』에서)

앞으로의 사태를 요량할 수 없어

신이 늙고 병들어 움직일 수 없음을 지난해 이미 상소문에서 말씀 드렸는데 이제 흉악무도한 이인좌(李麟佐)[19]의 적도들이 봉기하여 졸지에 이 지경에 이르렀으니, 신이 비록 몸을 움직여 서울로 올라갈 형편은 되지 않지만 집에서 더하는 괴로운 마음 어디에 비하오리까? 마음은 바삐 순영으로 달려가 경상도관찰사와 상의하여 같이 일을 하고 싶지만, 몸을 움직일 수 있는 여러 가지 형편이 쉽게 준비되지 않았습니다.

경상도관찰사가 비변사에 이 일을 전하였는데, 영조 4(1728)년 3월 27일 신시 경에 경상도관찰사가 비변사에 보낸 3월 22일자 성첩관문(成帖關文)을 보니, 신으로 하여금 경상하도의 호소사로 삼아 백성을 일깨우며, 조정의 처분을 기다리되 전부 경상도 안무사의 지휘와 거행에 따르도록 하였습니다. 역마를 타고 가서 그날 유시(5시에서 7시 사이) 경에 비로소 대구감영에 도달하였는데 3월 19일 도승지의 성첩과 임금의 밀지가 본도에 전달되어 있어 신이 대구에 머물면서 이를 받았습니다.

감사와 더불어 소모(사태를 처리하고 위무하는 임무)를 상의하였으나, 방금 흉악한 역도의 무리가 경상도순찰사 진상에서 공개로 처형되었고, 괴수도 이미 목을 베었으므로 다른 읍에 잔류되어 있는 적도들은 멀지 않아 평정될 기세이며, 경상우도의 안의와 거창 등지의 적도들은 아직 섬멸되지 않았으나 듣자오니 감사의 조치로 군병을 내어 섬멸하려고 계획한다고 합니다. 이 일에 대한 계획은 이미 감사의 장계 가운데 있으므로 신이 다시 말씀드리지 않았으며, 지금 신이 받은 명령은 다만 소모 한 가지일 뿐입니다.

이제 여러 읍에 공문서를 보내어 알리는 조목을 상세히 분부하십시오. 대부분 이 적도들은 이미 천지간에 용납받지 못할 흉악한 역적이므로 조금이라도 사람의 윤리를 아는 자라면 반드시 마음에 감동하여 눈물을 흘리며, 있는 힘을 다하여 왕실을 도울 것입니다. 소모가 어떻게 될지는 모르겠지만, 사태의 정황을 미루어 보아 죄가 하늘에까지 닿았으므로 반드시 자멸할 것입니다. 임금의 인후한 은택이 민심에 가득한데 누군들 죽음을 내놓지 않겠습니까? 거기다가 지금 적도의 소굴이 완전히 소탕된 후이니 본도에 고립되어 있는 적도들은 더욱 두려워할 것입니다. 본도의 계책이 여기에 이르면 하늘에 태양이 있는 한, 적의 탕평은 머지않아 이루어질 것이므로 임금께 무슨 근심을 끼치게 되겠습니까?

이로써 경축하지만 앞으로의 사태를 요량할 수 없으므로 이러한 점이 괴롭습니다. 신이 호소사의 관인(官印)이 없어서 백문(白文)으로 관자(關子)를 내보내거나 혹은 효유하는데, 백성과 적도가 섞여 있는 이때에 사람들이 모두 의심을 하여 백성들의 믿음을 얻기가 어렵습니다. 혹 관인이 있으면 내려보내 주실지 해당 조(曹)로 하여금 급속하게 품하여 지시하도록 해 주십시오.(『병와집』에서)

추서) 이 장계를 봉하여 조정으로 보내기 전에 당시 경상도관찰사가 병와가 적도들과 내통하고 있다는 시기어린 무고로 죄인이 되어 국문(鞫問)에 압송되었다. 이 초고를 소매에 넣어 가던 병와는 대궐 문전에서 나졸들에게 수색을 당하여 영조임금이 보게 됨으로써 무고의 죄에서 벗어나게 되었다.

제주의 실정과 풍속을 그림으로 남기다

대사간 이건명(李健命)이 아뢰기를, "대정현에 안치된 죄인 오시복(吳始復)의 죄상이 국청문안(鞠廳文案)에 이미 드러났는데, 복제를 탐문하였으니 불순한 마음을 덮을 수 없고, 환시와 결탁하여 궁궐 안의 일을 통하였으니 당초에 죽음을 용서한 것이 이미 크게 실형한 것입니다. 유항(柳沆)의 부도한 말에 이르러서는 마땅히 사시(肆市)의 형벌을 받아야 할 것인데, 특별히 원소가 위에 전달되지 않은 이유 때문에 절도에 귀양을 보냈던 것입니다. 그런데 제주 목사 이형상의 계본(啓本) 가운데 모두 품질(稟秩)에 두었으니, 국법을 두려워하지 않고 사당(私黨)을 치우치게 두호한 것으로 기탄함이 심히 없는 자라고 이를만 합니다. 청컨대 이형상은 관작을 삭탈하소서." 하니, 임금이 말하기를, "아뢴 대로 하라." 하였다.

(『조선왕조실록』 중에서)

병와의 오랜 벗인 오시복이 희빈 책봉을 반대한 죄로 제주 대정현으로 유배되었다. 병와가 관찰사 향청에서 그와 대좌했다는 사실이 조정에 밀고되어 1년 만에 관직이 삭탈되었다. 그 후 병와는 영천에 은거하여 다시는 환로에 나가지 않고 학문에 열정을 쏟았다.

제주를 한 달간 순력하다

작은 땅덩어리가 남해 가운데 있어 극(極)과의 거리가 가장 가깝고 춘분과 추분에 별이 한라산에 나타나니 본토와 떨어져 있는 지역이기 때문이다.

북으로는 전라에 접했고 동으로는 일본과 이웃했다. 그 병향(丙向)은 여인국(女人國, 여자들만 산다는 전설의 나라), 오향(午向)은 대소유구(大小琉球國, 오키나와), 정향(丁向)은 교지(交趾)와 안남(安南),[20] 곤향(坤向)은 민구(閩甌), 그 밖은 섬라(暹羅),[21] 점성(占城),[22] 만라가(滿剌加, Malacca, 말레이시아)이다.[23] 신향(申向)에서 해향(亥向)까지는 오(吳), 월(越), 제(齊), 연(燕)의 땅이다.

구한(九韓) 때 고(高), 양(梁), 부(夫) 삼을나가 분거하여 탁라라 하였다. 진시황과 한나라 무제는 신선을 찾으면서 여기를 영주라 하였다. 그 땅이 벽지이며 기화이초(奇花異草, 기이한 꽃과 이상한 풀)가 많아서 연, 제나라의 사람들은 신산이라고 하였다. 고후(高厚) 등 3인[24]은 탐진(耽津)에 정박하여 신라에 조회하면서 탐라라 하였는데 한문공(韓文公)[25]은 이를 탐모라라 하였다.

고려는 삼별초의 난에 원나라 병사와 합쳐 이를 토벌하고 마침내 원나라의 관할이 되었다. 군민총관부(軍民總管府)를 설치하기도 하고 동서아막(東西阿幕)을 세우기도 하여 말과 소와 양을 길렀다. 그 후 제

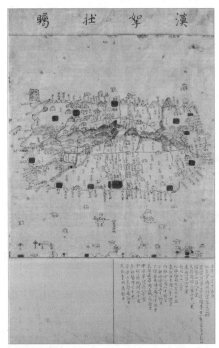

병와가 제주도목사 재임 시에 전도를 순력한 과정을 기록한 『탐라순력도』

주라고 불렀고, 조선조 태종(太宗) 때에 이르러 성주(城主)라고 했고 성주의 아들에게는 왕자의 호칭을 없앴다. 뒤에 대정현(大靜縣)과 정의현(旌義縣)을 또 건립하여 제주현과 함께 삼읍(三邑)이라 하였다.

연혁의 이어짐이 더러는 있기도, 더러는 없어지기도 하였으며 인심이 가로막혀 잠시 순하다가도 갑자기 패역하기도 했다. 이리하여 국초로부터 안무사, 선무사, 순문사, 지휘사, 방어사, 부사, 목사를 파견하고 그 거처를 영문(營門)이라 하였다. 사건들을 전제하는 고로 과장하기를 좋아하는 사람은 도주(島主)라 하였고, 험로를 건너야 하기 때문에 싫어하는 사람은 환적(宦謫)이라 하였으니 대개 그 지세가 그래서이다.

금상(今上) 29년 임오(壬午, 1702)년에 내가 부덕한 재주로 외람되게 절제사의 명을 받았다. 영에 도착해 장부를 점검해 보니, 세 읍의 가구는 9,552호, 남녀 43,515명, 밭은 3,640결, 64장 내에 나라의 말이

9,372필, 나라의 소가 703두, 42과원 내에 감이 229그루, 귤이 2,978 그루, 유자가 3,778그루, 치자가 326그루이다. 이 외에 개인의 소와 말과 감귤이 있으나 소재가 생략되어 있으니 권장하고자 하려는 뜻에서다. 17명의 훈장과 68명의 교사장(敎射長)을 나누어 배치하였으며 유생은 480인, 무사는 1,700여 인이다. 역대 임금의 길러준 효과가 해도(海島)에까지 젖어들었으니 성대하다 하겠다.

봄, 가을로 매번 설제사가 직접 방어의 실태 및 군민의 풍속을 살피니 순력(巡歷)이라 한다. 나도 예에 따라 10월 그믐날 출발하여 한 달만에 돌아왔다. 이때 반자 이태현(李泰顯), 정의현감 박상하(朴尙夏), 대정현감 최동제(崔東濟), 감목관(監牧官) 김진혁(金振爀)이 모두 지방별로 배종하고자 도착하니 이에 일어나며 말하기를 "이번 행차는 기록할 만하다."라고 하였다. 도민이 임금 은혜에 감격하여 크게 절을 하였다. 음사를 모두 불태웠으며, 이제 무당을 업으로 하는 자가 없어졌다는 것은 더욱 말하지 않을 수 없다. 곧 한가한 날에 화공 김남길(金南吉)로 하여금 40도를 그리게 하고 또 오노필(吳老筆)에게 요청해 비단으로 장식해 이 책을 만들어 『탐라순력도(耽羅巡歷圖)』라 이름하였다.

계미(1703)년 죽취일(竹醉日, 5월 13일)[26]에 제영(濟營) 와선각(臥仙閣)에서 쓴다. (『병와집』에서)

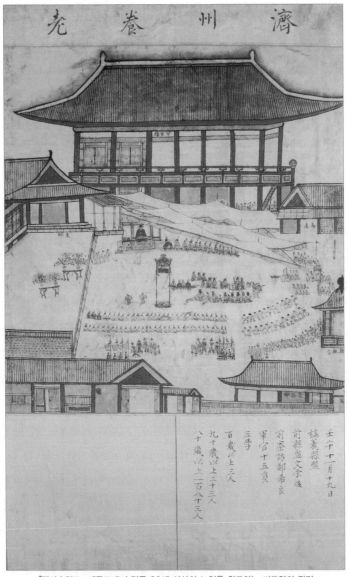

『탐라순력도』 제주도내 순력중 80세 이상의 노인을 위로하는 기로연의 장면

백성이 궁하면 어찌 인심이 변하지 않겠습니까?

　　"처음에 제주 목사 이형상이 치계하기를, "본도의 오미자는 세상
에서 뛰어난 맛이 있다고 일컬어서 어공(御供)에 합당하므로 분의로 보아 숨겨 둘
수 없기에, 먼저 다섯 말을 주원(廚院)에 올리고, 명년부터 진헌하기를 청합니다."
하였으므로, 사옹원에서 복품(覆稟)하니, 임금이 특명으로 봉진하지 말게 하였었
다. 이때에 이르러 예조 판서 김진귀(金鎭龜)가 아뢰기를 "위에 바치는 일은 지극히
중하여 정식으로 외에는 사사로이 진헌할 수 없으니 마땅히 경책(警責)을 가해야
하겠습니다."고 하니, 종중추고(從重推考)하라고 명하였다.

살피건대, 신하가 사사로이 바치는 것은 아첨하는 것인데, 이형상은 예전 시골 사
람이 미나리를 왕에게 바치는 정성을 핑계하여 자하(子瑕)가 먹던 복숭아를 임금에
게 바치는 꾀를 본받으려고 하였으니, 그 정태가 미워할 만하다. 마땅히 엄한 말로
처벌하여 물리쳐서 신하가 충성을 자랑하여 총애를 구하는 경계로 삼아야 할 것이
니, 문비(問備)의 벌이 어찌 족히 징계가 되겠는가? 그러나 봉진(封進)하지 말기를
명한 것은 성덕(聖德)에 빛남이 있고, 또한 그 마음을 부끄럽게 할 만하다."

(『조선왕조실록』에서)

가난한 제주 백성들의 괴로움을 낱낱이 아뢰다

본도는 멀리 떨어진 바다 밖의 끝에 위치하여 육지와 구역이 구별되어 풍토가 특수하며, 백성의 습속이 매우 달라 부끄러울 정도입니다. 다만 임금의 어진 정치가 밖으로 빛나 문물제도에 점차 영향을 받아 판도가 육지에 붙게 되어 세금과 공물을 해마다 바치고 있습니다.

그러나 면적이 좁고 인구가 적으며, 전답이 묵은 것과 새로 개간한 것을 합해 3천 2백 결(結)에 미치지 못하고 호구(戶口)는 3읍을 합해 겨우 9천 2백 가구에 이르니, 서울에 비교하면 중간 읍에 지나지 못합니다. 그런데 바치는 조세는 통영 지방에 비해 백 배 이상입니다. 서울의 작은 읍과 같은 고을의 미미한 힘으로 통영 지방의 백 배의 조세 부담을 맡으니 백성의 궁핍함은 말을 하지 않아도 상상할 만합니다.

세공의 종류로 말할 것 같으면, 1년에 바치는 말이 4~5백 필이고, 전복이 9천여 첩, 오징어가 7백여 첩, 귤이 3만 8천여 개, 말 안장이 4~5십 부, 사슴 가죽이 5~6십 개, 노루 가죽이 5십 개, 사슴 혀가 5~6십 개, 사슴 꼬리가 5~6십 개, 녹포가 2백여 조, 각종 약재가 4백 7십여 근, 마의제연[27]이 6백 8십여 부, 기타 표고버섯, 비자, 백납, 산유자, 이년묵은 무명, 활집, 통개, 나전, 포갑, 총결, 지량대모자 및 비치개,[28] 소성, 삼장 등 사소한 잡물들이 모두 공헌됩니다. 어찌 감히 공노라는 말을 내세우겠습니까마는, 인구 9천 호와 전지 3천 결로서 이러한 부역을 감내하여야 하니 도민의 약한 힘으로 이 또한 지탱하기 어려운 것입니다.

영의 본관과 아홉 진보의 모든 뒷바라지와 63군데의 목장, 42군데의 과원, 63군데의 봉수대(烽臺), 속오군 3천 7백여 명, 아병(牙兵) 9백 9십여 명, 목자(牧子) 1천 2백여 명, 과수원지기(果園直) 8백 8십여 명, 선격(船格)[29] 3명, 차봉군(燧軍) 4백 9십여 명, 차비군(差備軍)[30] 1백여 명, 성정군(城丁軍) 2천 8여 명, 수솔군(隨率軍) 4백 8십여 명, 유직군(留直軍) 5백여 명, 기치군(旗幟軍, 기병) 2백여 명, 도합 1만 1천 6백여 명 및 종이 만드는 기술자(紙匠), 기보병(騎步兵), 관리(官吏), 진무취수(鎭撫吹手),[31] 나장(羅將),[32] 군뇌(軍牢), 군대(軍隊) 안에서 죄인(罪人)을 다루던 병졸(兵卒), 관노(官奴), 백공(百工, 온갖 장인)의 역이 모두 이 중에서 차출되니 한 사람이 늘 10역을 겸해 남녀가 각기 신공(身貢)[33]을 두게 됨으로 말미암아 문무 출신을 막론하고 모두 인구를 골라 뽑을 때 1명당 5되씩을 해마다 매기니, 태어날 때의 머리털이 채 마르지도 않아서 바로 부역을 하게 됩니다. 이는 실로 팔도 각관에 없는 규례입니다. 만약에 전토가 척박하지 않거나 고기와 소금이 넉넉하기만 하다면 모두 백성의 직분인데 무엇 때문에 염려를 하겠습니까? 자갈 전답에서 거두는 곡식이란 아이들의 장난과도 같고 염분과 어망은 애당초 법식도 알지 못한 실정인데 관에서는 무진장 내놓으라는 역이 있고 백성은 며칠의 여가도 없으니 이러하고서 능히 살 수가 없습니다.

이전의 수령들이 어찌 변통하기를 품하고자 하지 않았으리오만은

3읍의 수령은 모두 조정의 신임을 받는 자리가 아닌지라 번번이 신과 같은 노둔한 자들로 차출해 숫자만 채운데 불과하며, 한 것이 별로 없고 말도 제대로 못해 뜻이 있어도 입 밖에 내지를 못했고 구차히 임기만 때웠습니다. 간혹 한두 번의 장계를 올리었으나 조정에서는 다만 주제넘다거나 황당하고 잡스럽다느니 하여 번번이 빠져 청하는 바는 이루지 못하고 냉소만 받은 것이 부지기수입니다.

비록 지극히 미련한 사람이라도 자신을 아낄 줄은 아는지라 누구인들 백성을 위해 자신을 희생하려 하겠습니까? 보잘것없는 저도 이러한 중임을 맡은 대열에 있게 된 것이 어찌 공이 있어서이겠습니까? 부임한 시기도 하절 농번기여서 지역 내에 순찰을 아직 못하였으나 귀로 듣는 것이 눈으로 보는 것만 못하고 일을 하는 것이 말을 하는 것보다 어려운 것이라 죄를 피할 길이 없는 줄은 잘 알지마는 신하의 도리로써 국사를 돌보지 않을 수 없으며, 백성의 고통을 구휼하지 않을 수는 없습니다.

이리하여 물정을 직접 찾아 조사하고 기록을 참고하여 약간의 조목을 올립니다. 조정에서 신이 불초함을 모르고서 신에게 이 책임을 맡게 한 이상, 변방 사정을 살피지 않아서는 안 됩니다. 기억하건대 지난 임자년 사이에 고 판서가 본주에 부임하였을 때 선왕께서는 특별히 20동의 면포를 허락하시어 도민들로 하여금 의복을 해 입게 하시어 노인들이 그 감사한 덕을 지금도 말하고 있습니다. 신이 양주 목사에 부임했을 때 성상을 뵙는 영광을 받았었습니다마는, 성조에서 번거롭

고 외람되다고 죄주지 않으시고 특별히 만여 석의 환곡과 80동의 신
포를 감면받았으며, 또 봄의 대동 호급 두 미를 영구히 감면받아 노인
들과 아이들이 지금까지 감축하여 사적비를 세우려고 하기까지 한 적
이 있었습니다. 하물며 이곳 바다 건너 가난한 백성들은 경기 지방의
경우와 다르니 배려해주어야 함이 마땅합니다. 이제 신이 품하는 바
가 비록 거칠지마는 일언반구인들 어찌 속임이 있겠습니까. 특별히
예외의 은혜를 베푸시어 도민의 마음을 결집시킨다면 거친 지역이 심
복되어 떠받들기를 원함이 양주의 경우보다 더욱 훌륭할 것입니다.
조정에서 예를 뽑아 품하도록 하시어 장점을 따라 지휘하도록 하여
주십시오.

01

팔도 목장의 많고 적음이 같지 않은데, 모두 위전(位田, 위토전)을
두고 있고 또 번(番)을 세우지 않으며 봄가을로 점마(點馬, 병마를 점검)
한 뒤에 통산하기 때문에 잃어버리는 수가 허다합니다. 호보(戶保, 가옥
대장)에서 똑같이 목자(牧子)를 분정하여 매년 거두는 것이 대부분은
목필(木疋)에 불과하며 적게는 더러 미두에 그치는데 전답 소출에 있
어서는 여유가 있기 때문에 생명을 보존할 수 있고 그 값을 쉽게 마련
할 수 있으나, 본도는 그렇지가 않습니다. 7천 6백 여 마리의 말과 6백
2십 여 마리 소가 63개의 목장에 산재해 있고 목자 1천 2백 명은 모두
공천(公賤)으로 결원이 생길 때마다 채워져 있고, 위전은 갖고 있지도
않아 매우 가난합니다. 계절을 막론하고 번을 나누어 수직을 드는데

죽은 말 가운데 가죽에 점이 나타난 것은 거둘 책임이 없지마는 3백여 리의 초목 중에서 더러는 가지가 썩은 것도 있고 더러는 짐승이 뜯어먹은 것도 있고, 더러는 가죽만 남고 표적이 없는 것도 있는데, 모두를 유실한 것에 포함시켜 책정하니 한 사람 당 1년 세금으로 거두는 것이 때로 10여 말에 이릅니다. 이는 다른 도의 목장에는 없는 역이며 맨손의 백성으로서는 마련할 길이 없어 마침내는 부모와 처자까지를 팔고 자신의 몸을 잡히고 동생을 파는 지경에 이르게 됩니다. 세상에 이러한 풍속이 어디에 있습니까? 처자가 없으면 부모를 팔고 동생이 없으면 자신을 잡히는데, 전번에 팔려간 것을 미처 갚지 못해 다시 말을 징수해 가니 정을 깎고 사랑을 저미며 가슴을 치고 땅을 칠 때 이 정경은 하늘도 낯색을 변할 정도입니다. 옛날에도 드물던 일이 구르고 굴러 이제는 풍속이 되었습니다.

성조에서 사람을 귀히 여기고 짐승을 천히 여기는 의로 볼 때 천륜을 해침이 실로 큰 변고이며, 습속이 되어 대단치 않게 여기는 것은 더욱 큰 변고입니다. 3읍에 명해 그 내용을 뽑아 보고토록 하였더니 부모를 판 자가 5명, 처자를 판 자가 8명, 자신의 몸을 잡힌 자가 19명, 동생을 판 자가 26명, 도합 58명이었습니다. 당당한 예의의 나라로써 백성의 풍속이 여기에까지 이르렀으니 어찌 천만 번 수치스러운 일이 아니겠습니까? 연한과 팔려간 가격을 함께 적어 책을 만들어 비변사로 올렸사오니 마땅히 관으로서 긍휼히 여겨 조정의 은덕을 보여 주십시오.

만약 신의 영에서 변통을 한다면 원한은 국가로 돌아가고 은혜는 신에게로 돌아올 것이니 이러한 일은 신하된 도리로 감히 하지 못합니다. 상평청(常平廳)[34]에 특명을 내리시어 본주에 회부한 모곡을 참작하시어 속환케 하심이 어떻겠습니까? 이것은 이미 천하 만고에 없는 풍속인 바 과조(科條)를 엄격히 세워 윤기를 부처(扶植)해야 할 것입니다마는, 생활을 후하게 해주지 않고 파는 것만을 금하는 것은 들어오라 하면서 그 문을 닫는 것과 같은 격입니다. 폐단을 없애는 대책이 실로 난처합니다. 대개 개인에게 편하면 공(公)에 불편하고 사람에게 이로우면 말에 불리해서 비록 지혜로운 사람으로 하여금 이를 담당하게 하더라도 결코 이 두 가지를 온전히 하기가 어려울 터인데 하물며 신 같이 조밀하지 못한 사람에게 무슨 계책을 기대하겠습니까? 무릇 폐단이란 그 근원을 거슬러 구명하지 않는다면 말에 반드시 논리가 없는 것입니다. 이것이 중언부언하는 까닭이며 감히 지루함도 꺼리지 않는 바입니다. 동색(同色)을 책립(責立)함이 이미 이와 같이 지탱하기 어렵기 때문에 번차(番次)를 당해 그 수를 계산해 인수인계할 때, 다음 날 교대하는 날일 것 같으면 오늘 말을 몰아 좁은 마당에 모아 놓고서 한 마리라도 없어졌으면, 여러 말들을 놓아주지 않고 꼴도 안 주고 물도 안 주어서 병들고 비쩍 말라 심지어는 낙태를 하게까지 유린하니 새끼 말들이 많이 죽습니다. 5일 만에 서로 교대를 하는데 그때마다 번번이 이와 같이 하니 말이 어찌 수척하지 않을 것이며 어찌 숫자가 줄지 않을 수가 있겠습니까? 이처럼 열흘 동안에 기르는 말들이 꼴이나 물을 먹을 수 있는 것은 4~5일에 불과할 따름입니다. 이것 한 가지만을 보더라도 사정이 얼마나 딱한 것인지 충분히 알 만한데, 백성이 나라의 법을 지키고자 함에 살신의 우환과 전답의 역이 또 그 사이에 있으니 일 년 내내 쫓기다 보면 사람이나 말, 모두가 곤궁하여 겨울 추운 때에까지 이르므로 죽는 말이 더욱 많습니다. 매번 준족(駿足, 잘 달리는 말)을 봉진할 때에는 새 말은 오히려 순종으로도 그 수를 채울 수가 없어 금년이 작년보다 심하고 내일이 오늘보다 어렵습니다. 이것이 바로 폐단이 생기는 근원입니다. 번식을 못해 날로 줄어들고 수척하여 좋은 종자를 생산하지 못하는 것이 모두 이러한 이유 때문입니다. 형편상 어찌 궁하지 않을 것이며, 궁하면 어찌 인심이 변하지 않겠습니까? 이를 구제하는 대책을 전후 의논하는 자가 말한 것은 많습니다만 호역을 감해서 징출하는 역을 늦추어 주는 것이 저의 바람입니다.

그러나 관정의 인후와 가혹함이 때에 따라 같지 않음으로 율령의 변통만으로는 원대한 계획이 될 수 없습니다. 조그마한 이 섬에 아문(衙門)이 있고 관원이 있습니다. 탄(炭)과 곡식과 풀의 공사의 수응(요구에 응함)을 이들이 아니면 한가한 백성이 없습니다. 형편이 이러하여 부득불 백성들에게 책임을 지우는데, 이를 감해 주지 않는 이상 그들은 반드시 가난 속으로 빠져 살아갈 수가 없습니다. 목자의 정원을 늘려 그 인원을 넓히는 것도 한 가지 방편일 수가 있으나 역은 많고 백성은 적으니 남는 장정이 하나도 없습니다. 이러한 형편에서 정원을 늘린다는 것은 칼로 거북 잔등의 털을 깎는 것과 같습니다.

가장 합당한 의논은 서너 차례 수령 및 어사가 말을 점검하는 것으로 모두 이를 좋은 계책이라 하여 왕복 7, 8차에 이르렀으며 복계에서도 허락하고자 했던 것이나 이것도 장단점이 있습니다. 동서로 나누어 둘로 하여 말로 하여금 제멋대로 돌아다니게 한다면 번식과 준일(駿逸)의 목표에 이를 것은 당연합니다. 이는 마정에는 이로우나 계의 주된 뜻과 목자 중에 즐거이 따르려는 것은 오로지 산둔(山屯)의 시행과 같이 동색(同色)을 징발(徵發)하지 않는다는 데에 있으니, 신의 뜻은 그렇지 않다고 여기는 바입니다. 지금은 비록 징출한다 하나 간사한 백성이 훔치거나 죽인다면 보존하기가 어려워 반드시 없어질 것입니다. 더구나 가을과 겨울에 풀어서 방목한 뒤에 공사(公私)의 둔마(屯馬)가 섞이어 구별이 없는데다가 또 이러한 법이 없다면 훔치고 죽이는 우환을 누가 금해 막습니까? 몇 해를 가지 못하고 반드시 크게 축소될 것입니다. 이러한 지경에 이르러 다시 무슨 대책을 가지고 이어 나가겠습니까. 원래 다스림에는 크고 작은 것이 있는 법입니다. 나라의 마정(馬政)이 오로지 본도에 의지해 있으니 백성의 원망이 비록 중하나 돌아볼 수가 없습니다. 서서히 가을 순행을 기다려 형편을 자세히 살핀 뒤에 가부에 대한 계가 마땅히 있을 터이지만 동색(同色)을 세우는 법은 결코 늦출 수가 없습니다. 그러나 윤상(倫常)을 팔아먹는 일이 이렇게까지 극도에 이르렀으니, 듣고 보는 데에 놀랄 뿐만이 아니라 형세를 자세히 살피건대 팔고 또 팔며 궁하고 또 궁해져 그 폐단을 이루 말할 수 없습니다. 폐단이 이미 이 지경에까지 이르렀는데 대책이 또

1974. 11. 30 제1회 이형상 목사 연구학술회의, 제주대학교

한 좋은 것이 없으니 절충하여 대략 변통하여 목장을 합해 축생(畜生)을 늘리고, 옛 법을 따라 그 죽은 것을 징구(徵求)하여 도적질하는 간계를 막으면서 전후의 이해를 살펴 서서히 의논해 다시 고쳐도 늦지 않을 것입니다. 3백 리에 달하는 목장을 짓는 일이 비록 극히 크고 엄청난 일이나 백성이 모두 기꺼이 따라 자원하는 것은 자신들에게 이롭기 때문입니다. 이제 만약 그 백성을 부려 목장을 합하고 동색을 징구하면서도 변통이 없다면 이는 그 역을 징구하되 이로움은 잃는 것입니다. 신이 이 말을 하는 것은 설상가상의 격이므로 이제 백성들의 비방에 그 시끄러움을 이루 말할 수 없겠으나 나라의 일이 만약 잘못

된다면 허물과 원망을 어찌 비교하겠습니까? 전일 조정의 의논이 허락하려 하였던 그 동색을 징발하지 않는다는 것은 이른바 사적으로는 편하나 공적으로는 불편한 것이며 사람에게는 이로우나 말에게는 불리한 것이라 신은 이것이 꼭 옳은 것인지 모르겠습니다. 적어도 흑우(黑牛)의 예에 따라 징출(徵出)을 반으로 감한다면 법을 굽히지 않고 백성은 어쩌면 지탱해 갈 것입니다. 또 금지령을 세워 골육을 팔고 사게 하지 못하게 한다면 어떻겠습니까?

02 각도의 어촌에서는 단지 수역(水役)에만 응하고 약간의 진상에도 값을 치르는 때가 있는데 본도는 모두 다른 역을 겸합니다. 이 섬의 풍속은 남자가 전복을 채취하지 않고 그 책임이 해녀에게 있을 뿐입니다. 여자가 관역(官役)에 나오는 것은 유독 제주만이 그리합니다. 더구나 대정(大靜)과 정의(旋義) 두 관서에서는 목자의 우두머리를 모두 여자로써 정원을 채우고 있습니다. 이것을 가지고 미루어 볼 때 그 경황을 짐작할 만합니다. 지아비는 고기잡이에 선원 노릇을 겸하는 등 힘든 일이 허다하며 지어미는 해녀 생활을 하여 일 년 내내 진상할 미역과 전복을 마련해 바쳐야 하니, 그 고역은 목자보다 10배는 됩니다. 일 년을 통틀어 합산하면 남자가 포작으로 바치는 값이 20필에 못지 않으며, 해녀가 바치는 것도 7~8필에 이르니 한 집안에서 부부가 바치는 것이 거의 30여 필에 이릅니다. 그러니 어민들은 죽기를 무릅쓰고 도망하려 함은 당연한 이치입니다. 중년 이상의 포작 원수(元數)는

많을 때 3백여 명까지 이르는데 갇히거나 매를 맞았더라도 책임에 응할 수는 있으나, 이제는 88명뿐인데다가 상중이거나 잡다한 탈이 생겼고, 그 가운데서 실제로 일을 할 수 있는 숫자는 매우 적습니다. 그런데 추복(推鰒) 9천 9백여 첩, 조복(條鰒) 2백 6십여 첩, 인복 1천 1백여 첩, 회점복 3천 8백 6십여 첩, 도합 9천 1백여 첩과 오징어 8백 6십여 첩 및 분곽, 말린미역, 미역귀 등의 일이 모두 이 80명에게서 나옵니다. 이것들이 땅에서 줍거나 전답에서 수확되는 것이 아니니 어찌 이를 당해 내겠습니까? 대대로 살아 뿌리가 박혀 꼼짝할 수 없는 자를 제외하고는 대개가 흩어져 달아났습니다. 영의 본관과 장사(壯士)의 지공(支供) 및 공사(公私)의 수용은 또 이 숫자에서 제외되었습니다. 조정의 이목이 멀리 미치지 못하는 데다 인품의 풍약은 각기 다르니 거두고 바치는 양을 철저히 조사할 수 없는 것도 있습니다. 이로 미루어 볼 때 80명이 1년에 바쳐야 하는 것은 거의 만여 첩에 이릅니다.

만약 정상을 분별해 변통을 하지 않는다면 이런 식으로 몇 년을 지탱함도 아마 어려울 것입니다. 귀로 듣고 눈으로 보니 더욱 놀랍고 가련해 밤낮으로 생각해도 좋은 계책이 없습니다. 저들의 감당 여부는 비록 논할 겨를이 없다고 치더라도 막중한 진상이 끝내 반드시 바치지 못한 연후에 그만두게 될 것입니다. 분의(分義)가 여기에 이르매 황민(惶悶)함을 어찌 합니까.

그러나 그만둘 수는 없으니 한 가지 계책은 있습니다. 제주도 회록(會錄)의 상평청(常平廳)이 소모하는 전미(田米)를 3백 석으로 특별히 한정하시고 세 읍에서 바치는 전복들과 오징어는 값을 주고 사들이며, 회전복(灰全鰒), 미역, 말린 미역, 미역귀만을 나누어 정해 올리게 하여 조정의 공휼하는 뜻을 보인다면 어쩌면 지탱해 나갈 것입니다. 이는 예에 따라 응당 내리는 공물이 아니면서 관에서 사용하는 것이라 금지할 수가 없기에 이에 도리어 국곡(國穀)에서 구하기를 청하는 것입니다. 신이 비록 우매하나 어찌 황괴(黃愧)함이 없겠습니까마는 형세가 어찌할 수가 없고 힘이 미치지 못하니, 천만 번 생각하고 생각해 이 한 가지 방안을 내놓는 것일 따름입니다. 임금으로 하여금 그 예를 뽑아 돌리도록 하심이 어떠하겠습리까?

03 관이 지탱할 형세가 있은 다음에 백성이 침해받을 폐단이 없게 되는 것입니다. 본도의 전결이 비록 3천에 이르나, 부세의 규례는 육지와 크게 다릅니다. 일 년에 바치는 그 수가 매우 적고, 인구의 대동(大同)이 또한 극히 영성합니다. 일 년 동안의 관청의 수입을 말한다면 전세(田稅), 대동(大同), 둔조(屯租, 방위세)가 4백여 석 미만입니다. 육지에서 시행되는 노비의 신공(身貢)도 관용으로 쓸 수 없으며 사창(司倉)에 등록되어 있어 공용으로 지불되는 액수는 많을 경우, 2백여 석까지 됩니다. 이것은 모두 판관이 관장하는 것입니다. 두 현관이 비축한 것은 더욱 모양이 아니라서 영(營)의 본관(本官), 장사(將士)의 지공(支供) 및 각항(各項)의 제향(祭享)을 이어갈 수가 없습니다. 하나하나를 보고 드리오니 변통하라는 하교가 있으시기를 바랍니다. 신의 영(營)의 소용

이 비록 심히 구차합니다마는 어찌 감히 무리하게 구하겠습니까? 이는 3읍(邑)의 공용(公用)에 관계되는 것이라 어쩔 수 없이 아뢰는 것입니다.

상평청의 각 곡물의 원수(元數)를 나누지 말라 하시었는데 이를 모두 창고에 둘 것 같으면 호조의 원회(元會)와 순영(巡營)의 별회(別會)가 합산되어 곡물은 많고 사람은 적어 출납하는 수송이 실로 어렵습니다. 풍토적으로 안개가 많아 썩기가 쉬우니 3년만 지나면 모두 버리게 되어, 비록 나라의 곡식이라 하나 아까울 게 없이 될 것입니다. 병인년에 옮긴 곡물은 자연감소분이 회록(會錄)에 병산(竝算)되어 있고, 무진년에 비국(備局)에 보고하니 원회에서 일체 자연감소분을 제외하라 하였고, 근년이 와서는 또 감소분을 회록에 병산하니, 이것은 꼭 넣었다 뺐다 하는 것과 같습니다. 원래 각 곡물이 비록 2만여 석이었다 하나 갑술년 이후 아직 거두지 못한 수량을 제외하면 지금 창고에 남아있는 것은 6천여 석도 미처 안 됩니다. 각종의 운송비 및 일반 수용이 극히 번다하여 각 사항별로 지불할 액수를 책으로 만드니 감해진 것이 5백 5십여 석입니다. 이제 비록 감소한 양을 빼더라도 지불할 양 이외에 나머지가 많지 않으며, 이름은 비록 감소량을 뺀다고 하나 실은 나머지 곡물이 없고, 다만 곡물을 출납하여 바칠 것이 다소 있을 뿐입니다. 무진년에 허락하신 바에 따라 감소분은 회록에서 감산하고 일제히 제외하도록 하여 주시면, 즉 위에서 개진한 바 추복, 인복, 조복, 오징어를 쌀 3백석의 값으로 치고 여러 사목에 지불하는 것은 모두 그 수에 의해 올리고 내린 다음 그 외의 나머지는 3읍으로 옮겨 각기 사용토록 하면 모두가 편할 것입니다. 일거에 이 두 가지 폐단을 구한다면 이 또한 다행한 것이 아니겠습니까. 타도의 각 관청에서는 상평청의 곡물은 으레 자연감소분은 제외되고 있으니 본주에도 허락하여 마침내 책정이 된다 해도 균등한 것이라 생각됩니다. 의정부로 하여금 응하도록 하심이 어떻겠습니까?

04

섬에서의 운행 수단은 오직 배편이 있을 뿐이오니 선박의 수가 많고 적은 것은 사소한 일이 절대 아닙니다. 특히 매달 진상이 있어 갔다 왔다 하는 것을 늦출 수가 없으니, 이는 결코 수십 척으로 감당할 수 있는 일이 아닙니다. 겨울 이후에는 감귤을 봉진할 때는, 많으면 20번을 운행하는데 상경하는 선척이 또 여러 번 있으니 이로 말할 것 같으면 오히려 적은 것이 아니라 할 수 있습니다. 이 섬에는 원래 물산이 없어서 면포 이하 및 진상할 장물을 만들 때에 소용되는 여러 가지와 일제의 해당 잡물을 일일이 육지에서 사와야 합니다. 그래서 본영에서 무역하는 배도 또한 적지 않게 올라가야 됩니다.

금년에 여러 번 배가 파손된 뒤 지금 현존하는 것은 단지 관선 1척과 개인의 배 큰 것 작은 것 합해 6척 뿐입니다. 정의에는 관선 1척이 있을 뿐이고 대정에는 원래 공사의 배가 한 척도 없습니다. 이제 배를 만들려고 전례를 상고해 보니 갑술년에 훈련대장 신 이기하(李基夏)가 재임시 처음으로 2척을 건조하였는데 섬 전체의 남자들을 모아 일을 시켰어도 거의 10일이 걸렸습니다. 섬 백성들은 부역에 힘을 써 실로 잠시의 여가도 없습니다. 금년에는 또 큰 구마(驅馬, 병마로 쓸 잘 달리는 말)와 조련의 역을 당해 비록 배를 건조하려 하나 형편이 그렇게 되지 못합니다. 가을과 겨울에 진상할 일이 참으로 염려되어 부득불 규정에 없는 진정을 하옵니다. 통영(統營) 및 삼남(三南)의 좌우수영(左右水營)에는 기한이 다 된 전선(戰船)이 있는데, 이는 팔려고 내놓은 물건입니다. 약간만 수리하고 개조하면 몇 척은 견딜 만하며 값이 쌉니다. 만약 조정에서 변통해 주신다면 그렇게 어려울 것도 없을 것입니다. 이 섬의 형세가 이미 백척간두에 이르렀으니 본주에 2척, 정의(旌義)와 대정에 각각 1척을 특별히 내려 주시어 섬 백성의 고통을 하나라도 덜어 주심이 어떠하겠습니까.

05 각 군문의 장교가 오래 근무하였을 때 다른 곳으로 옮겨 주는 것은 그들을 격려하고 권면하는 것뿐입니다. 오래 임무를 맡은 자들 가운데 더러는 아까운 이들이 있기 때문입니다.

본섬은 멀리 바다 밖 외롭게 떨어져 있어 동쪽으로는 일본을 이웃하고 남쪽으로는 유구(琉球)와 안남(安南)에 접했고 서쪽으로는 연(燕), 제(齋), 오(吳), 월(越)과 통해 왕래하는 선박이 표류해 오는 경우가 매우 많습니다. 실로 이는 우리나라의 번병(藩屏)인데 고립무원으로 있어 동래나 의주가 육지와 연락되는 것과는 같지 않습니다. 주야로 수직함이 자못 경사(京司)에서 입번하는 것보다 고심하며 그 고생스럽게 수고하는 것은 실로 잔인할 정도입니다. 수십 년 복무를 해도 종내 진급 한 번 못하고 맙니다. 대소 인민이 대부분이 옷을 풀어 헤치고 사는 곳이라 문물이 삭막한데 가끔 문무(文武) 출신이 있어도 모두 관작을 얻지 못하고 죽습니다. 그래서 이 섬의 풍습은 경직(京職)을 귀히 여기지 않고 버러지 같은 일생을 면하지 못합니다. 구진보(九鎭堡)의 조방장 및 속오, 아병(牙兵), 장관(將官)을 일제히 양주, 광주, 수원의 사례에 따라 오래 근무하면 전속시켜서 바다 밖 가물가물하는 땅에라도 제대로 의관을 갖춘 고을이 되도록 하여 주심이 어떠합니까?

06 이 섬의 민역(民役)은 만신창이라 손가락으로 이루 헤아릴 수 없으나, 그래도 지탱할 수 있어 구차하게 날짜를 이어가는 것과 아래에서부터 변통하여 약간의 여유를 줄 수 있는 것은 감히 임금에 상달하지 않았으며 불가불 시기에 맞추어 변통할 것을 십분 요량하여 무릅쓰고 품을 올렸습니다. 위의 5조는 더러는 별격(別格)에 관계되고 더러는 국격(國格)에 관계되어 이를 어찌 제가 감히 범할 바가 있겠습니까? 분의로 보아 황송하고 의정부의 뜻으로 보아 어려우리라는 것을 관계되어 이를 어찌 제가 감히 범할 바이겠습니까. 본도의 모든 일이 특별한 은혜를 입고 있는 것이 많습니다. 더구나 이러한 폐단은 형편이 다하고 계책이 없어 이렇게 하지 않고는 변통할 도리가 없습니다. 그래서 부득불 예외의 진정을 하오니 의정부로 하여금 상투적으로 보게 하지 말고 특별히 품하도록 처리하여 주심이 어떠하겠습니까.(『병와집』 중에서)

山同埋板

『탐라순력도』 제주 관내 순력 장면

유랑 무리들도 하늘이 낸 이 나라 백성인데

"… 산과 구렁에 즐비하게 쓰러져 있고 길에서 굶어 죽으며, 그 자녀들을 버리는 자도 있고 목을 매서 스스로 죽는 자도 있습니다. 그래서 무릇 사람의 마음을 가진 자라면 한 그릇이나마 밥을 서로 나누어주고 싶거든, 하물며 저들도 우리의 백성인데 저쪽 백성이나 이쪽 백성이니 하여 구별을 하고 구제하지 않으면 천리(天理)와 인정이 황량하게 사라지고 말 것입니다. 슬픕니다. 의지할 곳 없는 유랑무리들도 모두가 하늘이 낸 이 나라 백성인데 어찌 차마 둘로 구분하여 그 죽어가는 것을 앉아서 바라보고만 있겠습니까?" (본문 중에서)

병와 이형상

어린 아이의 죽음을 구하지 못한 죄책감을 이기지 못해서

첩(牒)으로 보고합니다. 본부(本府)가 펴고 있는 진휼 정책에 대한 상황을 잇달아 보고하였거니와 돌아다니는 거지 가운데 이름도 알 수 없는 한 아이가 울산에서 왔는데, 왼쪽 다리에 종기가 크게 부어 이미 뼈가 어긋날 지경에 이르렀습니다. 즉시 진휼소 고직이 방에 데려다가 치료하고 간호를 하였으나, 이미 주림이 깊어 병이 된데다 상처가 극심하여 온 지 3일 만에 끝내 구하지 못했습니다. 이것이 비록 사람의 힘으로 미칠 수 없는 것이라 하나, 이 몸이 진휼의 담당관으로써 끝내 살려내지 못했다는 것이 황송한 나머지 마음이 측연하고 죄책감을 이겨낼 수가 없습니다. 이 일로 인하여 천박한 소견이나마 감히 번거롭게 보고 하여 아룁니다.

원래 굶주린 백성이 본토에서는 정착하면 더러는 살아갈 수 있지만, 떠돌이 걸식자는 받아주는 이 없으면 반드시 죽고 말 것입니다. 전후 관문을 통하여 양식을 나누어 주어 돌려보내라고 하였는 바, 비록 이 지침이 돌아다니지 않고 한 곳에서 살라는 뜻에서 나왔지만, 지금까지 그들이 각처 사방으로 흩어져 돌아다녀서 이미 돌려보낼 수 없는 지경에 이르렀고 별도의 관문이 있었던 관계로 각 관에서는 모두 이들을 진휼하지 않음으로 결국 산과 구렁에 즐비하게 쓰러져 있고 길에서 굶어 죽으며, 그 자녀들을 버리는 자도 있고 목을 매서 스스로

教旨

李衡祥爲通政

大夫行東萊都

護府使者

康熙二十九年八月十九日

숙종 16(1690)년, 동래도호부사 고신(告身), 88.8×62.0cm

죽는 자도 있습니다. 그래서 무릇 사람의 마음을 가진 자라면 한 그릇이나마 밥을 서로 나누어 주고 싶거든 하물며 저들도 우리의 백성인데 저쪽 백성이니 이쪽 백성이니 하여 구별을 하고 구제하지 않으면 천리(天理)와 인정이 여기서 황량하게 사라지고 말 것입니다. 슬픕니다. 의지할 곳 없는 유랑무리들도 모두가 하늘이 낸 이나라 백성인데 어찌 차마 둘로 구분하여 그 죽어가는 것을 앉아서 바라보고만 있겠습니까?

그들은 이미 고향을 떠나 이곳저곳을 다니며, 먹을 것을 빌어 가는 곳마다 배척을 당하니 지금 보고 듣는 것으로 헤아려 판단하건대 살아날 사람은 하나도 없을 것 같습니다. 유랑 걸식민이냐, 아니냐 막론하고 각처에서 이들을 보살피라는 명을 열읍(列邑)에 별관(別關)으로 분부하심이 어떻겠습니까? 얕은 소견이 있어 외람되게 분수 넘는 보고입니다만 참작하시어 시행토록 지시하여 주십시오.(『병와집』 중에서)

渾存栖則幸從修撰悉欲教良史記嘉言

李參判 元祿輓

後乾龍爛日邗忿說庚申地下煩寬積人閂郡

官名嗟有限世跡欲無塵險阻吾曹備不堪哭

送宋德普赴關西幕

城頭滾滾大江橫浮碧晴光麾樹涼留我昔年

興送君今日鏡中行永明寺傑塵心少箕子田

脉龍試到綺羅叢裡問幾人能免別離情

전정(田政)은 공평 균등하게 정해야 할 것입니다

국고는 줄더라도 백성의 생활은
충족하게 하는 정치를

지방 목민관으로서 세제의 모순을 논리정연하게 밝혀 백성의 노고를 줄이려는 병와의 생각이 고스란히 반영되어 있는 글이다. 국고가 줄더라도 백성을 부유하게 만들려는 300년전 성주 목사 이형상의 목민관으로서의 지혜를 세월이 지난 지금 다시 되돌아 볼 필요가 있다. "심지어는 장부상에만 있고 실제로는 없는 전답에다 세액을 정해 놓고 매년 세금을 거두니 세를 내는 백성들의 원망 유무는 차치하고라도 막중한 전정 제도가 자못 해괴한 지경에 이르고 말았습니다."라는 전정제를 올린 것이 빌미가 되어 양주 목사직에서 삭탈관직을 당하게 된다. 예나 지금이나 개혁이 얼마나 어려운 일인지를 새삼 느끼게 해 주는 글이다.

(본문 중에서)

세금이 무겁다는 백성의 원망을 아뢰다

첩(牒)으로 보고합니다. 전정(田政)의 사안은 백성의 편안함과 괴로움에 가장 중요한 관건이 되니 잘 따져서 공평균등하게 정하지 않으면 아니 되는 것입니다. 본도에 부과되는 세금이 다른 도에 비해 배나 무거운데 이것이 그대로 잘못 답습되어 내려와 지금에 와서는 참기 어려운 지경에 이르렀습니다. 본주에서 세금을 거두는 곳이 전부 71주(州)로 전결(田結)을 모두 마감하였으나, 세금을 무겁게 거둔다는 백성의 원망을 눈으로 보고도 아뢰지 않으면 맡은 직책을 다하지 못하는 부끄러움이 있으니 감히 번거롭게 아뢰려 합니다.

대개 『경국대전(經國大典)』과 호조(戶曹)에 상세히 규정된 바로는 전답을 6등으로 나누고 있는데 이것은 전답의 비옥함과 척박함을 참작하여 등차를 두고 또 연구등법(年九等法)[35]으로 나뉜 것은 그해의 풍흉(豊凶)을 보아 등급을 정해 세금을 올렸다 내렸다 하는 것입니다. 예를 들면 사방 100척이 되는 전답에서 1등은 1결(結), 2등은 8십 5부(負), 3등은 70부, 4등은 55부, 5등은 40부, 6등은 25부가 되니 등급의 고하는 땅의 비옥함과 척박함에 관계되고, 또 결수[36]의 많고 적음은 또 등급의 고하에 달려 있으니 이것이 바로 전분 6등의 법입니다. 그해의 수확에 따라 연분(年分) 구등은 실제로는 그해의 수확을 10분으로 하고, 10분이 상상(上上)이 되니 그해 1결(結)에 세금으로 20두를 걷고,

9분은 상중이니, 한 해에 세금이 18두이고, 8분은 상하이니 한 해에 세금으로 16두이고, 7분은 중상이니 한 해 세금으로 14두이고, 6분은 중중이니 한 해에 세금이 12두이고, 5분은 중하이니 한 해에 세금이 10두이고, 4분은 하상이니 한 해에 세금이 8두이고, 3분은 하중이니 한 해에 세금이 6두이고, 2분은 하하이니 한 해에 세금이 4두이고, 1분은 면세한다고 법전(法典)에 소상히 적혀 있습니다. 이리하여 전후에 전답을 측량할 때 모두 전분육등법(田分六等法)[37]의 법으로서 지금까지 8도에서 행하고 있습니다. 그러나 연분구등법의 규정은 농사의 풍년 여부를 정확히 가늠하기 어렵고 전정(田政)의 허실을 서로 무릅쓰고 매년 변통하되, 전답마다 발로 다니며 직접 살피더라도 정확성을 기하기 어려워 병자년 이전에는 이 법을 계속 시행하였으나 정축년 이후에는 폐지하고 사용하지 않았습니다.

비록 오늘날 각도의 세법으로 말하면 매양 1결마다 쌀 4두씩을 책정해 나라에 바치는데 본도는 그렇게 하지 아니하니 전분육등법은 여러 도가 함께 측량안을 정했으나, 연분구등법을 전분구등법의 규정으로 바꾼 지 여러 해입니다. 본도 원장(元帳)에는 전답 30만 1천 8백 19결 71부 5속이 기록되어 있습니다. 그 가운데서 잡답인 것 8만 3천 9백 69결 91부 4속을 제외하면, 실제로는 전답이 21만 7천 8백 49결 80부 1속 중에 상지하(上之下) 답은 4결 56부 7속으로 매 1결에 16두의 세를 내며, 중지중(中之中)의 답은 88결 41부 5속으로 매 1결에서 12두의 세를 내며, 중지하(中之下)의 답은 65결 37부 7속으로 매 1결

에서 10두의 세를 내며, 하지상(下之上)의 전답은 1천 7백 52결 3부 8
속으로 매 1결에서 8두의 세를 내며, 하지중(下之中)의 전답은 4만 2천
4백 98결 38부 2속으로 매 1결에서 6두의 세를 내며, 하지하(下之下)
의 전달은 17만 3천 4백 51결 2부 2속으로 매 1결에서 4두의 새를 내
게 하는 것입니다. 전답의 측량을 전분 6등법을 쓰지 않고 다만 길이
와 폭으로 결복(結卜)[38]을 정한다면 전분구등의 세법이 우공(禹貢)의
법[39]이 되는데 해로울 것이 없습니다. 그런데 토지의 비옥함과 척박
함으로 등급을 정해놓았으니 비옥한 것이 1등, 척박한 것은 6등이므
로, 기름진 전답이라 하여 1등으로 매기면 그 결을 5등과 비교하면 4
배가 되고, 또 상지하의 전답을 이와같이 하여 1결에 세금 16두를 내
면 다른 전답에 비교할 때 8배의 세금이 됩니다.

71주의 서원 마감에게 물어보아도 모두가 그 곡절을 모르기에 본
주에서 올린 오래된 문서를 물어 상고해 보니 병자년 9월에 호조에 도
달한 관자와 순찰사가 관자를 올릴 때 나라에서 호조에 하교한 것과,
계하(啓下)한 조목과, 금년 5월 초4일에 본 조에서 아뢴 것, 지난 4월
25일 주강(奏講) 때 동부승지 민응형(閔應亨)[40]이 아뢴 것 등에 의거
하여 보면 그와 같은 것을 알 수 있습니다. 근자에 들으니 전답 측량에
있어 삼남(三南) 중에 영남이 가장 고통이 많고 더욱 참기 어려운 것은
전에 정조(鄭造)[41]가 감사였고 강인[42]이 경차관(敬差官)이었을 때 전세
를 배로 하여 자신의 공을 삼으려고 하지중의 것을 3분의 1이 넘도록
책정하였습니다. 금번 측량 때 그 토질의 비옥 정도에 따라 등차의 고

하를 정해 보니 강인 등이 책정한 하지중의 것은 마땅히 세금이 감해
져야 할 것인데 을해년 전세에서도 그대로 적용했기 때문에 전세가
전보다 배가 되었습니다. 대개 하지하면 4두의 세를 내고 하지중이면
2두를 더한 6두의 세를 냅니다. 신은 생각컨대 한 읍의 전세는 모두
하지하로 거두어야 하고, 그 전에 책정된 하지중을 모두 감해 준다면
영남의 백성들이 편안히 살 수 있을 것이라 여겨집니다.

임금께서 말씀하시기를 호조로 하여금 의논하여 처리하라는 전교
가 있었습니다. 삼도(三道)의 전답 측량을 다시 한 후에도 유독 영남만
이 가장 시끄러운 것은 지난 번 소출이 타도에 비해 가장 적었기 때문
입니다. 강인이 어거지로 책정한 것은 본도 전정의 일대 폐단이 되었
지만, 지난해 다시 측량할 때 옛 장부를 전부 없애고 일제히 새로 측량
한 것에 따라 전답의 품등을 살펴 소출의 수를 산출해서 새로운 안을
작성했다면, 강인이 이전에 어거지로 책정한 것은 저절로 무너져 그
대로 두려 하여도 그럴 수가 없었을 것입니다. 하지중 품등은 바로 연
분구등의 하나인데, 그해의 풍흉과 농사의 상황에 따라 이듬해 새로
등급을 매겨야 하는 것입니다. 가령 금년에 상지상의 전답이라도 명
년에 실농하게 되면 도리어 하지하의 품등이 되니 어떻게 일정함이
있겠습니까?

그러나 등급을 정하는 법을 전부 없애고 한 도의 전세를 모두 하지
하로 한다면 큰 신발이나 작은 신발이 값이 같은 것과 같아 적절함을
잃게 될 것입니다. 신의 뜻은 새로 측량한 뒤에는 이전에 책정한 하지

중 등급은 앞에서 개진한 바와 같이 다시는 존안해 두지 말고 해마다 연별로 많고 적음을 반복 조사하되 다과의 수를 미리 정해서는 안 된다는 것입니다.

대개 경연의 신하가 아뢰는 바는 "부세를 공평무사하게 하고 또한 균등하게 하여 그 폐단을 줄여 전 도의 백성의 마음을 위로하고자 함"이니, 금년 추수를 기다려 혹시 경차관(敬差官)을 보내 품등을 자세히 살필 때에 세금 징수를 많이 하려 하지 마시고, 국고는 줄더라도 백성의 생활은 충족하게 하는 정치를 하는 것이 좋지 않을까 감히 아룁니다.

임금이 전교하기를 아뢴 대로 하라 하셨고, 동부승지(同副承旨) 한흥일(韓興一)[43]이 맡아서 올린 계에 윤허에 의하여 할 일로서 그 교지에 따라 받들어 시행하라는 관문(關文)이 본 주에 남아 있습니다. 해마다 관에서 거둔 조세와 해마다 주에서 올린 것을 함께 조사해 보니, 이른바 상지하, 중지중, 중지하, 하지상, 하지중이라는 것은 원래 읍마다 다 있는 전답이 아니고 그해의 농사를 상하로 등급이 올랐다 내렸다 하는 것이 아닙니다. 상지하의 전답은 성주, 대구 두 읍뿐으로 4결 56부 7속으로 정해져 있으며, 중지중의 전답은 성주, 대구, 함안 3읍뿐으로 88결 41부 5속으로 항상 정해 있으며, 중지하의 전답은 성주, 선산, 대구, 함안, 초계 5읍뿐으로 65결 37부 7속으로 항상 정해져 있으며 하지상, 하지중에 이르는 전답까지 일정하게 정해진 논은 여러 읍에 산재해 있는데 그 전답의 총 평수를 통틀어 그 결수에 비교해 보면

이 또한 각 읍의 토지의 비척을 살펴서 상하를 매긴 것이 아닙니다. 그리고 측량 안에 기재된 것이 아니라도 이미 품등이 일정하게 정해진 읍이 있는 관계로 풍흉을 막론하고 이 품등에 의해 세를 내며 또 어느 전답이 상지하가 되는지를 몰라 한 읍의 전세를 총계한 뒤에 이에 따라 당년의 농사를 지은 백성에게 일괄적으로 골고루 나누어 세금을 정합니다. 매 결마다 내는 세가 해마다 가감되는데 각 읍에서 나라에 바치는 규례가 히니히니 같지 않아서 어떤 것은 1결에 6두 2~3승을 바치는 때도 있고 혹은 6두 5~6승을 바치는 때도 있어 재앙이 든 해에는 전결(田結)의 촌수를 풍년 든 해보다 감하는 데도, 결마다 내는 세가 도리어 보통 해보다 지나친 경우까지 있습니다. 이는 하지중 이상의 전답이 원래 재앙에 미치는 때가 없고 하지하의 전답만이 때로는 재앙의 부담을 지기 때문입니다. 장부상에만 있고 실제로는 없는 전답에다 세액을 정해 놓고 매년 세를 거두니 세를 내는 백성들의 원망 유무는 차치하고라도 막중한 전정이 자못 해괴한 지경에 이르고 말았습니다.

강 연변의 왜인에게 주기 위하여 논밭의 결세로 바치는 무명은 5두의 쌀이고 고을에 바치는 무명은 4두의 쌀을 무명으로 바꾸어 바치니 시세의 고하가 그해의 풍흉에 달려 있긴 하지만 때로 1섬으로 교환할 때도 있고 10여 말에 사고 팔 때도 있습니다. 올해의 경우 한 필의 값이 17~8인데 17~18두의 쌀로 한 필의 무명을 사서 4~5두의 세금으로 대신하여 바칠 때에 백성의 원망은 이루 다 말할 수가 없습니다.

삼수량(三手糧)[44] 이란 결(結)마다 바치는 것이 쌀 1두 2승인데 이는 4두의 결세 외에 따로 바치는 세입니다. 이른바 삼수량이란 임진왜란 때 명나라 군대의 포수(砲手), 사수(射手), 살수(殺手)의 군량(軍糧)을 마련할 길이 없자 서북의 평안, 황해 두 도와 남부의 전라, 경상 두 도에서 매 1결마다 1두 2승을 거두어 바치던 것인데 전쟁이 끝나도 폐지되지 않고 지금까지 그대로 남아 있는 것입니다. 왜에게 지급하는 쌀과 무명도 양식으로 쌀, 콩을 합하여 거의 3천 5백여 석이고 무명으로는 1천 1백여 동인데 이를 왜에게 지급해 오다가 신사년에 비로소 무명 1천 1백여 동 중 4백 동은 쌀로 바꾸었는데, 처음에는 한 필당 5두의 쌀로 바꾸어 주다가 환산할 때에는 백성들로부터 12두로 복정(卜定)[45] 해 거두어 왔습니다. 5두로 무명 1필을 대납하고선 그 대가로 챙길 때는 12두로 하니 그 가운데 7두는 아무런 명목도 없는 징수입니다. 대동법[46]이 세워진 후 기미년부터 비로소 대동미 남은 2두를 도로 나누어 주었고 계해 연간에 또 2두를 감하였는데 5두의 무명의 대가로 8두를 내리는 것은 일찍부터 동래에 소속된 20개 관아의 고질적인 폐단입니다.

　영남의 전답이 다른 여러 도에 비해 다소 비옥하다고 해서 측량할 때 모두 1~2등급을 높게 책정했는데 적기에 강인이 어거지로 책정한 것을 따르며, 또 연분구등의 법을 전분구등으로 바꾸어 1결에 16두 또는 14두 또는 12두씩 점차 감등하여 세를 거두니 자못 수월찮은 액수입니다. 이를 타도에 비교하면 결마다 세가 4두이니 2~3배가 될 뿐 아니라 삼수량 1두 2승이 별도로 있고 거기다가 또 4~5두의 작목을 호조와 및 동래부에 납부하는데, 이 작목으로 내는 5두의 쌀을 환작할 때는 8두로 하니 부세가 타도보다 지나치게 가혹함을 말하지 않아도 상상할 수 있습니다.

병자년에 내려진 호조의 관문과 및 도내의 전답 총수를 종합해 관찰하건대 처음에 강인이 어거지로 책정한 것이 지금까지 통례가 되어 답습되어 결국 정당치 않게 무섭게 징세한 결과가 되어 버렸음을 깨닫지 못하고 있습니다. 만약 도내의 전답이 모두 4두의 세만 내게 된다면 줄어드는 세금이 6천 2백 섬인데 국가 재용이 탕갈된 이때를 당하여 삼수량은 갑자기 줄일 수 없고, 공목과 작목 역시 변통하기 어려운지라 연분구등법을 갑자기 시행할 수 없다면 우선 타도처럼 매 1결에 4두씩으로 일정하게 정해 균등하게 거두도록 해야 한다는 것만은 반드시 시행하여야 할 것입니다.

이상의 일들을 일일이 아뢰어 올리오니 장점을 좇아 조정하심이 어떠하겠습니까? 참고하여 시행하시도록 첩보합니다.(『병와집』 중에서)

이 세상에서 일찍이 발견하지 못했던 중요한 유적이

"평양의 옛 정전 터(사지나 유적지)는 한 구역에 불과하나 유독 경주의 옛터는 아직도 남아 있습니다. 읍내 근처 서남방 오 리 안에 있는데 옛 모습을 잃지 않고 그대로 있어 직접 측량해 보니 경계가 침범되어 나뉘어져 나온 데도 있고 다른 땅이 들어간 데도 있습니다만 대체적으로 말하자면 아직도 백 보 정도의 우물과 이십 이랑 가량의 자취가 남아 있습니다."(본문 가운데서)

고도 경주에 남아 있는 절터나 궁궐 유적지가 민가의 밭으로 침해되는 것을 막기 위한 문화재 보존을 위한 정책안으로 조정에 올린 글이다.

첩(牒)으로 보고합니다. 정전(井田, 궁궐이나 사적의 유적지가 있는 밭)이란 예로부터 내려오는 제도인데 맹자가 일찍이 자세하지 않다고 말하였습니다. 평양의 옛 정전 터는 한 구역에 불과하나 유독 본주의 터는 아직도 남아 있습니다. 읍내 근처 서남방 오 리 안에 있는데 옛 모습을 잃지 않고 그대로 있어 직접 측량해 보니 경계가 침범되어 들쭉날쭉한 곳도 있고 다른 땅이 들어간 데도 있습니다만, 대체적으로 말하자면 아직도 백 보 정도의 우물과 이십 이랑 가량의 자취가 남아 있습니다.

그 가운데 더 심하게 경계가 침범된 것은 집을 헐어내기도 하고 혹

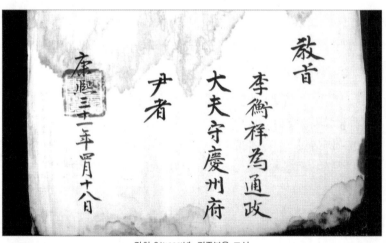

강희 31(1692)년, 경주부윤 고신

은 담을 헐기도 하여 봇도랑의 옛 다리를 찾았습니다. 그러나 간악한 백성들이 경계를 침범하는 일이 반드시 없으리라 보장할 수 없으므로, 이것이 삼대(三代)에 남긴 제도이고 또 이 세상에서 일찍이 발견하지 못했던 중요한 유적이므로 임금의 재결을 계문(啓聞)하시거나 참작하여 지시하시되, 법을 세워 영구보존 하는 것이 어떠하실지 첩으로 아룁니다.(『병와집』 중에서)

풍습이 이 지경에 이르렀으니
참으로 해괴하여 통탄할 일

"말세의 풍속은 귀신을 잘 섬기는데 이런 사례가 남부 지방에서 매우 심합니다. 집집마다 귀신을 높이 받들어 모시고 가는 곳곳마다 기도하여 재물과 곡식을 좀먹 듯 소비하는데 법으로도 금할 수가 없으니 풍습이 이 지경에 이르렀으니 참으로 해 괴하여 통탄할 일입니다." (본문 중에서)

병와 이형상

경주 음사를 금할 것을 청하여 아뢰다

첩(牒)[47]으로 보고합니다. 말세의 풍속은 귀신을 잘 섬기는데 이런 사례가 남부 지방에서 매우 심합니다. 집집마다 귀신을 높이 받들어 모시고 가는 곳곳마다 기도하여 재물과 곡식을 좀먹듯 소비하는데 법으로도 금할 수가 없으니 풍습이 이 지경에 이르렀으니 참으로 해괴하여 통탄할 일입니다. 교화가 밝지 못해 이 지경에 이른 것입니다. 만약 이를 교화하여 좋은 풍속을 이루지 못하고 풍속이 된다면 갑자기 고치기란 결코 쉽지 않다는 뜻은 이미 면대하여 품한 바 있습니다.

분부가 있었다고 하기에 본주의 백성들은 향약을 행하여 읍내에서 믿음을 서로 도모하고 또 면약(面約)을 통하여 각 면에서 믿음을 서로 도모한다 하기에 각 면에 첩을 내려 약소(約所) 및 풍헌(風憲),[48] 약정(約正)[49]에 첩문(帖文)[50]을 내리시어 사태를 두루 알아보게 하니, 모두가 "이는 본디 남쪽 지방의 악습이라 상민들 중에도 개탄하는 자가 많이 있으니 만약 관령(官令)이 있어 일변 효유(曉諭)하고 일변 금단하면 좋겠다."고 호소합니다. 그래서 다시 첩문을 각 면에 내리어 신사와 망당을 일체 엄금하여, 만약 무당을 믿고 관의 명령을 지키지 않는 자가 있으면 누구든 여러 사람이 모인 자리에 끼어주지 않아서 수치심을 갖게 하도록 각 면에 분부하십시오. 본부의 경내에 형산당, 천주사, 이견대, 대왕암, 남산, 남산사당 등엔 모두 부정한 음사가 모이는 곳입니다. 영남좌우도와 충청우도에서도 모든 사람들이 모여 와서 남녀가 한데 모여 술과 고기가 없는 날이 없습니다. 한꺼번에 엄금할 계획을 세우는데 부윤의 호령이 겨우 경내에만 미칠 뿐이라 타관 백성들에 대해서는 다스리기 어려운 형편입니다. 만약 음사를 하는 사람이 있으면 각별히 죄를 묻겠다는 뜻을 이치를 따져 명령하여, 이를 일제히 거행할 수 있도록 분부를 내려 주심이 어떠한지요. 참작하시어 시행토록 했으면 합니다.(『병와집』에서)

비로소 한라산을 명산으로 승격하여 제를 지내다

처음에 제주목사 이형상이 치계(馳啓)하기를, "명산대천은 모두 소사(小祀)에 기록되어 있으나, 유독 한라산만은 사전(祀典)에 누락되어 있습니다. '오례의(五禮儀)'는 성화(成化) 연간에 편찬되었는데, 그때에 본주에는 약간의 반역(叛逆)이 있어서 혹 그것 때문에 누락이 되었는지 모를 일입니다. 일찍이 이 일로 장계를 올렸으나, 해조(該曹)에 기각당했습니다. 다시 품처(稟處)하도록 하소서." 하였다. 예조에서 대신들에게 문의하니, 영의정 신완(申琓)[51]은 헌의(獻議)하기를, "이미 그 누락된 것을 알게 되었으니 이제 추가해서 기록해도 무방하겠습니다." 하고, 판부사 서문중(徐文重)[52]은 헌의하기를, "탐라에 군을 둔 것은 고려 말기에 비롯되었고, 국조(國朝)에서도 그대로 답습하였는데, 세종 때에 이르러 처음으로 세 읍으로 나누었으니, 오례의를 편찬할 때에 빠진 것이 아님이 분명합니다. 세대는 아득히 멀고 증거 삼을 문헌도 없는데, 몇백 년 뒤에 억지로 의례를 만들어 먼 바다 밖에 향화(香火)를 내리는 것이 과연 합당할지 모르겠습니다." 하고, 영부사 윤지완(尹趾完)[53]은 헌의하기를, "국전(國典)에 없는 것을 이제 와서 처음 시행하기란 어려운 일이나, 명산에 제사가 없다는 것은 이미 결점이라 할 수 있습니다. 그러나 본주의 사체(事體)가 다른 도의 주나 군과는 다른 바가 있으니, 본주에서 봄, 가을에 제사를 지내되 제후(諸侯)가 봉강(封疆) 안의 산천에 제사지내는 것과 같이 함이 무방할 듯합니다." 하였고, 다른 대신들은 헌의하지 않았다.

임금이 판하(判下)하기를, "한라산은 바다 밖의 명산인데 홀로 사전(祀典)에 들지 못했음은 흠궐(欠闕)이라 아니할 수 없다. 영상의 의견대로 시행하라." 하였다. 예조에서 치악산과 계룡산의 제례(祭例)와 축문식에 따라 정월, 2월, 7월에 설행할 것을 청하자 윤허하였다.(『조선왕조실록』 중에서)

내 백성은 내가 지킨다

봄에 제주에 부임하여 탐라의 내려오던 좋지 않은 습관과 풍속을 개혁하였다. 즉 삼읍의 성묘를 수습하여 제복 및 제기를 개조하였고, 선비를 선발하고 훈장을 정하여 학문을 닦게 하는 한편, 삼성사(三聖祠)를 창건하였다. 그리고 동성혼과 이성절친혼과 혼례 때 불교배와 유처취처와 남녀동욕과 여인 나체 등과 같은 악습을 금지하도록 하였다. 또 왕에게 상주한 14개조를 왕이 모두 윤허하였는데, 내용은 다음과 같다.

풍운뢰우단(風雲雷雨壇)은 주목에서 제함이 없고 사사로이 제지내고 있으니 파할 것. 방성 노인성(房星老人星)을 길러 향축하는 제로 설정할 것. 한라산 및 큰 바다는 마땅히 명산대천의 예에 의거하여 제를 지낼 것. 제주 향교의 대향(大享)에 삼성을 남용하고 있으니 고례품처(考禮稟處)할 것. 삼성사에 사액하고 제물을 관급할 것. 부모를 팔고 처자 동생을 판 자가 58명이 있으니 조가에서 이를 환할 것과 이런 일이 없도록 엄금하는 법을 정할 것. 장마로 고의를 잃었을 때는 다른 예에 의하여 반감하고 책징할 것. 50해녀가 전복을 9천점을 바친 것에 대해서는 값에 해당하는 쌀로 지급할 것. 도민의 양자 상속 허가를 예조에서 하고 있는 바 이는 멀고 어려우니 제주목사가 직접할 수 있도록 제도화할 것. 삼읍 이속들의 관에서 내리는 급료가 낮으니 급료를 계획

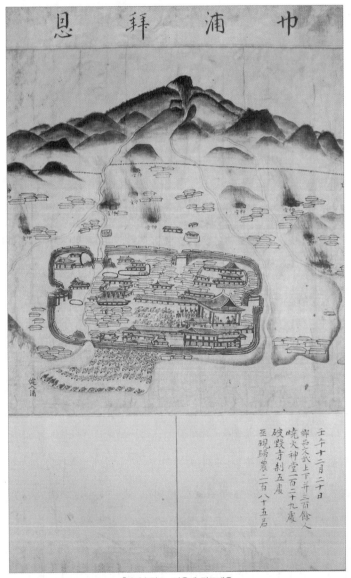

『탐라순력도』 가운데 건포배은

해서 모곡을 주어 백성들에게 폐를 끼치는 일이 없도록 할 것. 통영의 한만된 전선 사척을 제주 삼읍에 분급하여 진상 운항에 이것을 사용하여 민폐를 없앨 것. 장교와 변장으로서 구근하는 자에게는 승진을 시켜 돌려보내어 제주 인심을 위로할 것. 각장을 합축할 것. 시재에는 조정에서 어사를 보낼 것.

이 14개조에 대한 왕의 윤허로, 공에게 감사하는 주민 칠백여 인이 건포(巾浦)에 회동하여 공의 업적을 기리고 그들이 자발적으로 통문을 돌려 발의하여 음사를 없애줄 것을 공에게 청하매, 공은 주민들과 함께 129개소의 신당과 2개 사찰을 불사르고 불상은 바다에 던져 버렸다. 이 밖에 근 일천 명이나 되는 무격에 대해서는 안적을 불태워 버리고 양민으로 만들어 농사를 짓게 하였다. 주민들은 이러한 공의 업적을 기려 4개의 송덕비를 세웠다.(『병와행장』에서 초함)

"대개 바닷가 포구의 백성들로서 제주의 외양(外洋)에서 전복을 따는 자들은 으레 도회관(都會官)의 공문을 받는데, 간사한 백성들은 세금 내는 것을 싫어하여 사사로이 제주에 들어가 채취하므로, 사람을 시켜서 금하지만 배가 빠르고 사람이 많아 힘으로 당하지 못하며, 혹은 의복을 약탈하고 혹은 몰래 죽어서 말을 못하게 합니다. 그래서 이 형상이 일찍이 사사로이 채취하는 무리를 엄금하자고 청하였고, 이희태(李喜泰)[54]의 장계도 역시 이 일을 말한 것인데, 그 말이 경보(警報)처럼 되어 조정에서 바야흐로 해적을 걱정하고 있기 때문에 상하가 놀랐으나, 재계(再啓)가 들어옴에 미쳐 모두 무사하였습니다."라고 하

였다.(『병와집』에서)

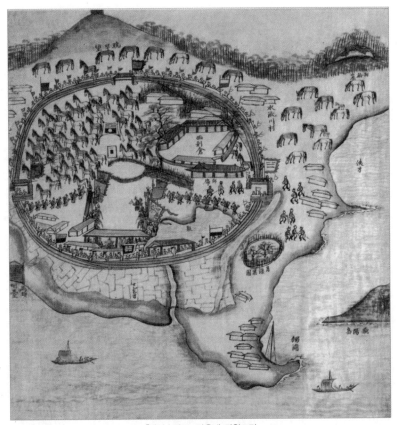

『탐라순력도』 가운데 명월조점

아래를 거느림에는 반드시 관용에 이를 것이다

1691년 병와 39세 때 양주목사,
양주진병마겸절제사를 지낸 뒤 백성들이 세운 송덕비

근년에 사람의 기풍이 점점 야박해져서 이끄는 사람이 없고 사람마다 뜻이 다르니 불행하다. 뜻마다 바깥으로 내놓아 표출하며, 우스개소리나 하고 있으니 모두가 한담이며, 그렇지 않으면 술이나 마시거나 잔치나 벌이고 심지어는 바둑 장기에 놀음판까지 벌이는 자가 있으며, 심지어 욕지거리와 싸움하는 이들도 있다. 조야가 한심스럽고 들리는 것은 해괴함뿐이로다.

「곡강종향기후서(曲江從享記後書)」 중에서)

동네가 도의의 명분을 맺는 것을 권면하다

다섯 주가 고을이 되어 서로 비난을 하고 다섯 족이 당이 되어 서로 어려움을 돕게 한다는 것은 『주례』에 있는 대략적인 가르침이다. 하물며 구묘가 있는 곳에서 생사의 즐거움과 슬픔을 같이 해 온 사이에 친목을 맺는 목적이 어찌 서로 돕는다는 것뿐이겠는가?

양주 백석동(白石洞)은 우리 선영이 계신 곳이다. 못난 내가 이 마을에 경의를 표함이 마땅히 어떠해야겠는가? 네 동네의 여러 군자들이 본주에서 내가 나이 조금 더 먹었다고 하여 좌상에 앉히고 마을 일도 맡기지 않으니 사람들의 교훈의 바람이 예보다 백 배나 되겠으니, 미루어 본다면 위를 섬김에는 반드시 충성할 것이고 아래를 거느림에는 반드시 관용에 이를 것이다. 이로써 바라는 바를 같이 하고 서로 돕는다면 어찌 군자의 고을이 되지 않을 것이며, 이로 세 가지 모범을 보여 함께 나아간다면 어찌 귀인이 사는 마을이 되지 않겠는가. 덕업을 서로 권장하고 과실을 서로 바로 잡아 『여씨향약』을 회복하는 일은 필히 이 마을일 것이다. 훗날 벼슬에서 물러나 전원에 돌아와 전자에 칭하던 것으로 내 몸의 사과로 삼고, 후자에 권면한 것으로 여러분들의 축하로 삼아서 동네가 서로 도의의 교분을 맺어 북산(北山)의 이문(移文)을 면하게[55] 된다면 다행이리라. 이제 목록을 작성해 한 권의 책이 만들어졌음을 맞아 서문을 지어 보낸다. (양주 사동계 서문, 『병와집』 중에서)

澤存柜則幸從修撰悉欲教良史記嘉言

没乾龍爛日邢恐説庚申地下煩冤積人間□部

官名嗟有限世跡欲無塵險阻吾嘗備不堪哭

李参判 _{元禄韓}

送宋德普赴關西幕

築頭滾流大江橫浮碧晴光歴樹涼留我昔年

與送君今日鏡中竹永明寺傑塵心少箕子田

跡荒試到綺羅兼裡問幾人骹免別離情

세 번째 글

왜(倭)에게 뒷바라지를 한다는
것은 대의에도 벗어나며

외교에 있어서도 국익이 먼저요

"전 목사 이형상이 투채인(偸採人)을 엄금하는 일로 계문(啓聞)하였는데, 근래에 비선(飛船)이 바다 위에 널려 있으면서 중류에 돛을 내리고 있는데, 그 숫자가 50여 척이나 되도록 많으며, 그 형상을 보건대 투채선(偸採船)이 아니고 해적입니다. 밤에는 해안에 와 쉬면서 육지에 내려와 공사(公私)의 우마를 도살하고, 낮에는 다시 배 위에 모여 바다 가운데로 물러가는데, 뒤쫓아 잡으려는 배가 혹 앞으로 가까이 가면 도주할 생각은 하지 않고, 도리어 몇 겹으로 포위하여 화살과 돌을 비 오듯 쏘아대어 크게 다친 채 돌아오게 됩니다. 만약 군인을 많이 내어 곧바로 무기를 쓰지 않는다면, 그 형세로 보아 물러날 이치가 만무하고, 앞으로도 크게 염려할 만한 일이 없지 않을 것입니다. 이 무리들이 비록 육지의 포구 사람이지만, 금령을 무시하고 해적질을 하니, 뒤쫓아 살포하여도 백성들의 피해를 제거한다 생각하면 조금도 애석할 것이 없습니다. 지방관 및 각진의 조방장(助防將)에게 엄히 신칙(申飭)을 더하여, 병기를 지니고 기필코 뒤쫓아 붙잡되, 만일 사로잡거든 계문(啓聞)하는 한편 섬 가운데에서 효시(梟示)하게 하고, 지방관들이 혹시라도 뒤쫓아 잡는 데에 힘쓰지 않으면, 무겁게 죄를 주는 것으로 정식을 삼아 시행하게 하소서."

『조선왕조실록』 중에서

우리나라는 본래 예의로써 상호교린한다

경오(1690)년에 부특송사 왜원역(倭員役) 등은 지난 달 30일 예에 따라 진상하고 숙배한 후 이어 하선연(下船宴)을 거행하였습니다. 압류물을 봉해 올렸는데 왜인 한 사람은 병으로 불참하였기 때문에 병상에 누워 들어왔거니와 재판(裁判)차왜(差倭)[56] 평성상(平成尙)은 전부사 박신(朴紳)[57]과 남후 등이 재임할 때부터 번번이 면회를 요청했는데 신이 부임한 후에도 면회를 청한 것이 한두 번에 그치지 않았습니다.

저들이 요청하는 바는 이미 들어줄 단서가 없고, 지금 비록 서로 만난다고 한들 이익될 것은 조금도 없기에 글로써 단호히 거절했습니다. 어제 부특송사 왜의 향연이 끝난 뒤 재판차왜가 연청(宴廳)에 나와 한번 만나기를 원했습니다. 다른 송사가 연회가 파한 후 재판으로 인해 서로 만나는 것도 전례가 많았습니다. 그들의 말하는 바를 듣고 사리에 의지해 준엄히 물리침이 옳고 이미 나온 것을 물리쳐 피하고 만나지 않는 것은 타당치 못하며 또 멀리서 온 사람을 대하는 주객의 도에서 벗어나는 것이어서 부득불 같이 앉으라고 허락하였습니다.

왜인이 말하기를, "인삼이 필요합니다. 아픈 사람이 이것을 얻어 차도가 있고 죽을 자가 이것을 얻어 삽니다. 도주(島主)가 강호(江戶)에 바치는 것 중에 매번 이것이 중요합니다. 이제 만약 이것을 결한다면,

봉사(封事)가 매우 절박합니다. 우리 섬에는 본래 나는 것이 없이 오로지 귀국에 의존하고 있는데 국내에 소용되는 것을 감히 바랄 수는 없으나, 관백(關白) 집정(執政) 이하가 또한 약용을 얻지 못하면 그 민박(悶迫)함이 어찌 되겠습니까? 북로(北路)를 범하여 화근을 만드는 것은 엄금하여 억제하고 있습니다. 귀국이 소산품을 매매하는 것만을 허락하심은 교린상구의 도리가 아니겠습니까?

이에 대한 금령을 좀 풀어서도 상인들이 이르지 않는다면 어찌할 수 없겠지만, 한결같이 굳게 막으시어 의약을 서로 힘입는다는 뜻이 없고 적국으로 상대하여 생사를 상관하지 않는다면 진실로 교린이라 말할 수가 없으며, 수응을 서로 돕지 못한다면 실로 성신에 어그러지는 것입니다. 제가 여기에 머문 지가 이미 열 달이 넘었어도 아직 소청을 허락받지 못했을 뿐 아니라, 비록 열 번 스무 번을 청하고 혹 관백(關白)의 서계(書契)를 가지고 청하더라도 여전히 들어주지 않을 것 같으니 어찌 이다지도 아량을 베풀지 않으십니까? 이미 조령(朝令)이 있어 본부에서 품달하고자 하시지도 않습니다만, 그렇다 하더라도 이와 같이 절박한 청원을 본부에 진달하지 않는다면 어찌 조정에 고할 방법이 있겠습니까? 원하오니 부디 십분 양찰하시어 조정에 속히 올려주십시오."라고 했습니다.

신이 답하기를, "인삼이 비록 토산물이지만 매우 희귀해서 믿고 여러 곳에 쓸 것으로는 단지 북로(北路)일 뿐이다. 한번 간사한 백성이 규정을 어긴다면 그 후부터는 이욕이 관계되는 것이어서 간사함을 막기가 참으로 어렵다. 그래서 부득불 일체 남북(南北)에 엄금하였다. 그 후로부터 인삼 무역이 끊어져서 우리나라의 약용도 매우 어렵게 되었고, 도주(島主)에게 정기적으로 주는 관삼(官蔘)도 계속하기 어렵게 되었다. 일본의 소망과 도주의 절박함은 모르는 것이 아니나 사정이 이러하니 변통할 수가 없다.

또 조정의 정령(政令)이 인후하여 비록 먼 곳에서 온 사람의 간절한 청을 들어 주고자 하더라도 기율이 엄하고 밝아 이미 남과 북에 달리 할 수가 없고 또 금방 금하였다 바로 푼다는 것도 부당하다. 이 또한 일에 따라 마땅함을 제정하는데 있어 반드시 성신해야 하는 도리인 것이다.

너희가 왜관에 대해서만 금령을 풀어달라고 말하는 것은 절대로 근거가 없다. 될 것 같으면 처음에 바로 들어 주었을 것이다. 안 되는 것을 자꾸 말하는 것은 아무 이익이 없다. 비록 관백(關白)의 서계(書契)가 있더라도 결코 채택하기가 어렵다. 무엇 때문에 이와 같이 번거롭게 하여 마치 탐색하듯 하는가.”

차왜가 또 말하기를, “우경(右京)의 나이 이미 19세가 되었습니다. 이제 성혼을 하기에 이르러 마도의 상하가 모두 그를 계승자로 삼아 추대하는데 아직 도서를 받지 못했습니다. 옛부터 이미 행하여 은 관례인데 어째서 우경(右京)에게만은 박하게 하여 이를 폐하십니까?” 하였습니다.

신(臣)은 답하기를, “언만(彦滿)이 도서를 먼저 환납한 뒤에야 우경

병와가 사용하던 칼

의 도서를 발급함이 당연하다. 이 또한 사리가 매우 분명할 뿐 아니라 갑자(1684)년에 차왜 평성차(平城差)는 이를 환납하고 을축(1685)년에 차왜 평후중(平厚中)이 다시 발급받았다.[58] 도주(島主)의 말에 대해서는 앞뒤가 맞지 않음이 더욱 심하다. 선왕이 교지를 받음에 이미 뒤에 가서 새로운 예를 만들지 말라는 말이 있으니 환납 없이 그대로 발급해서는 안 된다."고 하였습니다.

　차왜가 또 말하기를, "전 재판(裁判)은 아직 양식을 받지 못했습니다. 이제 저희가 머물 기한을 인준받아야 하니 역관이 바다를 건너올 때라는 것은 타당하지 않습니다. 지금 강제로 정하려 하니 더욱 부당합니다. 이는 약조(約條)에 관계되는 일로서 상의해 정하는 것이 아니고 갑자기 고치고자 함이니 어찌 강정(講定)하는 뜻이 있습니까?"라고 하였습니다. 신이 답하기를, "전 재판(裁判)은 일 없이 오래 머물고 있어 사리에 부당하기 때문에 부득불 공급을 철회하였다. 그 후 다시 머무적거린다 하더라도 공급 철회 후의 급료는 공급될 리 만무하다. 너희들의 기한도 약정하지 않을 수가 없다. 전후 약조 중에 원래 재판이라는 이름이 없었는데 경신(1680)년에 이르러 비로소 스스로 만든 칭호이다. 이것을 어찌 억지로 조약을 고치는 것이라 하겠는가? 이와 같은 이야기들은 모두 두서가 없고 더욱이 편치 않은 것들이다."라고 하였습니다.

이렇게 왕복된 이야기가 무려 수십여 차례이온데 그 말들의 대략이 이와 같아 신이 결론지어 말하기를, "너희들의 전후 소청은 이미 알았다. 이제 비록 천 마디 만 마디라도 모두 한 가지로 귀착되니 다시 듣고 싶지 않다. 무릇 일이란 모두 의리를 좇는 것이다. 말을 들음에는 시비를 살피는 것이 귀중하다. 자기의 이해만 생각하고 의리상 옳고 그름을 헤아리지 않는 것은 일을 논하는 대체에 매우 잘못된 것이다. 우리나라는 본래 예의로써 서로를 높이며 교린에 있어서는 오직 성(誠)과 신(信)만을 귀하게 여긴다. 조정에서의 하회가 이미 진실되고 지금의 이 문답도 헛되거나 거짓된 것이 없다.

너희들이 돌아가 사실대로 도주에게 고하면 도주도 사실로써 관백(關白)에게 전보(轉報)할 것이다. 비록 절박한 바가 있지마는 사리의 부당함을 안 다음에는 다시 시끄럽게 굴지 않을 것이다.

관백이 도주를 불신하고 도주가 차왜를 불신하고, 상하가 서로 속이며 해괴함이 극에 이르렀다. 너희들이 또한 해를 넘기며 억지로 떼를 쓰니 불신함이 있어서 그러한 것 같은데, 이는 결코 성신으로써 상교하는 도리가 아니며 더욱 부당함이 되는 것이다. 너희들이 비록 이제 구태여 품계를 올려 조정의 처분을 기다리겠다는 것을 청하고 있지만 우리나라는 국가의 예법이 매우 밝으니 당당한 조령이 이미 내려진 것에 대해 변신(邊臣)이 어찌 감히 번거롭게 품하겠는가. 위의 사항의 사리가 이와 같이 명약관화하니 뒤에 다시 말하지 말라." 하였더니 차왜가 또 말하기를, "새로 드릴 말씀도 없고 날도 저물어 비록 감히 지루하게 번거로움을 드리지는 않겠습니다마는 다하지 못한 말씀을 명일에 훈도로 하여금 바꾸어 고하겠습니다. 다시 관에 돌아가시어 깊이 생각하셔서 반드시 계를 올리게 하여 주십시오."라고 하였습니다.

이에 신이 또 말하기를, "좇을 만하면 좇고 좇지 못하겠으면 못좇는 것이다. 서로 만나 이미 결정된 말을 어찌 역관의 입을 기다리겠는가, 오늘 좇지 못한 일을 어찌 번거롭게 다시 생각하겠는가." 하고 사리에 따라 완강히 거절하고 파했습니다. 즉각 훈도 박유년(朴有年)이 와서 고하는 내용인 즉, 오늘 아침 재판차왜가 저를 오라고 하여 다시 거듭 전번 이야기를 하는데 이러했습니다.

"인삼의 무역을 청한 일은 어제 이미 동래영감(東萊令監) 앞에 모두 전달했습니다마는 우경의 도서 및 전 재판의 일은 미진한 바가 있습니다. 우경이 금년에 성혼하고 명년에 섬으로 돌아간 뒤, 도서도 없고 서계도 얻지 못한다면 마도(馬島)의 실망이 어떠하겠습니까? 어제 동래영감께서는 선왕의 수교로써 답을 하시었습니다마는 예전에 이미 언만(彦滿)에게 특은을 베푸시었는데, 지금은 어째서 우경에 대한 특은을 아끼십니까. 심지어 전 재판의 약조대로라면 양국 차지차왜(次知

差倭)로, 연속 왕래하다가 그 후 또 양국 간사차왜(幹事差倭)라 칭하였으나 모두가 일본이 칭한 바가 아닙니다. 일본에서는 이를 최판차왜(催判差倭)라 칭하였는데, 귀국에서 마음대로 개칭하여 양국차지(兩國次知)니 양국간사(兩國幹事)라 한 것이고, 경신년에 와서 일단이 그 최(催) 자를 버리고 재(裁) 자로 고쳐 재판(裁判)이라 칭한 것입니다. 이것이 약조(約條)에 부쳐진 차왜(差倭)가 아닙니까?

백 년 가까이 준수하며 이제까지 왕래하였는데, 이제 갑자기 억지로 고쳐 마침내는 제공하는 양식까지 철회하기에 이르렀습니다. 내려오는 약조를 지금 만약 바꾸어 고친다면 이것 외에 모든 일도 모두 헛것으로 돌아갈 터이니 앞으로 약조를 어디다가 쓰겠습니까. 다른 송사는 모두 기한이 있는데 양국 차지나 양국 간사에게만 왕래할 때 끝내 기한이 없다면, 결정된 일을 이제 비로소 시기를 정함이니 이는 무슨 사리입니까? 설사 기한을 정할 수 있다고 해도 양국이 상의하여 처치함이 타당한 것이니 타당치가 못합니다. 마도(馬島)에 대해 이제 일방적으로 그 기한을 정하려 함은 이 무슨 약조입니까. 이상 세 항목의 잘못된 일에 대해 만약 허락을 얻지 못한다면 결코 돌아갈 수가 없습니다. 꼭 이것을 동래영감 앞에 전하시어 빨리 조정에 올리도록 하여 주십시오."라고 누누이 와서 고했습니다.

신은 또 말하기를, "선왕의 특은에 이미 이후 이러한 예를 만들지 말라는 교지가 있으니 특은을 희망함은 더욱 외람된 것이다. 전 재판에 제공물을 철회한 것은 조정에서 이 일을 참작한 것에서 나온 것이니 제공물을 거둔 뒤에 급료를 생각하는 것은 마땅한 논의가 아니다. 너희들의 기한에 대해서는 더욱 약정을 하지 않을 수가 없다. 단연코 번거롭게 품달하기가 어렵다는 뜻은 어제 이미 다하였으니 이제 중복을 피한다. 다시는 이러한 말을 가지고 와서 고하지 말도록 하는 것이 마땅하다." 하고는 훈도 박유년으로 하여금 엄하게 책망하여 깨우치라 하였사온데 이것이 먼 곳에서 온 사람과의 문답한 이야기이기에 감히 이를 베껴서 올립니다.(『병와집』 중에서)

병와 이형상

관방의 시설에 대해
마땅히 미리 잘 대비할 수 있도록 강구해야

　병와는 처음부터 왜노들을 걱정하였는데, 소위 구송사(九送使, 조선에서 왜노와 화해하기 위해, 아홉 번 대마도에 보내는 세미)는 한 도의 폐단이 온통 동래에 집결되기에 훈도를 시켜서 몰래 재판차왜인 평성상(平城尙)을 잘 달래어서 9회 보내는 세미를 제일 첫 번째의 선박 편을 이용하여 한 번에 모두 보내고 나머지 8회를 취소하게 되면 배를 인솔하는 차왜와 사공들이 매번 나와야 하는 번거로움을 피하고 힘들이지 않고 앉아서 지정된 급여미를 차지하게 될 것이며, 그 지정된 몫을 지급하고, 나머지 수백 석의 남는 곡식은 대마도주가 마음대로 쓰도록 요청을 하게 했다. 그렇게 하면 우리나라에서도 그들을 접대하는 잔치의 비용을 줄일 수 있겠기에 이런 편리한 계획을 세워 주고는 병와는 체직되어 돌아갔다.

　그 뒤에 평성상은 과연 저들에게 이 계획을 허락받고는 우리 조정에 요청했더니 조정의 의논이 일치되지 못할 뿐 오히려 계책을 무시한 것으로 연락이 되었다. 이에 평성상은 역관을 상대로 혀를 차면서 "이 부사를 제외하고는 너희 나라에는 사람이 없다고 말할 수 있겠군."이라고 말했다. 조정에서는 뒤늦게 뉘우치고 다시 한 번에 모조리 수송하고자 하여 바다를 건너가서 통역을 시켜 요청했더니 평성상은 크게 웃으면서 "처음부터 그렇게 했어야지 후임 차차왜(次差倭)가 다른 자리로 옮겨간 뒤에야 겨우 계책을 성사할 수 있다니…… 또 다시는 불가합니다."라고 대답했다.(본문 중에서)

변방에 경보가 있을 때를 대비해야

본부는 적 침입로의 첫길이라 바람을 쉽게 타서 변고가 짧은 시간에 생기므로 곧 닥쳐올 것이 염려됩니다. 서북지방과 같이 경계가 조금 떨어져 있는 것과는 같지 않습니다. 임진년 이후로는 사정이 더욱 달라졌습니다. 관에 항상 머물러 있는 왜가 어떤 때는 수천에 이르는데, 바다 수평선 위에는 배가 포진해 계속 왕래하여 눈을 잠깐 돌리는 사이에 이미 읍에 와 닿습니다. 그러니 관방의 시설에 대해 마땅히 미리 잘 대비할 수 있도록 강구해야 합니다. 부사의 책임이 미미하지만 실은 무겁습니다. 보잘것없는 제가 욕되게 이 자리에 있어 책임이 모기가 큰 산을 젊어진 것보다 무거우니 중대한 책임을 저버릴까 두려

「탐라순력도」 제주 관방 중에 군마 검열 장면

위 밤낮으로 걱정되고 근심됩니다. 마음에 품은 것이 있는데 이를 받들어 전달해 올리지 않는다면 더욱 직책을 소홀히 하는 일이라 저의 소견을 조목조목 열거하여 황공하옵게도 품하오니, 의정부로 하여금 품하는 조목을 참작하여 상량토록 하여 주소서.

하나, 본 동래부는 지극히 적은 해읍(海邑)으로 겨우 20여 리에 뻗어 있으며, 민호(民戶)가 단지 7천 8백이고, 수영(永營) 및 십진보(十鎭堡), 태복목장(太僕牧場)이 4참(站), 파발(擺撥)이 5처(處), 봉수(烽燧)가 모두 한 경내에 있는데, 소속 관리 및 수군(水軍), 사부(射夫), 목자(牧子), 발군(撥軍), 봉군(烽軍), 왜관(倭館) 지키는 파수를 제외하면 나머지 장정이 거의 없습니다. 경아문(京衙門)과 여러 상사(上司)의 납포(納布) 번병(番兵)이 이 중에 섞이어 매년 세초(歲抄)를 당하면 뽑을 만한 장정이 없으니, 이러한 형편으로는 지탱하기가 어려울 뿐만 아니라, 속오(束伍) 823명, 아병(牙兵) 540명을 나누어 둘로 하여 아이들의 장난같이 하였으니, 만약 급한 일이 있어 한 척의 배가 나와 항거하더라도 이틀이나 걸리는 병영에 품달해서 멀리 절제의 명을 받으니, 변방을 지키는 대책을 가지고 헤아린다면, 임진년의 일을 징계할 만합니다. 그 후 조정의 계책에 마땅히 변통이 있어야 했을 터인데 어찌하여 지금까지 그대로 두고 있는지요. 한편으로는 한심하고 한편으로는 놀라운 일입니다.

역대의 옛 변방 신하들도 편의에 따라 종사하도록 허락하였거늘 하물며 수백 단군(單軍)으로서도 나름대로 주관할 수가 없어서 적을 보고도 병사를 출동시키지 못하고 빈 관아에 앉아서 탄식만 하게 되었으니 어찌 참으로 가소로운 일이 아닙니까? 만약 국경인 바닷가가 늘 깨끗하다면 굳이 할 말이 없습니다마는, 만에 하나 변방에 경보가 있게 되면 그때 가서 후회한들 어찌 돌이키겠습니까? 생각이 이에 미침에 갑자기 모골이 송연합니다.

기억하건대, 지난 정묘년 간에 조정에서는 의주의 단허(單虛)를 염려하여 각 아문(衙門)의 군병을 본주에 이속하고 부병 2천을 증가배치하여 호령을 스스로 할 수 있도록 하였습니다. 이는 비국(備局) 문서에서 찾아볼 수 있습니다.

본부는 이미 독진(獨鎭)인데다가 또 기장, 양산 두 속읍이 있으니, 아병과 속오를 달리 이름할 필요 없이 묶어서 일군(一軍)으로 만들면 1천 3백여 명은 됩니다. 각 사의 번포(番布)의 수가 매우 적어 구우일모 격이니, 아낄 것이 없을 것입니다. 미리 화급에 대비하기를 이와 같이 긴절히 하고 수영(水營) 및 10진보(鎭堡)와 목장의 둔졸(屯卒) 그리고 4파발(擺撥)과 5봉수는 본부에서 전담하지 않을 수 없지만 충순(忠順), 충찬위(忠贊衛)를 제외한 금위영, 어영청, 병조훈국(兵曹訓局) 소속의 납포(納布) 등은 의주의 예에 따라 다른 읍으로 옮기고, 약간의 민호(民戶)만은 본부에 전속시키되 군인의 수를 증치하도록 하고, 장단(長端)과 수원(水原)의 예에 따라 방어사가 약간 높은 사람으로 겸하게 하면, 급변이 있게 되면 병영의 통제를 기다릴 것 없이 호령을 스스로 주장하도록 함이 어떠할지 모르겠습니다. 의정부로 하여금 의견을 품하도록 분부해 주십시오.

하나. 본부가 독진(獨鎭)이었을 때는 절제사가 되는 것이 당연하지마는 이미 속읍(屬邑)을 두었으니 바로 영장(營將)의 체례(體例)를 겸하게 되는데, 전에 독진(獨鎭)의 절제사의 칭호를 따라할 것인지 영장을 겸한 칭호로 할 것인지 부사가 감히 마음대로 할 수가 없습니다. 타경(他境)이 비록 관방이 되었지만 양산과 기장이 이미 속읍이 된 이상 바로 이는 경내입니다. 춘추마다 조련하고 사계 삭(朔)에 시사(試射)할 때 부사가 직접 순력(巡歷)을 해야 할지, 전의 함무변계로 청해 중군사(中軍使)가 대행한 것 같이 해야 할지, 이 두 가지 항목에 대하여 반드시 임금의 지휘가 있어야 거행할 수가 있겠습니다. 양산과 기장이 이미 본부에 속하였으니 진관의 칭호가 마땅히, 동래(東萊)로 되어야 할 터인데도 경주진관으로 쓰고 있어 이의가 없는 듯합니다. 아울러 이 정부로 하여금 품하도록 하게 하십시오.(『병와집』 중에서)

국력이 견밀하면 수모를 당하는 일이
어찌 있겠습니까

"호조좌랑 시에 마침 동지사가 출발할 즈음이라서 세폐포를 해마다 얼마만큼씩 늘린 척수로 견주어서 결정하는데, 지난 병자년의 보포에는 그 늘인 척수가 9를 첨가했으므로 병와는 이 병자년의 보포에 기준하여 결정하고는 직접 대신을 면담하여 아뢰기를 "폐포를 마음대로 할당한 것은 끝없을 뒷날의 폐단을 없애려는 이유에서입니다. 원하옵건대 이번에 들여보내는 보포가 증험이 될 것입니다. 만약 이 보포를 결정하는 문제로 사건이 발생되면 수석 통역관을 매국의 법률로 논죄할 것입니다." 했더니 온 조정의 사람들이 모두 놀라서 얼굴빛을 잃었는데 유독 상사인 정재숭(鄭載崇)만은 병와의 말에 심복하였다. 그러나 뒤에 끝내 아무런 사건도 없었다. 또 다시 병조좌랑에 이어 정랑으로 승진하였다."

(『병와행장』 중에서)

예조판서 유명현(柳命賢)에게 답함

　내일 임금의 행차가 있기 때문에 준비에 모든 일이 경황이 없고, 경계(境界)까지 나가야 하니 접대에 눈이 어지러웠습니다. 이 때문에 그대의 긴 편지를 밤늦게 살펴보았습니다. 또 동래부사에게 장초(狀草)를 보내주셨는데 그 장초는 글이 시원하였으며, 또 5천 섬의 곡식을 보낼 것을 허락해 주시니 백성들에게 힘을 주시는 것 같아 감격스럽습니다. 별지(別紙)에서 말씀하신 것은 어째서 일찍이 제가 듣지 못했는지 모르겠습니다.

　예로부터 교린(交隣)은 모두 이쪽에서부터 틈이 생기는 법이니 신의가 돈독하고 거기다 방어, 즉 국력이 견밀하면 수모를 당하는 일이 어찌 있겠습니까? 그들이 말하는 구송사(九送使)는 오랫동안 한 나라의 큰 폐단이었는데, 한 도의 백성들의 힘을 다하여 원수와 적인 왜에게 뒷바라지를 한다는 것은 대의에도 벗어나며, 대장부의 마음을 가진 자가 있다면 노하여 어찌 칼을 잡지 않겠습니까? 그뿐만 아니라 각 차왜의 체류 기한이 89일, 혹은 100여 일을 잡지만 이는 다만 공궤해 주는 기한인데, 공궤가 끝난 뒤에도 혹 머물거나 가거나, 또는 가고 올 때 그 수가 많기도 하고 적기도 하여, 처음부터 점검하는 관례가 없는데다, 먼저 온 자는 돌아가지 않고 새로 온 자는 재차 오니 그 수를 어떻게 알 수 있겠습니까? 만일 저들이 우리 모르게 정예군을 길러서 갑자기 쳐들어온다면 그때는 무슨 방책으로 막겠습니까?

오랑캐와 화친하는 경우가 많긴 하지만, 우리나라 같이 왜관같은 관을 두어 대접하는 나라가 어디 있습니까? 이는 매우 위험한 대책인데, 이상하게 여기는 자가 없으니, 이 또한 무슨 계책입니까? 제 생각에 그들을 내쫓고자 하는 것은 다만 양식과 물자 때문에 그런 것이 아니고 저들에 의해 일이 생길 것 같기 때문입니다. 대마도주로 하여금 자청하게 하는 것이 바로 만전의 계책이 될 것입니다. 가만히 보건데 재판차왜는 사람됨이 교활하면서도 어리석어 우리의 계획을 짐작하지 못한 것 같지만 그들의 세력이 한 섬을 웅거하여 무슨 일을 해낼 수가 있을 정도이므로, 돌아가려 하면서 아직 돌아가지 않는데, 우리가 조종을 하면 순조롭게 일이 이루어질 것입니다. 그리고 돌려보내는 것은 사리가 분명한데도 조정에서 여지껏 허락하지 않으니 끝내는 웃음거리가 되었습니다.

그리고 이것은 앞의 일과 연관이 되므로, 내가 당돌하게 아뢰는데 이는 어찌 그 격식을 몰라서 그렇게 하는 것이겠습니까? 백년 지난 기록을 전부 갖추어 말씀드리는 것은 실로 승문원의 전례를 가지고 비교하면 단번에 알 수 있습니다만, 의정부에서 대신들이 살피지 못하여 심지어 추고하여 문책할 것을 요청하기까지 하였습니다.

결국 나의 부족함을 알지 못하고 이왕에 이 임무를 맡겼으므로, 내가 변방의 일을 계진하는 일을 살펴보지 않을 수 없습니다. 다행하게도 의논하는 것이 중도에 바뀌어 비로소 그들을 돌려보내는 것을 허

병와 이형상

락하였으니, 그들을 접대하는 일은 덜었지만 기회는 이미 놓친 것입니다. 돌아오는 길에 이 사실을 알고 속으로 개탄하지 않을 수 없었습니다.

그들은 대략 아직도 계책이 있어서 온 것 같은데, 지금 보니 틀리지 않다는 것을 알겠습니다. 그전에 만났을 때 부탁한 것도 어떤 기밀이었기에 판서께서 살피시지 않으시고 역관들과 함께 가부를 정하고 도리어 나를 어리석다고 했습니다. 국가의 원대한 계책을 도모함이 이들 역관들의 말만 듣고 결정할 일입니까? 안타깝습니다. 이를 미루어 생각하면 길가에다 집을 짓는 일이 유익할 수도 있지만 군사 기밀이 아전배들에 의해 결정된다는 것은 관중(管仲),[59] 안영,[60] 조참(曹參)[61] 같은 이라면 이렇게 하겠습니까?

이제 저의 의견이 다행히 받아들여졌고, 대마도주 역시 허락하였으니, 체류하는 관왜(館倭)는 내쫓을 수 있게 되었으며, 연향 등의 잡비는 없앨 수 있으며, 땔나무와 표목도 줄일 수 있고, 우리 조정이 경영할 계책도 만들 수 있습니다. 참으로 다행합니다.

그대의 말에 "내가 옛사람처럼 적을 잘 탐지한다."고 칭찬하지만, 역시 그 말도 깊이 알고 하는 말이 아닙니다. 그러니 이후의 대책이 어떻게 반드시 잘 된다고 보장하겠습니까? 변방의 방비가 엄밀하고 재력에도 보탬이 되었으니 이 한 조목은 분명히 알 수 있는데, 변경에 체류하는 왜적이 없고 백성의 힘을 낭비하지 않으면, 충분히 안전하고 조금도 위태로운 일이 없을 것이니, 이런 기회는 좀처럼 얻기 어려운 것입니다. 그런데 서계가 이미 도달하여 관왜도 이를 따르니, 무릇 모든 일이란 앞뒤 내력을 알아야 착오가 없는 까닭에 급히 생긴 곡절을 가지고 앞으로의 계책에 자료로 삼고자 합니다. 자세히 살피시어 응해 주신다면 다행이겠습니다.

동래에 있을 때에 재판차왜 다히라(平成尚)가 훈도 박재흥(朴再興)을 시켜 말하기를 "저희들 정황이 이미 위태로운 지경에 이르렀습니다."[62] 동래부사는 어찌 나라에 아뢰어 주지 않습니까?"라고 하였습니다.

저는 대답하기를 "조정의 영이 정정당당하여 이미 헤아려 처리하였는데 이러한 변방의 신하가 어찌 감히 떠들 수 있겠습니까?" 또 재판의 임무가 양국의 교류를 위한 것인데, 그 전의 등지승(藤智繩)이나 귤지정(橘智正) 무리들은 모두 정성을 다하였으므로 조정에서 특별히 은혜를 베풀어 혹 직책을 내리기도 하고 혹은 물건을 내리기도 하고 혹은 관대를 주기도 하고, 혹은 옥관자를 내리기도 하였으니, 그 노고에 응답하고자 함이었다. 너희 왜가 왕래한 지 거의 40년이 되었으나, 충성을 바치는 일이 한 번도 없으니, 조정이 어찌 불쌍히 여기겠으며, 나 역시 무슨 마음으로 돌보겠느냐?"라고 하였습니다.

차왜는 영악한 인물이라 내 말에 무슨 뜻이 있는 것을 알고 놀라며 하는 말이 "동래부사, 그 말씀은 의도하는 바가 있는 것 같습니다. 과연 그 말씀이 옳다면 이마와 발꿈치가 닳도록 시켜도 사양하지 않겠습니다."라고 하였습니다.

박 역관이 감히 묻지 않았으나, 그들은 무엇을 탐색하려는 빛이 현저

하였습니다. 그러나 4개월을 서로 지내면서도 끝내 일의 단서를 꺼내지 못하였으니, 박 역관과 차왜가 모두 마음이 답답하여 만날 때마다 문득 그 일을 끄집어내어 나중에는 "죽는다."든가 "머리를 숙여 은혜에 보답한다."라는 말까지 하게 되었습니다.

그래서 제가 박 역관에게 사사로이 말을 하였습니다. "구송사(九送使) 중에 첫째 배의 특송사 하나를 정암(酊庵), 만송원(萬松院)으로써 하는 것을 완전히 폐지할 수 없으나, 부특송(副特送) 이하 다섯 배는 한 꺼번에 띄우고 오면 공목(公木), 공미(公米), 그리고 요미(料米)를 우리가 계산해서 줄 것이다. 그러면 차왜와 격왜로서 자기의 차례가 되어 오는 자는 앉아서 예급(例給)하는 물자를 차지할 수 있고, 그 중에 남는 쌀 수백 석은 대마도주가 사사로이 쓸 수 있으며, 우리나라 역시 연향비와 잡물과 땔나무의 가포를 없앨 수 있다. 이와 같은 양쪽이 다 편하도록 바꾸도록 대마도주에게 청하지 않으니, 그 정성스러운 마음이 없음을 알 수 있다. 그러니 내가 무슨 관심과 정을 베풀겠는가?"

박 역관이 비로소 깨닫고 기뻐하면서 "이 일은 시험 삼아 물어볼까요?" 하였습니다. 제가 또 대답하기를 "이는 다만 사사로이 한 말일 뿐이다. 지금 만일 이야기한다면 저들은 반드시 의심하는 마음이 있을 것이니 절대로 번다하게 얘기해서는 안 된다."라고 하였습니다.

그 후 박 역관이 또 자기 소견을 말하기를 "차왜가 정성을 바치는 것이 전례 없이 잘 합니다. 그러니 지금 이야기하면 저들은 힘껏 할 것이 틀림없습니다."라고 하였습니다. 그러나 제가 이야기하라고 허락하지 않았던 것은 그들이 좀 더 노력하라고 그렇게 하였던 것입니다. 그러나 결국은 이 왜인을 통하여 일이 성사될 것이므로 입송하려는 즈음에 감히 전례를 적어 아뢰며, 다시 이 뜻을 그대에게 몰래 알리는 것입니다.

혹시 알고 계셨는지요? 공목(公木) 중에 사백 동을 쌀로 환산하면 민폐가 매우 클 것입니다. 또한 그것이 그들과의 약조도 아니므로 아울러 변통하려고 하는 것을 깊이 생각해 보았습니다. 계품을 막은 후 모든 것이 허사로 돌아갔는데 이전의 방백도 그 윤곽을 알고 있었습니다. 이전 방백은 올 때마다 박 역관에게 권유하여 말하기를 "재판차왜가 대마도로 들어가는 때가 있거든 너는 다음과 같이 하여라."라고 하였습니다. 대략 이같이 지시한 바가 있습니다. 그 후에 들으니 차왜가 분하여 죽어도 눈을 못 감겠다는 말을 항상 하였습니다. 그러므로 지난 봄 그대와 서로 만났을 때, 차왜가 정성을 바친다는 등의 말을 회계에 삽입하자는 말을 한 것은, 서로 찬성하는 계책으로 삼았는데 지금의 동래 부사 품계 중에 "차왜가 굴복했다."든가 그대가 말한 "이백 년 이래 없었던 일"이라 한 것은 바로 여기서 나온 것입니다.

대개 이 일은 선조 대에 아마 왔다 갔다 한 말인데 대마도주가 허락하지 않은 것은 차왜와 격왜의 명맥이 여기에 달려 있기 때문입니다. 이제 만약 감하면 살 길이 갑자기 끊어지므로 상하가 한결같이 죽음을 무릅쓰고 막는 것인데, 이는 이치상 당연합니다. 역관이 언제나 시기가 적당하지 못하여 변개할 수 없다고 그대에게 자주 이야기하는 것도 역시 이 때문입니다. 이제 예에 따라 계산해 나누어 주는 것을 말한다면 저들에게 아무 해가 없고 대마도주 또한 남은 쌀을 얻을 수 있으니, 재판차왜가 변통할 수 있는 것도 대마도의 사람들 마음에도 순응하기 때문에 그런 것입니다.

그러므로 지금 회계(回啓)하는데 다른 말이 필요 없고 다만 바꾸는 것이 번잡할 것 같으나, 실제로는 해가 없다면 교린의 도에 있어서 당연히 들어줘야 한다고 말하면서 허락해 주면 우리에게 있어서는 엄중한 법례가 있고 저쪽에 있어서는 동요하는 말이 없으리니, 백년이 넘도록 걱정하던 우환이 한 마디 말로써 제거되어 다행하지 않습니까? 절대로 의심하거나 두 마음을 가지지 마시고 청한 바를 쾌히 허락하심이 어떠합니까?

줄이고 없애는 수는 비변사, 예조의 등록과 선혜청, 병조의 문서를 보면 알 수 있습니다. 그런데 이상의 것은 재화를 가지고 말하는 것이며, 만일 수천 명의 체류 왜적을 모조리 내쫓고 다만 수백 명만 임시로 왕래하게 한다면, 이는 변방에 대한 제일 첫째가는 계책이니, 심상하게 보지는 마십시오. 이 일로 마음이 걱정되어 잊지 말아야 할 것은 전번에 말한 바인 소위 우경이 오만방자한데 이 자가 승습(承襲)하면 우리와 시끄러울 것이라는 이야기인데 여기에 대해 제 소견이 없는 것은 아니나 그대는 잘못 알고 도리어 나에게 만나보지 않고 멀리서 짐작한다고 비난하시는데, 반드시 적을 만나본 뒤에 탐색한다는 것은 고금천하에 어찌 이런 일이 있겠습니까? 이는 입송하는 그 일의 근본이기 때문에 의정이 모의한 내력을 갖추고, 아울러 그때의 말들을 진술하려는 것입니다.

밤중에 편지를 받잡고, 또 호장의 행차에 떠나야 하므로 말을 세워놓고 바삐 적어서 빠진 것이 많으니 이야기하지 못한 저의 뜻까지 살펴주시면 좋겠습니다. (『병와집』 중에서)

추서) 그때 의정부의 의견이 이해가 어쩐지 모르고 되돌아온 하명으로서 저의 의견을 막아버렸습니다. 류 판서가 이 답서를 보고 다시 도모하여 역관을 일본에 파견하도록 청하였으나 차왜가 크게 비웃으며 "당초 변통할 때 다음 갈 차왜가 다른 곳으로 임명되어 간 후에 겨우 도모할 수 있지만 지금은 다시 거론할 수 없고 다만 한 사람의 송사만 줄인다."라고 하였다.

그리고 갑술년에 다히라가 우경에게 위를 전하자, 울릉도까지 관리하는 작호를 달라는 요청이 있자 류 판서가 비로소 그가 오만한 것을 알았다고 한다.

상자 중에 이 답서가 있어서 여기에 덧붙여 이상과 같이 기록해 둔다.

저 교활한 왜(倭)가

"본 동래부의 관방(關防)의 품계에 대하여는 의정부의 계책이 있을 것이오니, 번거롭게 말할 필요가 없을 것 같습니다. 그리고 수백 명의 군대나마 자주적으로 지휘할 수 없으므로, 갑작스러운 변고를 당하면 왕복 4일이나 걸리는 거리에 있는 병영에 품령(稟令)하여 병사를 보내면 항상 체류하고 있는 왜관 이천 명을 제대로 빨리 소탕할 수가 없습니다.

(『병와집』 중에서)

비변사(備邊辭) 당상(堂上)에 보내는 편지

　대마도에 서계(書契)를 보낸 후 돌아온 보고를 바로 보고 탄식을 금할 수 없습니다. 약조(約條)에서 말한 모르게 장사하는 일은 이미 그전에도 따질 수 없었는데, 하물며 약조에서 규정하지 않은 것을 지금 따지려고 한다면 저 교활한 왜가 어찌 신임년에 이미 행한 전례를 버리고, 정관(正官), 대관(代官) 그리고 전관수(前館守)를 갑자기 극형에 처하겠습니까? 돌아온 보고서 가운데 여러 번 힐책하였던 일을 지금 중지하기 어렵다고 한 것은 그렇지 않은 점이 있습니다. 훈별(訓別) 무리들의 문답에서도 몰래 장사하는 것을 어렵다고 했는데, 서계를 보낸 뒤 불리하면 그때 무슨 계책을 또 세우겠습니까? 십수 년 간 우리 위엄이 손상되었고 왜관의 동정은 제재할 수 없는 일이 많았으니, 서계로써 따지는 것은 정말 무리하다고 생각됩니다. 하필이면 이제 다시 섣불리 하여 얕보이고, 그들의 조종하려는 마음을 북돋아 주려고 합니까?

　저번에 품계(稟啓)한 것을 자세히 보시고, 제 소견 중에 조금이라도 취할 것이 있다면, 그전에 올린 품계에 구애되어 왜를 대하는 방법을 그르치지 마시고, 다시 여러 당상관과 의논하여 인대(引對)할 때 변통하는 것이 어떠합니까?

　재판차왜 일은 어떻게 생각하시어 지금 이미 복계(覆啓)하였는지요? 근 백년동안의 기록이 저같이 분명하고 왜관문서도 그러하니, 약조에 부친 바 차왜(差倭)는 다만 그 이름만 바꾸었을 뿐, 지금에 서로 따진다면 대마도주와 따지는 것이 더 어려운 것입니다. 매번 차왜와 서로 버티다 그들의 돌아갈 기한만을 늦추는 것 또한 매우 온당치 않은 생각이 아닐까요?

우경(右京)의 도서에 이르러서는 결코 허락해서는 안 될 일입니다. 왜의 사정을 자세히 보니 목숨을 내걸고 싸울 것 같고, 우리 형편은 그들 접대에 피곤하고 있으니 이 도서 문제로써 그들을 조종하여 기회를 보아 잘 변통하면 도래된 폐단이 혹 제거될 단서가 있을 것 같고, 그들이 반드시 순종하면 이해는 서로 상반될 것이오나 어떻게 될지 제가 자신이 없으며, 또한 의정부의 의견은 어떤지 모르겠으니 어찌 할지 모르겠습니다.

본 동래부의 관방의 품계에 대하여는 의정부의 계책이 있을 것이오니, 번거롭게 말할 필요가 없을 것 같습니다. 그리고 수백 명의 군대나마 자주적으로 지휘할 수 없으므로, 갑작스러운 변고를 당하면 왕복 4일이나 걸리는 거리에 있는 병영에 품령(稟令)하여 비로소 병사를 보내면 항상 체류하고 있는 왜관 이천 명을 속전(速戰)으로 소탕할 수가 없습니다. 그것이 얼마나 중요한 일이라는 것을 안다면 상사는 약간의 번병(番兵)이라도 아끼지 말아야 할 것인데도 각자 자기를 비호하기 위하여 허락을 하지 않으니 어떻게 하면 좋겠습니까? 그러나 방어사(防禦使)가 자주적으로 군령(軍令)할 수 있는 이 한 조목(條目)을 겸대

(兼帶)하면, 그것 때문에 비용이 더 드는 것도 없으며, 또한 관방을 변경할 것도 없으니, 변방(邊防)의 계책으로써 생각하면 결단코 따라주어야 합니다. 말이 비록 천박하나 일이 군국(軍國)에 관한 일이라서 다시 자세히 살피시어 하잘 것 없는 사람이라 하여 이 말을 폐하여 버리지 마시고 참작해 주심이 어떠합니까? 무릇 변방 정세에 관한 일에 실제로 국체를 손상시키고 저들의 악습을 길러주는 폐단이 많은데, 그때마다 번거롭게 아뢸 수 없어서 집을 처다보며 탄식할 뿐입니다.

(『병와집』 중에서)

『탐라순력도』 중에 호연금서

澤存椏則幸從修撰悲欲教良史記嘉言

李象判 元禄輊

沒乾蘢爛日邢愁說庚申地下煩究積人間
佸名嗟有限世跡欲無塵險阻吾當備不堪照

送宋德普赴關西幕

城頭滾滾大江橫浮碧晴光歷歷樹悉留我昔年
興送君今日鏡中竹永明寺條塵心少箕子四
峭荒試到綺羅叢裡問幾人胱免別離情

元川豈樣兇

노비 해방의 선구자 그리고 가족사랑

약 천여 구(口)의 노비가 재물이 아니다

        병와가 제주도에서 돌아오면서 호남에 들렀다. 병와의 조부 이장형(李長馨, 1598~1655)으로부터 물려 받은 호남의 가전노비 약 1천 명을 처리하기 위해서였다. 이장형은 문과 급제 후, 만경 현령과 도승지, 직제학까지 지낸 큰 문인이었고 부호였다. 노비의 평생 소원을 아낌없이 들어주어 전원 속량을 허락하기 위해 만경(현 전라도 김제)에 들렀다. 이 글은 속량의 조건으로 재전을 요구할 수 있었지만, 이를 다 포기하고 전원 속량해 주는 조선 후기 노비 해방의 선언문이라고도 할 수 있다. 천여 구의 노비를 재산으로 따지면 엄청난 재물이었지만 병와는 "약 천여 가호의 노비가 재물이 아니다. 너희들은 어려워하지 말아라. 내가 너희들에게 불리하게 하지 않겠다."라고 말하고는 옛날의 노비 문서를 불에 태워버리고 그들을 전부 풀었다. 병와야말로 조선 후기 사회 변동의 단서를 이끌어낸 위대한 사회 개혁의 선구자라고 할 수 있다.

가노(家奴) 선일(善一)은 영영 양민이 됨이 마땅하노라

몸을 잊고 충성을 바치는 일은 노복의 직분이고 수고로움과 일에 보수를 주는 것은 주인의 권한이다. 내 노복에 선일(善一)이 있으니 바로 예산(禮山)의 노(奴)인 용원량(龍元良)의 소생으로 나이가 금년에 47세이다. 36년 동안 우리집 일을 해 오면서 기쁨과 슬픔을 함께하였지만, 한 번도 속이거나 숨기는 마음이 없었고 가상할 성의는 수없이 많았다. 질병을 당하면 연연하고 걱정하는 마음이 아비와 같았고, 좋은 음식을 얻으면 효성스럽게 봉양함이 자식과 같았다. 이러한 것은 참으로 보고 듣기 힘든 일이다. 을해년 적을 만났을 때와 무인년 전염병이 있었을 때는 참으로 급박하고 위태한 지경이라, 생사가 면전에 있었는데도 목숨을 생각하지 않고 오직 상전을 보지 못할 것을 한으로 여겨 파리손을 비비며 하늘에 호소하여 주위 사람들을 감동케 하였다. 이 일이 전파되어 이미 호남과 영남에서는 좋은 이야기가 되어 전해지고 있었다.

이는 또 천성에 바탕한 것이 본래 그러하고 밤낮으로 성의를 다하며 자기 직책에 부지런히 한 것은 일일이 붓으로 들 수조차 없다. 내가 이를 가상히 여겨 금년에야 비로소 특별히 종에서 풀어 양민으로 삼는 것이다. 그리고 복마(卜馬) 한 필을 주어 살림의 밑천을 삼도록 한다. 마땅히 법에 따라 배탈하여 전날의 증빙이 되도록 하여야 할 것이나 동기간에 나누는 것도 우리 집안에서는 매우 수치로 여기는 바이고 또 선대로부터 그대로 부려 왔을 뿐 본래 작성된 계권(契券)도 없었다. 하물며 이는 친필이라 금석(金石)의 글이나 다름이 없다. 이로써 위의 사항을 밝혀두는 바이니 선일(善一)은 영영 양민이 됨이 마땅함을 허락하노라.(『병와집』중에서)

병와 가문의 고문서

아래의 고문서는 병와가의 맏아들 여강(如綱)의 처이자 맏며느리인 청주한씨가 맏아들 약송(若松)이 손녀를 낳자 아이의 양육을 위해 특별히 재산을 분재한 허여분재문서이다. 이 문서의 발급자는 재주(財主) 청주한씨이며 수급자는 맏아들 약송(若松)이며 발급일자는 건륭 원(1736)년 병진 3월 13일이며, 필집(筆執)은 청주한씨의 다섯째 시동생인 여극(如克)이다.

재주인 청주한씨는 현종 13(1672)년에 태어나 65세 되던 해에 아들이 충직하고 근면히 자신에게 봉양을 잘할 뿐만 아니라 마침 두 손녀를 낳아 지성으로 양육하여 아침저녁으로 할머니 곁에서 기쁨을 줌으로 특별히 노비 2구를 분재한 허여분재문서이다. 약송의 맏딸은 자라서 풍산(豊山) 홍 진사댁 홍정한(洪晶漢)에게 시집을 갔으며, 둘째는 진성(眞城) 이구휴(李龜休)에게 출가하였다.

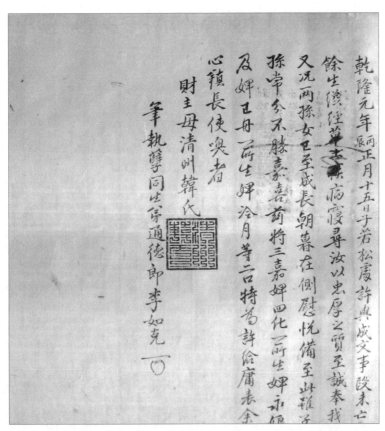

乾隆元年辰正月十五日子若松慶許與成文事段未亡

餘生後經年志牒病霞尋汝以忠厚之質至誠奉我

又況兩孫女巳至成長朝幕在側慰悅備至此難子

孫常參不騰嘉苟將三嘉婢四化二所生婢永碩

及婢巳母二所生婢洽月等二口特為許給庸表余

心籍長使奧者

財主母清州韓氏 [인장]

筆執弟同生宗通德郎李如克 [手決]

병와의 맏며느리이자 재주인 청주한씨가 아들 약송에게 손녀 양육을 위해 제작한
허여분재문서(許與分財文書), 50.0×46.6cm

집에 송곳 하나 꽂을 땅도 없어도

병와의 청백을 논한다면 늘 말씀하시기를 "어찌해서 꼭 청백의 이름을 얻으려고 하는가? 단지 스스로 부끄러운 마음이 없으면 그만이다."라고 하였다. 이런 연고로 아홉 번이나 웅주거읍의 성주를 맡았으나 베풀어 주는 것을 기쁘게 여겨서 재물을 쓰는 것은 마치 아까운 게 없는 것처럼 하였으나, 집에는 송곳 하나 꽂을 땅도 없었다.

백형이 가산을 나누어 주려고 할 때, 병와가 군이 사양을 하니 백형은 "이것은 세업이니 내가 어찌 독점하겠느냐, 아무 곳의 그 전장은 네가 차지하라."고 말하니, 병와는 형님의 말씀도 옳다고 하면서 억지로 받아 두었다가 뒤에 큰집의 질부를 맞이할 때에 이 전장을 돌려주었으니 이렇듯이 재물에 청렴하기로는 가정에서나 관에서나 다름이 없었다.

"도리가 아니면 부가 빈만 같지 못하다. 자녀들과 의논하여 노비들을 전부양민으로 풀어주고 이에 따라 패지(牌旨)를 문서로 작성하여 주니 후손들로 하여금 다시는 침해되는 근심이 없도록 할지니라." (본문 중에서)

병와 이형상

도리가 아니면 부자가 가난함만 못하다

호남의 노비 천익(天翼) 등은 본래 8, 9대를 전래하였는데 그들 또한 감히 이 사실을 숨기려하지 않는다. 작년 노비명도 스스로 써서 받쳤다. 지금까지 2년 동안에 세 번이나 찾아와 그때마다 몇 달씩을 머물면서 모두 속량해 줄 것을 원했다. 이제 그 인원이 적지 않아 또 저들의 고하는 바로 말하면 남녀노소를 모두 합해 거의 수 백 명이 넘는다. 이제 지성으로 와서 비는데 이를 허락하지 않는다면 나의 가난도 면할 수 있겠고, 우리 집안도 풍요롭게 될 수 있을 것이다. 단지 법전(法典)에도 60년 전의 일은 청리(聽理)를 허락하지 않는다고 하였고 또 천도가 30년에 한 번 적게 변하고 60년에 한 번 크게 변함을 생각할 때 하물며 사람이겠는가. 하물며 재물이야 어떠하겠는가? 내가 아홉 고을에서 결송(決訟)을 할 때 매번 그 연한을 중시한 것은 마음으로 그 적당함을 알아서였다. 이 일이 이미 오랫동안 전래한 것이기 때문에 저들도 잘 알 것이다. 비록 스스로 찾아와 속량하기를 청하나 실은 60년이라는 것을 미처 알지 못함에서다. 이제 이들을 종으로 삼는다면 공적으로나 사적으로 또 정으로나 법적으로 판이하게 된다. 평생의 행한 바가 이익을 보고서 갑자기 변한다면 내 마음은 죽어서도 부끄럽게 될 것이다. 천사만종(千駟萬鐘)[63]인들 무엇이 귀할 수 있겠는가? 하물며 그들 가운데는 또 유생(儒生)과 장관(將官)이 있어 더욱 차마 못할 바다. 작년에 다섯 노복을 특별히 양민으로 풀어준 것도 이 때문이었다. 이제 와서 생각하니 단지 다섯 명만 양민으로 허락하고 그 나머지는 그대로 천노로 둔 것은 참으로 반은 옳고 반은 그른 일이라 하겠다.

도리가 아니면 부가 빈만 같지 못하다. 자녀들과 의논하여 노비 전부를 양민으로 풀어주고 이에 따라 패지(牌旨)⁶⁴⁾를 문서로 작성하여 주니 후손들로 하여금 다시는 침해되는 근심이 없도록 할지니라.

(『병와집』 중에서)

흩어진 것은 기운이고
없어지지 않은 것은 정신이니

　"가난은 본디 우리 집안이 대대로 지켜오는 것이라 걱정하고 한탄할 것이 없으나 혹 일을 잘 처리 못한 자기 탓으로 점점 궁해진다면 이것은 도리가 아니다. 지금에 와서 마땅히 닦을 것은 오직 검소할 뿐이다. 검소하면 가난이 점점 뿌리 뽑혀 나가겠지만, 사치하면 넉넉하더라도 언젠가 반드시 무너진다. 너희들은 이처럼 분명한 이치를 아느냐." (병와 편지글 중에서)

　병와의 둘째 아들 여항(如抗)의 부인인 공인(恭人) 청송심씨(靑松沈氏)가 숙종 34(1708)년 3월 14일 전염병으로 35세의 젊은 나이에 죽게 되자, 이를 슬퍼하며 초상 제문을 병와가 직접 지은 글이다. 맏아들과 둘째 며느리의 요절로 병와는 가정적으로는 매우 불우했던 것으로 보인다. 둘째 며느리의 초장 제문에 그러한 심경이 드러나 있다.

어째서 아름다운 자질을 가지고 그리 일찍 죽느냐

아! 네가 우리 가문의 창성(昌盛)을 바라지 않느냐? 어째서 아름다운 자질을 가지고 그리 일찍 죽는단 말이냐? 네 아들과 두 딸이 모두 좋은 배필을 만났으며, 더구나 너의 정숙하고 총명함이 모든 사람의 본보기가 되었음에라! 손자들이 점점 많아져서 집이 비좁아지자 남들이 우리를 복이 많은 집이라 칭찬한 것은 모두 너희 형제가 칭찬을 받을 만했기 때문이었다. 밤낮으로 나를 봉양할 적에 예가 엄숙하고 지극하였으나, 나는 너를 자애하는 것만을 정이라 여기지 않았으며, 너도 역시 음식 봉양만으로 효도라 생각지 않았으니 너와 내가 서로 노력한 바가 있었다.

네가 유순 공경하고 화락, 공손하였으므로 나는 평생토록 길이 이 낙을 누리리라 생각했더니 이제 끝나고 말았도다. 늙은 내 마음이 어떠하겠느냐! 너의 병이 비록 전염병이긴 하였으나, 나는 본래 미신에 구애되지 않는 성품이니, 네가 이렇게 죽을 줄 알았다면 무엇을 꺼려 너를 보지 않았겠느냐! 6일 뒤는 병세가 많이 좋아졌고 또 용한 의원이 옆에 있었으나, 어찌 하루밤 사이에 유명을 달리하여 너로 하여금 무궁한 한을 품게 할 줄을 생각이나 하였겠느냐!

운명할 적에 마지막 말이 나를 부탁하며 끝까지 효도를 마치지 못하는 것을 한으로 여겼다고 하니, 그때 내 마음이 어떠하였겠느냐! 네

명의 며느리엔 한 자리가 비게 되었고 여섯 어린 것들에게는 온갖 슬픔이 닥쳤으니, 죽은 너도 애석하지만 살아 있는 어린 것들도 불쌍하구나. 너의 나이 35살인데 하늘은 어찌하여 차마 이렇게 하였단 말이냐! 필이는 너의 뒤를 따라 이미 죽었고, 강삼에게는 유모를 얻어 주었으며, 다른 아이들에게는 내가 아직 살아 있으니 네가 걱정할 것이 무엇이 있겠느냐! 더구나 아이들의 자품이 낱낱이 맑은 구슬 같아 기쁨을 남겼다. 너는 죽었으나 죽지 않았으니 어쩌면 너는 이것으로 자위할 수 있겠느냐?

가련한 것은 내가 남쪽으로 낙향함으로 인하여 너도 함께 따라와서 오랫동안 친정에 근친 한 번 못하여 지극한 정을 펴지 못한 점이니, 생각이 이에 미칠 적마다 나도 모르게 슬퍼진다. 더구나 사방에 전염병이 극성을 부려 너의 관을 선영으로 운구할 수 없어 부득이 임시로 이곳에 장사하였다가 때를 기다리지 않을 수 없게 되었으니, 너의 혼령이 편치 못할 것이다. 그러나 이치로 미루어보면 너의 육체는 비록 이곳 경북 상주 계운동(癸雲洞)에 있으나, 너의 혼령은 이미 태화원기(太和元氣)[65]와 한 덩어리가 되어 고복(皐復)한 이 영남 땅에 머물러 있지 않고 우리 고향으로 갔을 것이 분명한데 너는 어떻게 생각하느냐!

영특한 견문과 단정한 행실을 다시는 볼 수 없게 되었고, 또 내일이면 황천길로 떠날 것이니 새벽녘 이슬 소리에 나는 어떻게 슬픔을 견딘단 말이냐? 이미 흩어진 것은 기운이고 없어지지 않은 것은 정신이니, 이 잔을 들어 나의 술을 달게 마셔다오. 아! 슬프다.

(『병와집』 며느리 공인심씨 제문 중에서)

마땅히 닦을 것은 오직 검소함뿐이다

국청에서 죄인 이영창(李榮昌)을 다시 추문하자, 말을 변경해서 공사를 바쳤는데, 이형징(李衡微)이 윤두서(尹斗緒), 윤창서(尹昌緒)와 같이 찾아 왔기에 그대로 그들과 함께 심단(沈檀)의 집으로 갔더니, 심단의 아들 심득천(沈得天)과 윤두서가 은전을 후하게 주면서 말하기를, "우리가 김춘택(金春澤)과는 원한을 맺었으므로, 그가 반드시 죄를 꾸며서 해치려고 할 것이니, 그대가 모름지기 상세하게 엿보고 탐지해 달라."고 하였습니다.(『조선왕조실록』 중에서)

가난은 본디 우리 집안이 대대로 지켜오는 것이다

연이어 너희들이 쓴 글을 보니 번갈아 얼굴을 대하는 것 같다. 다만 고당66)의 안부를 알지 못하겠으니 뒤에 덧붙였더라면 좋았을 것을. 어깨의 통증은 노인에게 으레 있는 병이다. 금년에는 사람마다 이것을 앓고 있으니 아마도 돌림 증세인가 보다. 세상에 좋은 의원이 없다. 그 병의 근본을 찾아내지 않고 함부로 탕제를 써보다가 효험이 없으면 반드시 큰 해독을 남긴다. 어찌 두렵지 않으냐. 나도 때때로 그러한 증상이 있다. 오씨 어른은 이 병을 거의 8~9년을 앓아 손으로 붓을 옮기지 못할 지경이었는데, 한 번도 약을 쓰지 않았다. 이번의 병환도 같은 증세이다. 굳이 말한다면 곽의(郭醫)에게 한 처방이 있다. 늘 석태, 묵은 쑥, 천초 각 한 되를 초에 푹 담갔다가 찧어서 베에다 싸서는 아픈 곳에 붙여 두고 위에서부터 아래로 불에 구운 기와로 뜸질을 하면 초에 버무려진 세 가지 약물의 기가 습기를 끌고 내려간다. 이는 외치약이라 기력에는 손상이 없을 듯하니 우선 시험해 보아라.

병와 가문의 호패(병와와 아들 그리고 후손들의 호패)

각기 멀리 떨어져 있어 여러 가지로 우려됨이 말로 다할 수 없는데, 상장에 마음을 쏟은 뒤 또 관에서 빌어 쓴 빚의 말을 들으니 그득하고 연연한 수심이 끝간 데 없다.

그렇지만 생각해 보면 있지도 않은 공금을 지금껏 있는 듯이 허류(虛留)로 두고 있다는 자체가 벌써 내가 저지른 잘못이니 법을 집행하는 관리를 허물할 바가 아니다. 원망이든 앙심이든 다른 생각을 품지 말고 순응하는 것이 좋겠다. 이는 또 향리에 살면서 크게 경계하여야 할 바이니 신중하고 조용히 다스리기를 빌고 빈다. 우리 집에 쌓인 부채가 바야흐로 나날이 걱정을 알려오는데 갚을 물건도 없고 대꾸할 말도 없으니 무슨 남은 힘이 있어 뻗쳐가겠느냐? 밤낮으로 생각해도 농토를 파는 외에 달리 무슨 방도가 없겠다. 옛 사람도 이러한 처지에 놓였던 이가 많았다. 빈궁과 군박과 곤욕에 무슨 못할 일이 있겠느냐마는 자손으로서 물려받은 전답을 팔아치우게 생겼으니 나무를 파먹는 좀벌레나 다름없게 되었다. 그것이 몰고올 폐해를 생각하니 끝내는 탕실(蕩失)에 이르고 말 것 같구나. 더욱이 이 밭은 5대를 전해 내려오면서 제사를 받들어 온 것이 아니냐.

예경과 법전에 모두 이르기를 "입약(立約)을 관아에 알리면 저당에 넣어 팔아넘기지 못한다."고 하였으니 그 뜻을 대강 생각할 수 있다. 또 상속 문권이 있으니 일시적 훈계와는 크게 다를 것이다. 유지를 따르는 것이 예를 행하는 근본이라고 생각한다면, 나는 네가 그것을 몸으로 실천하기를 바란다. 어째서 5대에서 입약한 것을 이제 무너뜨리

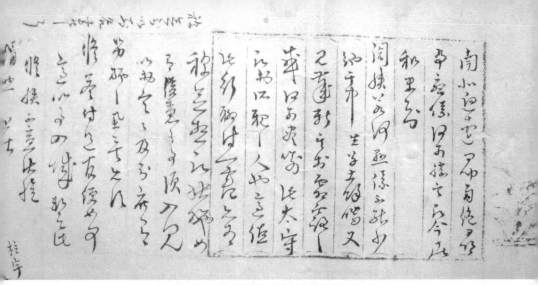

아버지 이주하(李周夏)가 아들 병와에게 보낸 한문 편지, 23.0×39.0cm

자 하고 하면 너희들이 어느 때 쯤에나 가세를 떨쳐 일으킬지 미리 짐
작할 수 없고 가사가 점점 무거워지는데, 하루에 세 사람이 각자 나가
있을 때는 일마다 어찌 처리해야 할지 모른다. 또 반드시 치러야 할 혼
례와 상제가 있기 마련인데 이때를 당하여 무슨 땅을 믿을 것이며, 어
떤 재산을 바라고 있을 것인가. 금년에 밭 한 뙈기 팔고 명년에 밭 한
뙈기 팔고 내명년에 또 밭 한 뙈기 팔아 다 없앤 뒤에는 무슨 계책으로
장차 살림을 이어가겠는가. 제사는 끊어지고 집안이 파산될 것이다.
노인을 봉양할 대책도 없을 것이다. 생각하니 망극하고 말하기도 망
극하다. 내가 어쩌다 세상에 혼자 남아서 늙은이는 부축하고 어린 것
은 손을 잡고 쪽박을 차고 나서는 너희 꼴을 보랴. 돌이켜 생각하면 내
가 사리에 따라 솔선하여 성신(誠信)을 복응(服膺)하지 못했으니 모두
가 내 허물이다. 장차 무슨 면목으로 지하에 계신 부모님과 선대 조상
에게로 돌아가 좋을손가.

어쨌거나 사태가 이 지경에 이르렀으니 밭을 못 팔도록 말릴 수는

없다만, 밭에는 경중이 있고 생각함에는 원근이 있으니 제사 받드는 것 외에 다른 밭이 있는 데도 어찌 제사 받드는 장구한 계책을 생각하지 않으며, 훈계를 무너뜨리는 엄중함을 헤아리지 않고 밭을 팔아치우는 데 가벼이 달려드니 무슨 도리가 이러하냐? 내 자식 일곱이 몸을 의지할 데가 하나 없어도 차라리 근심이 안 되나, 오직 너희들 때문에 밤낮으로 염려함이 어찌 까닭이 없겠냐마는 가진 힘으로 구할 수가 없고 형세를 제어할 수 없으니 치라리 이 몸이 없어저 이도저도 모르기를 바라지만, 그것도 뜻대로 되는 일이 아니다. 내가 세상에 살아 있는 이상, 예를 행하는데 필요한 것을 어떻게 너희들에게만 책임지우겠느냐. 또 어찌 차마 재물이 풍족하지 않다는 이유로 너희들의 갸륵한 정의를 막겠느냐.

그러나 본래 큰 재산이 없어 변통해 볼만한 것이 없으나, 단 하나 한강(漢江) 곁에 있는 정자, 이것은 내가 말을 주고 바꾼 것이라 선대에서 물려받은 것과는 달리 내 마음대로 처분할 수 있다. 문권을 전부 보낸다. 영안정사(永安亭舍)와 경계를 접하고 있으니 그 집에 물어 보면 반드시 기꺼이 사줄 것이다. 천구(遷具)에도 마땅한 듯하니 넓은 정의가 퍼지는 것 같다. 그 외의 빚에 잡힌 물건에 대해서는 나도 어찌할 수 없다. 마음이 아프고 아프나 어찌하겠느냐. 가난은 본디 우리 집안이 대대로 지켜오는 것이라 걱정하고 한탄할 것이 없으나, 혹 일을 잘 처리 못한 자기 탓으로 점점 궁해진다면 이것은 도리가 아니다. 지금에 와서 마땅히 닦을 것은 오직 검소함뿐이다. 검소하면 가난이 점점 뿌리 뽑혀 나가겠지만, 사치하면 넉넉하더라도 언젠가 반드시 무너진다. 너희들은 이처럼 분명한 이치를 아느냐.

신해년 변고(병와의 부친상) 때에 종도 없고 말도 없고 쌀 한 톨이 금과 같아 제사를 빠뜨린 적이 많았다. 우리 형제는 졸지에 완전히 사람 꼴이 아니었으니 염장(殮葬)의 제구(諸具)는 차마 말도 못할 지경이었다. 지금 생각해도 그 고통이 뼈를 부수는 것 같다. 늘 자식들에게 평시에 입던 것 외에 절대로 따로 옷이나 이불을 만들어 나를 염습하지 말라고 훈계하는 것은 그때의 아픔이 아직도 마음에 새겨 있기 때문이다. 정축(1697)년에는 내가 대부(大夫)의 반열(班列)에 있어 그래도 여유가 있었기 때문에 예에 어긋나지 않게 차렸는지 모른다.

너희들은 오직 정축년의 일만 보았지 신해년의 일은 알지 못한다. 또 식견도 내게 미치지 못하고 계획성도 내게 미치지 못하면서, 작년에 두루 차린 것이 부족함이나 구차함이 하나도 없었다. 비록 그 성심은 가상하나 기물이 너무 많고 지나치게 화려했으며, 제수가 정축년보다 백 배나 풍성했다. 허우(許友)가 사치를 변척한 글이 또한 분명하고 확실하지 않더냐? 보고 듣는 것이 이와 같고 세속에 물듦이 또 이와 같으니 비록 농토가 많고 재물이 많더라도 보존해 지키기가 어려울 터인데, 하물며 수십 이랑의 밭도 없으면서 내키는 대로 지나치게 하니 이 또한 멋모르는 어린아이 짓이 아니냐. 또 작은 일을 가지고 미루어 보건대 규정에 맞지 않는 소고기는 제수에서 물리치는 것인데 벌써 마련해 놓았으니 매우 안타깝고, 밀과의 조청도 선대로부터 순수하지 않은 것은 쓰지 않았다. 그런데 내가 직접 감독하고 직접 만든 것도 쓰지 못하겠다는 논의가 있었다. 이런 일들은 정축년에는 없던 사단이다. 나는 그 색깔을 보고 나도 모르게 장탄식을 했지만, 이에 대해 한 마디도 하지 않았던 것은 창졸간에 바로 잡을 수 없겠다고 생각해서이다. 마음 속에 눙쳐두었다가 이 말을 이제 와서 터놓자는 것이 아니다. 작은 일이 이러하니 큰일을 미루어 짐작할 만하기에 이제 앞으로 장제를 당하면 혹 이 말이 도움이 될까 해서이다.

무릇 사람의 자식으로서 상장하는 도리에 각기 올바름이 있어서 해야 할 것을 하지 않는다거나 해서는 안될 일은 하는 것은 모두 효가 아니다. 안자(顔子)의 외곽(外槨, 널의 바깥)이 무엇이 그리 지나쳤기에 공자께서 아들의 장례 때처럼 검소하게 못한 것을 한하셨겠는가? 여기에는 모두 미묘한 곡절이 있는데 너희들은 몰락이 눈 앞에 닥친 것을 알지 못하고서 한갓 한량없는 정만으로 그대로 밀고 나가니 마음에 찜찜한 구석이 없도록 하자면서 실제로는 앞뒤 없이 정에 따라가기만 하고 있으니 어찌 그것을 할 수 있겠느냐.

이제부터는 생각을 고쳐라. 무슨 일이든 조치할 때에 충분히 역량을 헤아려 있고 없음에 맞추어라. 성의만 독실하면 이것이 바로 자양이 말한 바 "밥 한 그릇 국 한 그릇으로도 충분히 선조를 모실 수 있다."는 것이니 지금에 이르러 그 뜻을 더욱 절실히 알겠다. 밀과의 유무가 장례에 무슨 영향을 미치겠느냐. 이 권형(權衡, 결정권을 쥐고 있음)을 잡고 있으면 천례(遷禮, 산소를 이장하는 예)도 어려울 것이 없다. 어째서 보기에 그럴듯하게 하자고 고생고생하며 억지로 마련하기에 급급한가?

또 한 가지 의논할 일이 있다. 우리 집안에서 며느리를 객지에 임시 장사(병와의 둘째 며느리 청송심씨)하였는데 석회를 쓰지 않았고 하곽(下槨)도 하지 않은 채 1년을 경과하였으니, 마음이 불로 지지는 듯 쓰라리나 옮길 엄두를 못낸 것은 힘을 요량한 때문이다. 경중이 비록 다르지만 자애로운 하늘이 있는데 내 어찌 정을 참고 편안해 하겠느냐. 참으로 이를 어기면서까지 구차한 길을 찾으면 도리어 의를 해치고 말 것이다. 그런데 지금은 그렇지가 않다. 강을 건넘에 형세가 극히 좋은 곳인데다 유언으로 부탁한 바가 시기를 신경 쓸 일이 전혀 없겠으니, 혹 농사가 좀 풍성하기를 기다려서 또는 재력에 도움이 있기를 바라서 적절한 해에 운용하는 것이 효를 받드는 도리에 무슨 방해가 되기에 형세를 생각하지 않고 꼭 금년에 서두르고자 하니 대체 무슨 까닭으로 이러는 것이냐.

또 한 가지 말할 것이 있다. 부고를 처음 받고나서 반드시 이의가 있으리라 생각되어 편지로 권하기를 "임시로 장사하더라도 너희들의 근력으로는 운구를 감당하기 어려우니, 내가 올라갈 때 양산(楊山, 양주에 있는 선산)에다 봉행하자." 하였었는데 다 오늘의 일을 예상했기 때문이다. 집안일을 어른에게 맡기되 어른의 말이 있으면 본디 유의하여 거행하는 것이 자식된 도리이다. 만약 꺼림칙한 부분이 있거든 간곡하게 흉금을 털어 최선으로 돌아가도록 힘쓰는 것이 사대부의 가법인데 이 말을 생각하지 않고 선영에서 아주 가까운 땅으로 마음대로 결정해버린 것은 본디 옳지 못한 처사였다. 그 나머지 크고 작은 여러 일도 한 번도 품하지 않고 스스로 주장하여 밀고 나갔다. 나는 그때 일에 임박하여 이의를 제기하면 오히려 방해만 될 것 같아 한 마디 말도 아니하고 돌아왔다. 이것이 어찌 본래의 마음이겠으며 또 어찌 아비된 자의 도리겠느냐. 체통을 이미 잃었으니 다른 것을 논할 겨를이 없다만, 이제와 생각해 보건대 내 말이 옳았느냐 너의 뜻이 옳았느냐. 물러나 기다린다는 말을 너는 이해 못할 것이 틀림없다. 그러나 지금 내가 펴고 있는 생각은 작년에 이미 체험했던 바가 아니냐. 너의 편지 가운데 쟁송(爭訟)으로써 어버이를 장사함은 옳지 않다 하였고, 또 터럭만큼도 구차한 일은 차마 하지 않았다 하였으니 이를 미루어 확장해 나가면 성현의 경지까지 미칠 만하다. 너의 마음이 여기에 이르니 집안의 도리가 일어날 수 있으며 귀중한 보물을 얻은 것 같다. 다행한 일이다. 점차 성장해나갈 일이지 다시는 좌절함이 없기를 바라고 또 바란다.

보편형인지 자세히 알 수 없으나 그곳이 혹 윤 정승의 옛무덤이라면 당초에 무덤을 쓸 때 별 문제가 없는 데도 말이 많았었는데, 상황이 이렇게 된 마당에 말이 없으리라는 보장은 더욱 없다. 그러나 법례로 논한다면 어찌 감히 서로 견줄 수 있겠는가. 가만히 생각해보니 이즈음 인심이 어떨지 요량할 수 없고 두 묘가 아무래도 한 쪽만 치우치게 편안하도록 얽혀 있으니 매우 걱정스럽다. 대좌형(大坐形)은 반드시 쓰라고 내가 권하는 바는 아니다. 생각나는 대로 얘기한 것은 나의 장사도 그처럼 여겨 달라는 뜻이었겠지만, 내가 어찌 의도적으로 여기에 뜻을 두었겠느냐. 구애치 말고 선영 적당한 곳에 골라 안장토록 하면 그만인데 어찌하여 나의 뜻이 어디에 있는지를 모른다 하느냐.

나의 근력은 아직 변함이 없다고 생각한다. 작년에 갔다 온 뒤 크게 전과 같지 않더니 지금은 이명이 멈추지 않아 가는귀 먹은 것이 점점 깊어가는 데다, 이즈음 여름 감기가 날로 심해 가니 오래 살고 싶은 일념도 기가 쇠함에 매여 있다. 연제(練祭)를 넘기면 떠나야겠다는 마음은 속으로 다잡아먹고 있지만 이후의 건강 여부는 예기치 못하겠다. 내가 만약 못 떠나고 있으면 여러 가지 일 처리에 더욱 갈피를 못 잡을 터이니 뒤에 죽은 자의 책임을 다시 어디에서 기다리랴. 가슴이 아프고 아프다.

유둔(油芚), 전칠(全漆) 및 제수(祭需)는 힘들여 도모해 거행하였는데 한 도를 통틀어 아는 사람이 겨우 몇 사람뿐이었다. 물고기 한 마리, 과일 하나 구하는 것도 참으로 어렵고 또 생각건대 가장 공경하는 일에 남에게 빌어서 구차하게 한다는 것은 올바름을 전부 잃는 것이니, 그럴 바에야 차라리 장사를 거두는 것이 사리에 타당하다. 정자 터를 팔게 되면 오로지 여기에 충당해야지 이것을 횡재라고 생각해선 안 된다. 대체로 행신의 도란 반드시 자기를 버리고 남을 따른 뒤에라야 비로소 선이 된다 하겠거늘, 하물며 부형의 의리가 절연히 나누어져 있음에랴.

비록 무당 따위의 허황한 말이라도 어버이가 그것을 하고자 하는 뜻을 보이면 정주도 곡진히 따르는 것으로 교훈을 삼았으니 그 뜻이 또한 애틋하지 않으냐. '전'에 말하기를, "부자간에 책선하면 은혜를 크게 해치게 된다." 하였고, 또 말하기를 "부모가 과실이 있어도 울면서 따른다." 하였다. 나는 앞의 구절에서 그 자식을 아끼고 뒷 구절에서 그 아비를 아낀다. 혹 자신이 옳다하더라도 부형의 말을 고려하지 않고 자기 뜻대로 행하면 고집하는 바가 모두 옳다 해도 불순함이 되는데, 하물며 꼭 옳지두 않음에랴. 이는 가문의 자제들이 마땅히 십분 조심하고 삼가야 할 것이기에 늘 아이들과 더불어 간곡하게 일러 양쪽이 다 옳게 되기를 기약하였던 것이다. 지금에 와서도 집안의 법도가 지극히 어지러운 데까지 이르지 않은 것은 이러한 것에 힘입었기 때문이다. 너희들은 더욱 깊이 체득하고 한층 더 힘쓰라. 의절록(儀節錄)은 별지에 있다.(『병와집』 중에서)

병와 이형상

게으른 습관으로는 선비가 못된다

병와의 맏아들 여강(如綱)이 숙종 40(1716)년에 후세를 두지 않고 43세의 젊은
나이로 죽게 되자 둘째 아들 여항(如沆)의 아들인 약송(若松)을 양자로 들여 봉제사
를 잇게 했다. 병와의 손자인 약송에게 조신하기를 경계하는 내용의 편지글이다.

한층 경계하여 살피고 언동을 삼가라

갈 때는 네 아버지와 동행한다지만, 올 때는 어쩌면 혼자일지 모르겠으니 매우 염려가 된다. 다음 몇 조목을 명심해서 이행하여 나에게 걱정을 끼치지 말도록 해라.

음식이 싫더라도 억지로 먹어서 근력을 기르도록 힘써라. 반드시 아랫것들과 고락을 같이 해 그들의 충정을 받게 되면, 네 잠자리가 자연히 온전해질 것이다.

일찍 들어가고 늦게 나오는 것은 우환을 막을 뿐만 아니라 건강도 여기에서 비로소 크게 편해질 것이다. 조용히 정역을 치러라. 급박한 생각은 절대 금물이다.

접하는 곳마다 긍지를 갖되 여러 이목이 있으니, 혹 의리를 탐구하거나 음영을 할지언정 아이들같이 졸거나 하는 짓은 하지 말라.

남을 만나는 것을 금하지 말라. 말이 들어서거든 주인의 성정을 살피고 너그럽고 자상하게 대하라. 만약 거슬리는 일이 있어 마음이 동하거든 참고 꾸짖지 마라. 혹 따뜻한 말로 차근차근 깨우쳐 이행시킬 것이지 절대로 성질을 부리지 말아라.

여막에 이르거든 먼저 그 안전함을 검토하고 우선 처했다가 조금 쉰 뒤에 안팎의 형세를 두루 살피고 간혹 뜻밖의 환이 있을지 모르니 미리 그 방편을 요량해 두어라. 또 침석은 펴지 말고 옷을 입고 이불을 끌어안고 누워라. 무슨 일이 있을지 모르니 대비를 늦추지 말라.

다리를 건널 때는 반드시 말에서 내려 건너고 길이 험하면 보행하여 말발굽의 힘을 여유 있게 하여라.

서울이든 지방이든 간에 이르는 곳마다 모두 친절히 대하거라. 처신함에 소홀하게 해서는 안 된다. 무릇 교제에 있어서는 반드시 성심껏 공손히 해라. 초면에 어색한 기색을 하지 마라. 다만 한층 경계하여 살피고 언동을 삼가면서 충분히 관찰해 들어라.

조상 등의 절목은 네 아비에게 물어서 그때그때에 임해 따져보고 행하라.(『병와집』 중에서)

병와의 자손 교육법

해를 넘기도록 멀리 떨어져 있었던 터라 사랑을 억누르고 너희들을 절로 올라가게 허락한 것은 대개 강학에 전념하여 사람된 도리를 알 수 있게 함에서다. 과거 공부의 서두름에 대해서는 원래 크게 기대하지 않는다. 혼자 있을 때 혹은 게으른 습관을 기르게 되면 선비가 되기를 바랄 수 없을 뿐만 아니라 끝내 무뢰배가 되고 말 것이다. 다음에 적은 각 조목들은 벽에 붙여 두고 아침저녁으로 보고 살펴서 혹시라도 소홀히 하지 말아라.

하나, 먼동이 트면 어김없이 일어나 정신을 가다듬고 세수하고 몸가짐을 단정히 한 다음, 비로소 경(經), 사(史), 자(字), 집(集)을 읽고 뜻이 좋아 마음에 드는 것은 여러 번 읽고 자세히 음미하면서 한 글자 한 글자 연구해 밝혀라.

하나, 아침식사가 끝나거든 주변 밭이나 뜨락을 두루 거닐며 뜻을 생각하거나 옛글을 소리 내어 외우면서 위를 편하게 하여 음식이 소화되기를 기다려 먼저 글자를 익히고 다음에 문장을 지어라.

하나, 점심과 저녁도 아침과 같이 하되 밤에 모이는 깨끗한 기운이 내 몸에 퍼지고 천지가 모두 고요해지면 뜻과 생각을 정밀하게 하라. 이때하는 공부가 가장 절실하고 긴요하다. 가끔 친구들과 의리를 강론하기도 하고 내가 한 일을 돌이켜 점검하기도 하여 밤이 깊거든 자리에 들되 이렇게 하는 것을 매일의 규칙으로 삼아라.

하나, 대체로 낮고 어린 사람들은 자리에 어른이 없으면 기탄없이 행동하며 곁에 허물없는 친구가 있으면 우스개 소리를 좋아한다. 이런 것은 모두 좋지 않다. 아침저녁으로 매번 경아설(警兒說, 아동을 경계하는 말)을 외우고 익혀 늘 부모가 곁에 계신 것처럼 하고 게으름이나 방자한 용모를 일체 하지 말아라. 재산, 여색, 조정의 잘잘못, 관리의 선악, 향론(鄕論)의 옳고 그름, 사람에 대한 평가와 같은 말은 입에 올리기를 삼가라.

하나, 음식은 배부르게도 고프게도 먹지 말고, 양과 때를 알맞게 하여 병에 걸리지 않도록 언제나 조심하여라.

과장(科場)에 나가는 아이들에게

하나, 걸음걸이는 천천히 안정감 있게, 배읍(윗사람에게 머리를 숙여 인사하는 법)은 공손하고 덕이 있게, 언어는 부드럽고 진실되게, 용모는 평화롭고 정숙하게 하여라. 정정충서(定靜忠恕, 안정과 고요함과 충성스러움과 용서함)로 마음을 삼고 망박경박(忙迫輕薄, 바쁘고 급하고 가볍고 엷음)을 경계로 삼아라.

하나, 온 세상이 모두 형제인데 하물며 한 나라나, 한 고을이나, 친구나, 남의 해괴한 거동이 있거나 문자의 잘못을 보거든 친소를 따지지 말고 성심으로 깨우쳐 주고 함께 학업을 닦고 함께 사귀는 이가 있거든 더욱 옳고 그름을 따져 온당하게 되기를 기다리되, 내 주장이 반드시 옳다고는 할 수 없으니, 번거롭게 따져서 서먹서먹하게 만드는 일이 없도록 하여라.

하나, 과장(科場)의 득실이란 한 판의 바둑이나 장기놀이와 같아서 한 순간에 승부를 거는 도박에 지나지 않는다. 본래 장부의 큰 사업은 아니니 제술(製述, 답안을 잘 쓰는 일)에 골몰함이 도리어 양심을 속박하는 노릇이 되기도 한다. 친구와 응수할 때 혹 싫어하는 마음이 생기거나, 혹 업신여기는 듯한 태도를 보여서 평생의 수치를 남기게 되면 이 또한 무슨 꼴이겠느냐? 가장 깊이 생각할 일이다.(『병와집』 중에서)

너를 생각하면 눈물이 저절로 난다

오서방집

     요사이 평안하냐. 기별 모르니 이제는 나이 많으니 그러한지 (너를) 생각하면 눈물이 저절로 난다. 어찌하면 네 모녀를 (한 번) 보고 죽을까? 괴롭게 탄식할 뿐이로다. 유청(乳淸)과 어물(魚物)을 (한양으로) 가는 수네 오라비 (인편으로 보내고) 편지 써서 보낼 것이니 그때 찾아서 써라. 가거든 이것 (찾아) 보아라. 아마 보고 싶으되 볼 길 없으니 아연하다. 밤이 깊어 네 서방께 각각 (글을 쓰지) 못하니 (안부를) 사뢰라.

     이만

(신축(1661)년 8월 9일 아비가)

병와 이형상

보고 싶으되 볼 길 없으니 아연하다

병와 가문의 고문서와 한문간찰, 한글편지를 인천에서 영천으로 옮겨올 무렵에 병와가 이들을 모아 한지 피봉 3건에 모았다. 계사(癸巳, 1653)년 8월 「인천문서(仁川文書) 피봉」과 「친록선유씨(親錄先儒氏) 피봉」과 언간 2장과 언간 2장을 담은 피봉이 남아있다.

그 가운데 계사년 8월 인천 문서를 담은 피봉에는 (1)길파곳전성문

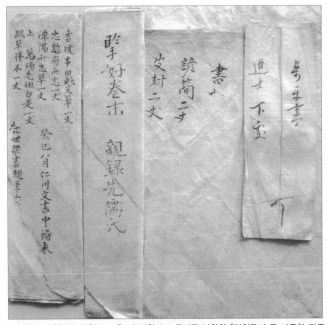

1653년 병와가 인천에서 영천으로 올 때 간찰과 고문서를 봉함한 「인천문서」를 비롯한 각종 피봉

서 1장(吉玻串田成文書 一丈), (2)충훈부 소지 1장(忠勳府 所志 一丈), (3)
담양소지일장(潭陽所志一丈), (4)상만경선조백시일장(上萬頃先祖白是 一
丈), (5)소초등본일장(疏草謄本一丈), (6)선세언간친필 등 6장(先世諺簡親
筆等六丈)이라는 기록이 있다. 이 기록을 근거로 하면 선세 언간이 6장
과 또 다른 피봉에 있는 언간 2장의 기록을 합하면 모두 8장이나 된다.

2012년 파주출판단지에서 기획한 한글자료 전시회 도록으로 출판
된 『한글나들이 569』(태학사, 2012)에 「병와 이형상 집안의 한글편지」
라는 글에 "이사민(李師閔), 이장형(李長馨), 이주하(李周厦), 이형상(李衡
祥)까지 4대에 걸쳐 작성된 한글편지 21건이 전하고 있다. 모두 17세
기에서 18세기 초의 것으로 그 가운데 이번에 소개되는 편지는 이사민
이 아내에게 보내는 편지 1건, 이주하가 며느리에게 보내는 편지 1건
과 아내와 아들에게 함게 쓴 편지 1건 이형상이 딸과 손녀에게 보내는
편지 1건 등 총 4건이다."고 하여 원 자료의 이미지와 간략한 자료에
대한 소개를 하고 있다.

이들 자료는 박민철의 「병와 이형상의 저술과 가장 문헌의 서지적
분석」(경북대학교 대학원 석사논문, 2011)에서 병와 집안의 한글편지 18건
의 축소 이미지 자료를 소개하였다.

16세기말 17세기 초의 사대부가에서 발견된 한글편지로는 매우 많
은 편이다. 그러나 이들 자료는 어떤 경위인지는 확실하지 않으나 대부
분 유실되었다. 문화재청의 지원과 관심에서 벗어나 있는 각 종중의 문
화재 유산 관리의 허술함의 결과이다.

앞에서도 언급했듯이 이들 자료의 유출 과정에 대해서는 아직 명확하게 파악하지 못하고 있으나 「선세언간 6장(先世諺簡六丈)」이라는 병와의 기록에 따르면 앞으로 병와 가문의 한글편지는 더 발견될 가능성이 있다. 17세기말에서 18세기 초에 사대부가의 한글 확산과정을 이해하고 또 국어사 자료로 널리 이용될 가치가 있다.

여기서 소개하는 편지는 신축(1661)년 병와의 나이가 69세 되던 해에 오명운에게 시집간 둘째딸에게 보낸 한글 편지이다. 병와의 둘째딸의 시삼촌인 휴곡(休谷) 오시복(吳始復)[67]은 병와와 각별한 관계를 가졌다. 갑술옥사에 이어 장희빈 사건으로 1701년 무고(巫蠱)의 옥사에 연루되어 대정현(大靜縣:지금의 제주도)에 안치되었을 때, 제주목사로 도임했던 병와가 사돈이자 각별한 친구였던 오시복을 향청에서 만난 것을 조정에 투고하여 병와는 삭탈관직을 당하게 된다. 아마 이런

병와 이형상 가문의 선세 한글편지

각별한 사연 때문인지는 모르겠으나 당시 명문가의 집안에 시집 간 둘째딸을 그리워하면서 쓴 편지이다.

"생각하면 눈물이 저절로 난다. 어찌하면 네 모녀를 (한 번) 보고 죽을까?"라면서 만년의 나이에 소식이 돈절된 딸에 대한 그리움과 죽기 전에 한 번 보고 싶은 따뜻한 아비의 정이 그대로 드러나 있다. 한양으로 가는 수네 오라비 인편을 통해 유청(乳淸)과 어물(魚物)을 편지와 함께 보내면서 찾아서 쓰도록 당부하고 있다. 여기서 "수네 오라비"는 당시 경북 상주에 살던 둘째 아들 여항(如沆)을 지칭하는 것으로 보인다. "아마 보고 싶되 볼 길 없으니 아연하다."라는 사연에서 보고 싶어도 보지 못하는 아버지의 애절한 마음과 사위인 오서방에게도 "밤이 깊어 네 서방께 각각 (글을 쓰지) 못하니 (안부를) 사뢰라."고 당부하고 있다.

비록 짧은 한 편의 한글 편지이지만 17세기 사대부 가문에서 여성들에게 보내는 편지는 이처럼 한글로 작성되어 소통되고 있음을 알 수 있다.

병와의 4대조에서 병와에 이르기까지 21통의 한글 편지가 전하고 있으며 특히 병와의 한글 편지는 총 4통이 남아 있다. 병와의 고조는 진사 현감을 지낸 사민(師閔)이고 조부는 괴시 문과 급제한 장형(長馨)이며 부는 증 호조참판인 주하(柱廈)이다. 이사민(1573~1642), 이장형(1589~1653), 이주하(1621~1687), 이형상(1653~1733)까지 4대에 걸쳐 남아 있는 한글 편지는 모두 여성들에게 보낸 한글 편지로 16세기말에 이르러서 한글은 이미 사대부가에는 널리 확산되었음을 알려주는 증

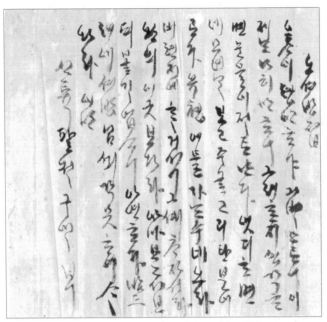

병와 이형상이 딸에게 보낸 한글 편지, 28.2cm× 29.8cm

거가 된다.

　병와의 아들은 여강(如綱), 여항(如沆), 여성(如晟), 여적(如迪), 여극(如克) 5남과 강릉 김씨 징경(金徵慶)에게 시집간 큰딸과 동복 오씨 명운(吳命運)에 시집간 둘째딸을 두었다. 바로 이 편지는 오시복의 조카인 오명운에게 시집 간 둘째딸에게 보낸 편지이다. 병와 이형상이 69세 되던 해 경북 영천 호연정에 머물면서 학문을 닦던 시절에 쓴 한글 편지로 딸과 손녀를 그리워하는 간절한 마음이 담겨 있다.

　편지의 내용은 아래와 같다.

원문

오서방집
요ᄉᆞ이 평안ᄒᆞ냐 긔별 모ᄅᆞ니 이
제ᄂᆞᆫ 나히 만ᄒᆞ니 그려ᄒᆞ지 성각ᄒᆞ
면 눈믈이 절로 난다 엇디 ᄒᆞ면
네 모어ᄂᆞᆯ 보고 주글고 괴탄 분이
로다 유쳥어믈 가ᄂᆞᆫ 수 네 오라
비 편지예 ᄒᆞᆯ 거시니 그 쌔 ᄎᆞᆺ자서라
왕의 이긋 보와라 아마 보고 시브
되 볼 길 업ᄉᆞ니 아연ᄒᆞ다 밤 드
러 네 셔방님ᄭᅦ각 못ᄒᆞ니 슬
와라 이만

[신튝 튝팔월 구일 뷔]

이 편지를 풀어서 쓰면 다음과 같다.

현대어

오서방집

요사이 평안하냐. 기별 모르니 이제는 나이 많으니 그러한지 (너를) 생각하면 눈물이 저절로 난다. 어찌하면 네 모녀를 (한 번) 보고 죽을까? 괴롭게 탄식할 뿐이로다. 유청(乳淸)과 어물(魚物)을 (한양으로) 가는 수네 오라비 (인편으로 보내고) 편지 써서 보낼 것이니 그때 찾아서 서라. 가거든 이것 (찾아) 보아라. 아마 보고 싶으되 볼 길 없으니 아연하다. 밤이 깊어 네 서방님께 각각 (글을 쓰지) 못하니 (안부를) 사뢰라.

이만

[신축(1661)년 8월 9일 아비가]

滓存柾則幸從修撰悲欲教良史記嘉書

官名嗟有限世跡欲無塵險阻吾嘗備不堪照

沒乾龍爛日邪忿說庚申地下煩寬積人間

李參判　元楝軾

送宋德普赴關西幕

城頭滾流大江橫浮碧晴光靡樹涼留我昔

興送君今日鏡中竹永明寺傑塵心少箕子

跡荒試到綺羅叢裡問幾人能免別離情

다섯 번째 글

예악(禮樂)의 처음과 끝

예(禮)는 하늘의 도리, 악(樂)은 인성의 여운

　　　　　병와의 경학사상의 기조는 예(禮)와 악(樂)을 균형적으로 조화시킬
것이다. 병와는 성리학의 기조를 이루는 예론과 관련하여 『성리대전(性理大全)』,
『주역전의(周易傳儀)』, 『대학가의(大學講義)』, 『사서훈몽(四書訓蒙)』, 『소학집성(小學
集成)』, 『중용구경연의(中庸九經衍義)』 등의 저술을 남겼다. 특히 가례와 관련된 『가
례편고(家禮便考)』, 『가례혹문(家禮惑問)』, 『가례부록(家禮附錄)』, 『가례도설(家禮圖
說)』 등의 저술도 있다. 그러나 그는 성리학에만 몰두한 것이 아니라, 예가 너무 승
하여도 붕당의 조짐을 보이기 때문에 이를 화합하기 위해서는 악을 겸용해야 한다
는 예악겸용설을 주장한다. 그의 이러한 주장은 『악학편고』, 『악학습령』 등 많은
악학이론을 체계화하는 대작업을 남겼다. 동시에 악론과 관련되는 운학과 문자학
에 이르기까지 그의 사상과 학문의 폭을 넓혀 나갔다.

병와 이형상

예악(禮樂)의 처음과 끝

예(禮)란 하늘의 도리의 절문(節文)이라 의칙(儀則)에서 드러나는 것이며, 음악이란 인성의 여운이라 도수(度數)로 표현되는 것이다. 이 때문에 예는 밖으로부터 생기고 악(樂)은 속으로부터 나온다. 공자의 가르침에 시를 먼저하고 예를 뒤로 한다고 하였으니, 거기에 표본이 있다. 오직 겉만을 중시하여 악이 지나치면 한계를 잃는다. 어찌해서 하는 말인가? 예는 의심되는 것을 결정지어 미세한 것을 밝히는 데에 주로하기 때문에 그 잘못됨을 터럭을 다투어 승부를 견주어서 마침내 같으면 무리를 짓고 다르면 배격함에 이른다. 악은 기운을 펼치어 즐기는 데에 주로하기 때문에 그 잘못이 중화를 교란하여 반드시 방탕한 마음에 들어가 몸을 상하게 된다. 이러한 병폐를 고치려 한다면 먼저 예로써 윤서(倫序)를 정하고 악으로써 중화를 이루되 인으로써 사랑하고 정(精)에 부합되면서 서(序, 차례)를 행하는 것이 마음의 떠남을 구함이며, 의로써 바로잡아 덕을 행하고 몸소 힘쓰는 것이 그 뜻의 방류를 구하는 것이다. 때문에 "예의 쓰임은 화(和, 화합)가 귀중하다." 할 것이며, 또 말하기를 "대례는 하늘과 땅과 더불어 그 차례를 같이하고 대악은 만물과 더불어 그 화합함을 같이한다." 하였으니 어찌 참말이 아니겠는가.(『병와집』 중에서)

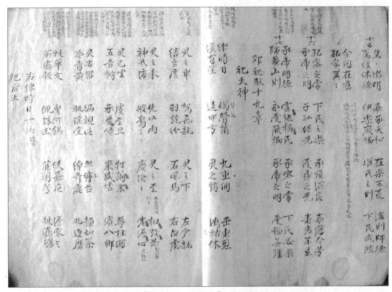

병와의 악부(樂府) 『영언(永言)』 가운데 「교사가십구장(郊祀歌十九章)」

우리나라에도 아악(雅樂)이 있습니다

옛날 세종조 때에 박연(朴堧)이라는 사람이 매양 앉았을 때나 누웠을 때나 손을 가슴 사이에 대고 알성(흉내 낸 거문고 소리)을 만들었고 입안에서 휘파람을 불어 율려(律呂)의 소리를 만들어내어 10년을 적공한 뒤에야 이루었습니다. 세종께서 깊이 믿고 소중히 여기시어 아악(雅樂)을 만들게 하였습니다. 그는 벼슬이 1품에 이르렀으니 사람들은 모두 때를 만나 출생한 사람이라고 일렀습니다.

(『병와집』 중에서)

종률(鍾律) 오음(五音)

혀가 중앙에 있으면 궁(宮)이 되니 소가 움에서 우는 것 같고, 입을 크게 벌리면 상(商)이 되니 양이 무리를 떠나는 것 같고, 혀를 움츠리면 각(角)이 되니 꿩이 나무에 오르는 것 같고, 혀가 치아를 받치면 치(緻)가 되니 부시가 깨어 놀래는 것 같다. 입을 오므리면 우(羽)가 되니 새가 나무에서 우는 것 같다.

대저 음이라는 것은 궁(宮)에서 중(中)에 있고 각(角)에서 촉급(觸)하고 치(齒)에서 지(祉)하고 상(商)에서 장(章)하고 우(羽)에서 우(宇)한다. 그러므로 4음은 궁(宮)의 기(紀)가 된다.

이것을 오행(五行)에 조화를 시켜보면, 작은 나무(木)가 되고, 상(商)은 금(金)이 되고, 궁(宮)은 토(土)가 되고, 치는 화(火)가 되고, 우(羽)는 수(水)가 된다. 오상(五常)으로는 인(仁)이 되고, 의(義)가 되고, 예(禮)가 되고, 지(智)가 되고, 신(信)이 된다. 오사(五事)로는 모(貌)가 되고, 언(言)이 되고, 사(思)가 되고, 시(視)가 되고, 청(聽)이 된다. 유(類)로 말하면 궁(宮)은 군(君)이 되고, 상(商)은 신(臣)이 되고, 각(角)은 민(民)이 되고, 치는 사(事)가 되고, 우(羽)는 물(物)이 된다.

사성(四聲)

음(音)은 음(陰)에서 나오고 성(聲)은 양(陽)에서 발하며, 율(律)은 벽흡(闢翕, 열리고 닫침)이 있고 여(呂)는 창화(唱和, 부름과 화응)가 있다. 벽흡이 조화를 이루어 평(平), 상(上), 거(去), 입(入)이 생기고 창화가 서로 조화하여 개(開), 발(發), 수(收), 폐(閉)가 이루어진다. 평성은 애(哀)하되 안(安)하고 상성은 여하되 거(擧)하고 거성은 청(淸)하되 원(遠)하고 입성은 직(直)하되 촉(促)하다. 그러나 품부(稟賦)가 다르면 성정(性情)도 다르고 풍토가 다르면 호흡(呼吸)도 다르다.

동방의 후성(喉聲)은 하(何), 아(我), 악, 각(咯)의 부류이고 서방의 설성(舌聲)은 정(丁), 적(的), 녕(寧), 니(泥)의 부류이고 중앙의 아성(牙聲)은 갱(更), 행(行), 이(李), 객(客)의 부류이고, 남방의 치성(齒聲)은 지(誌), 사(食), 지(止), 시(示)의 부류이고, 북방의 순성(脣聲)은 방(邦), 빈(賓), 붕(崩), 밀(密)의 부류가 그것이다.

또 성음을 변별하는 요결이 있으니 1은 곧 순상(脣上)은 벽(碧), 반(班), 빈, 표(豹)이고, 2는 곧 설두(舌頭)로 당(當), 적(滴), 제(帝), 정(丁)이고, 3은 곧 촬순(撮脣)으로 호(呼), 호(虎), 오(烏), 오(汚)이고, 4는 곧 권설(捲舌)로 이(伊), 을(乙), 유(幽), 영(英)이고 5는 곧 개순(開脣)으로 피(披), 파(頗), 반(潘), 파(坡)이고, 6은 곧 제치(齊齒)로 시(時), 실(實), 시(始), 성(成)이고, 7은 곧 정치(正齒)로 정(征), 진(眞), 지(志), 지(只)이고, 8은 곧 천아(穿牙)로 자(資), 권(捲), 사, 노이고, 9는 곧 인후(引喉)로

구(句), 구(拘), 아(鴉), 액(厄)이고 10은 곧 수비(隨鼻)로 호(豪), 호(好), 공(恭), 형(亨)이고, 11은 곧 상악(上顎)으로 효, 요(妖), 혼(婚), 교(轎)이고 12는 곧 평아(平牙)로 진(秦), 사(乍), 선(詵), 생(生)이고, 13은 곧 종순(縱脣)으로 휴(休), 후(朽), 구(求), 구(九)이고, 14는 곧 송기(送氣)로 사(査), 한/완(浣), 택(宅), 장(張)이고, 15는 곧 합구(合口)로 감(甘), 함(含), 함(咸), 감(監)이고, 16은 곧 구개(口蓋)로 하(何), 아(我), 가(可), 갱(羹)이나. 내저 순성(脣聲)의 병(幷), 병(餠)과 설성(舌聲)의 영(靈), 력(曆)은 청(淸)하고 치성(齒聲)의 척(陟), 진(珍)과 아성(牙聲)의 가(迦), 거와 후성(喉聲)의 강(綱), 각(各)은 모두 탁하다.

우리나라에도 아악(雅樂)이 있습니다

적현(赤縣, 중국)의 밖은 풍토가 별다르고 편협한 지역은 방음(方音)이 천박하기에 비록 이상국(李相國)[68]이나 최간이(崔簡易)[69] 같은 박식한 이도 오히려 악부(樂府)를 잘 알지 못하였거든, 하물며 그 아랫사람이야 어떻겠습니까? 진(晋)나라 사람이 칠현금(七絃琴)을 고구려에 보내왔으니 제이상(第二相) 왕산악(王山岳)[70]이 그 제도를 증손해서 육현(六絃)을 만들었고 그 후 극종(克宗)[71]은 평조(平調)와 우조(羽調) 계면조(界面調)를 만들어 육현에 올렸으며, 고려의 시중 채홍철(蔡洪哲)[72]은 「청평악(淸平樂)」, 「수룡음(水龍吟)」, 「금전악(金殿樂)」, 「이상곡

(履霜曲)」, 「오관산(五冠山)」, 「자하동(紫霞洞)」 등을 지었으며, 정서(鄭
敍)[73]는 「정과정(鄭瓜亭)」을 지었으며 한림의 제유는 「한림별곡(翰林別
曲)」을 지었습니다. 우리 조선조의 정도전(鄭道傳)[74]은 「여민락(與民
樂)」, 「낙양춘(洛陽春)」, 「보허자(步虛子)」, 「풍안곡(豊安曲)」, 「정동방(靖
東方)」, 「창의사(倡義詞)」, 「봉황음(鳳凰吟)」 등을 지었고, 윤회(尹淮)[75]
는 「치화평(致和平)」을 지었고, 정인지(鄭麟趾)는 「만전춘(滿殿春)」, 「취
풍형(醉豊亨)」을 지었으니, 이것이 이른바 동방 악부나 아악에 있어
서는 들은 바가 없습니다.

　옛날 세종조 때에 박연(朴堧)[76]이라는 사람이 매양 앉았을 때나 누
웠을 때나 손을 가슴 사이에 대고 알성(흉내 낸 거문고 소리)을 만들었고
입안에서 휘파람을 불어 율려(律呂)의 소리를 만들어내어 10년을 적
공한 뒤에야 이루었습니다. 세종께서 깊이 믿고 소중히 여기시어 아
악(雅樂)을 만들게 하였습니다. 그는 벼슬이 1품에 이르렀으니 사람들
은 모두 때를 만나 출생한 사람이라고 일렀습니다.(『병와집』 중에서)

우리나라는 음이 이미 잇소리에 치우쳐

『삼운통고』는 조선시대 운서로 편저자나 제작시기가 알려지지 않은 조선시대에 편찬된 운서로 알려져 있다. 중국의 106운(韻)계 『예부운략(禮部韻略)』(금나라 왕문도(王文都)가 지은 신간운략(新刊韻略) 계통)을 우리나라 사람이 이용하기 편하게 개편한 것으로, 편자와 연대는 알 수 없다. 『증보문헌비고』 권243에서는 『삼운통고』가 이 땅에서 출판된 최초의 운서라고 하였으나, 여러 기사로 미루어보아 조선 초기에 널리 쓰인 중국의 『예부운략』이나 『홍무정운(洪武正韻)』 등의 뒤를 이어 조선 중기 경에 편찬된 것으로 추정하고 있다(강신항:1969). 내용은 평·상·거·입성 등 사성(四聲)순으로 한자를 배열한 106운계 『예부운략』을 우리나라 사람이 이용하기 쉽도록 같은 운을 가진 평·상·거성 한자들을 한데 모아 3계단으로 나열하고, 입성자만 책 끝에 따로 모아 나열하는 방식을 취했다. 이런 방법은 『중원음운(中原音韻)』이나 『동국정운(東國正韻)』식 방식을 도표식으로 고친 것으로서, 수록된 한자는 약 1만자이며, 한글에 의한 표음(表音)도 하지 않았으며, 자해(字解)도 아주 간단히 2~3자로 설명하고 있다. 여러 판본이 있는데 내용상 큰 차이가 없고, 조금씩 자수(字數)를 증보하였거나 자해를 약간 달리한 것들이다. 이 『삼운통고』에 자수를 더 증보하고 상세한 자해를 한 것이 숙종 28(1702)년 박두세(朴斗世)가 간행한 『삼운보유(三韻補遺)』이며, 이를 숙종 때 김제겸(金濟謙)과 성효기(成孝基)가 다시 증보하여 『증보삼운통고』를 지었는데, 자해는 다시 2~3자로 간략해졌다.

조선 후기에 우리나라 운학자에게 큰 영향을 주었으며, 이 『증보삼운통고』의 체재나 수록자를 그대로 두고서 처음으로 한글로 모든 수록자마다 밑에 중국 자음(字音)과 조선 한자음을 기록한 책이 영조 23(1747)년 박성원(朴性源)이 지은 『화동정음통석운고(華東正音通釋韻考)』로서, 자수는 모두 약 1만자이다. 『병와집』의 「잡저(雜著)」에 실린 「『삼운통고』의 뒤를 쓰다」라는 글에서 병와가 『삼운통고』의 개장을 하였다는 사실을 알 수 있다. 병와는 『자학제강(字學提綱)』『경영록』 2권)을 저술한 바가 있어 운학에도 조예가 깊었음을 확인할 수 있다.(엮은이)

『삼운통고(三韻通考)』의 뒤를 쓰다

상고에는 음(音)만 있고 글자는 없었고, 중고에는 서(書)만 있고 운(韻)은 없었으니 운학(韻學)은 옛것이 아니다. 대개 우하(虞夏) 시대를 생각해 보면 모(母)를 따라 음(音)을 가렸고 수(數)로 인해 유(類)를 분석해 천추협음의 출발이 되었다.

여정(呂政)이 예(隸)를 고치니 형(形)과 성(聲)이 절로 차이가 생겼고 후양의 심약(沈約)[77]이라는 사람이 비로소 유자도(紐字圖)를 창시하였고 평, 상, 거, 입은 실로 범자(梵天)의 가로(伽盧)에서부터 이어받았으며, 반절(反切)도 신공(神珙, 인도의 승)이 남긴 것이다. 그러나 오나라와 초나라는 경청(輕淸)한 데에 흠이 있고 연(燕)나라 조(趙)나라에서는 중탁(重濁)에 집착하였다. 진롱(秦瀧)의 거성은 입성이 되고 양익(梁益)의 평성은 거성과 비슷해서 후세의 비난이 있게 된 이유이다. 당나라에 이르러 과제(科制)에 전념하여 성률(聲律)이 더욱 엄격하였다.

이에 미루어보아 창힐[78]은 물(物)을 본떠 문자를 만들었기 때문에 그 이치가 더욱 밝고 범자는 음을 연역하여 운을 만들었기 때문에 그 학(學)이 가장 정교하고 치밀하다. 오늘의 『삼운통고(三韻通考)』[79]도 번승(番僧, 외국 스님)이 지어 일본으로부터 전해진 것이다. 비록 누락된 것이 많으나 용의(用意)에는 노력을 했다. 세상에서 읽는 것이 산곡(山谷)으로 인해 잘못되었고 홍예(虹霓, 무지개)를 읽는 것이 유보(類譜)의 본음을 몰라서 간혹 운을 어겨 전한 것이라 여겨진다. 본래 본조(本調)가 있었으나 이해하지 못한다.

아! 익공(匿空)이라 할 때는 상성이 되고, 누공(婁空)이라 할 때는 거성이 된다. 이러한 종류는 매우 많아서 한 글자의 음이 기수(奇數)를 나타낼 때는 평성이 되고 십(十)자의 음이 심(諶)일 때는 측성이 아니다. 봉조청(奉朝請)의 청(請)을 당나라에서 왜 평성으로 하였으며 사마(司馬)의 사(司)와 상리(相離)의 상(相)은 또 왜 시음으로 여겼는가? 또 중흥(中興)의 중(中)과 금범(錦帆)의 범(帆) 같은 것은 도리어 거성으로 하였으니 모두 알 수 없다. 또 어찌해서 연롱(煙籠)은 평성인데 약롱(藥籠)은 상성임을 알 것이며, 상(商, 평성)과 적(啇, 입성), 무(毋)와 모(母)가 본래 한 글자가 아님을 어찌 알 수 있을까? 더구나 우리나라는 음이 이미 잇소리에 치우쳐 반절, 유농(紐弄)의 태반이 부적합하며, 언문의 등절(等節)을 하고자 적극 힘을 썼으나 이루지 못했을까? 이 또한 초학이 먼저 알아야 할 바이기에 마침 운서를 다시 장정하게 되면서 기록해 둔다.(『병와집』 중에서)

한글 자모의 범자(梵字) 기원설

병와 이형상이 숙종 42(1716)년에 쓴 필사본인 『갱영록』 9권 가운데 권2인 『자학제강(字學提綱)』의 「외이문자」 항에는 『서경』에 실린

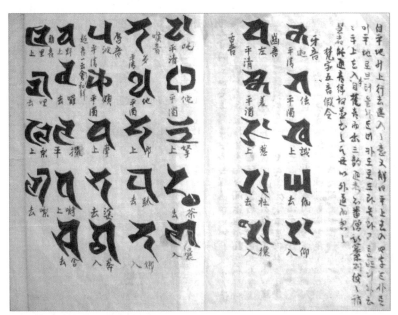

『갱영록』 9권 가운데 권2 『자학제강(字學提綱)』에는 「범자오음가령(梵字五音假令)」에서 훈민정음의 글자체
가 범어에서 기원한다는 학설이 담겨 있다.

"명왕신덕 사이함빈(明王愼德 四夷咸賓)"이라는 글귀를 주변 아홉 나라
의 문자로 기록한 내용이 있다. '서천', '여직', '달단', '고창', '회회',
'서번', '백이', '면순', '팔백' 9개 국의 문자로 기록한 자료가 실려 있
다. 『갱영록』 9권 가운데 권2인 『자학』에 실린 「구국소서팔자」의 내용
은 『악학편고』의 내용을 후에 그대로 옮겨 전사한 동일한 내용이다.
또 「왜언」 항에서는 9국을 포함한 왜언까지 그 문자에 대해 "왜국의
반자(가나)와 언문에 함께 쓰이는 것으로써 또한 문자 언문이 있다고
하니 이 둘을 합해 보아야 한다. 위구르, 크메르, 파스파어는 비길 데

없이 매우 괴이하다. 티베트는 약간 체계가 있으나 심히 박잡하다. 타타르와 투르판은 또한 극히 보잘것없다. 여진은 여러 방면에 비하여 약간 나으며, 왜언은 촌스럽고 천박하니 모두 가소로운 것이다. 유독 서천은 귀숙되는 바가 있으니 전서(篆書)와 주문의 문자 모양과 거의 비슷하다. 어쩌면 각 나라 사람들의 성격이 각각 달라서 그런 것이 아닐까?"와 같이 평가하고 있다.

한글의 우수성을 염두에 두고 다른 변방의 문자와 비교하면서 '천축' 문자를 높이 평가하고 있다. 병와는 동서의 「언문반절설 추록(追諺文半切說)」에서 "예전에 세종대왕께서 언문청을 설치하시고 정인지, 신숙주, 성삼문 등에게 명하시어 전서와 주문을 모방해 28자를 만들어 여러 문자를 만들 수 있게 하였다. 혹은 소리에 어울리게 하거나 뜻을 합하여 그것을 만들었는데 그 문자는 범자를 본떠서 만든 것이다." 고 하여 한글의 기원을 범어라고 인식하고 있다.

"명왕신덕 사이함빈"에 대응되는 '구국소서팔자'는 동아시아권의 고대 문자를 기록한 자료로서 금석 자료가 아닌 기록 자료로 남아 있는 유일한 자료이다. 9개 나라의 문자 개황을 파악하는 데 매우 중요한 실마리 역할을 할 수 있어서 그 가치는 매우 높다. 또한 『사이총서(四夷叢書)』에는 '여진' 항을 두고 조선과 여진과의 관계사를 간략하게 소개하고 있어 참고가 된다.

『자학』은 한자의 자형과 성운에 대한 종합연구서이다. 자형의 구속의 차이와 성음의 차이를 분류하여 구속의 차이를 제시하였으며, 한

자의 육서에 대한 소개와 석고자(石鼓字), 곧 금석학에서의 이체자형에 대한 내용은 금석문 판독에도 도움이 된다. 그리고 『주례』를 비롯한 예악서에 나타나는 이체자 및 기이한 글자를 총집 분류하고 있어 이른바 한자자학의 종합연구서라고 할 수 있다.

특히 「유가어록」, 「수양가어록」, 「선가범어」, 「한어록」에서는 당시 정음 자료로서 뜻풀이를 한 자료는 국어연구사의 자료로서도 매우 높다. 병와가 숙종 7(1681)년 별시문과에 급제하여 승문원에 근무할 때,

『자학』의 「천축문자설」과 「왜이문자설」

『노걸대』 등을 학습하면서 이를 바탕으로 하여 「한어록」을 구성하였다. 이를 통해 당시 우리말의 실상과 어원을 살피는데 매우 중요한 사료이다. 구개음화, 'ㅇ'의 탈락, 오〉우의 변화, 전부모음화, ㄴ탈락 현상 등의 음운 변화 과정을 확인할 수 있는 국어학적 자료로서도 가치가 높다.

특히 「천축문자설(天竺文字說)」의 「범자 오음 가령(梵字五音假令)」 항에서 범자를 "아음, 치음, 설음, 후음, 순음, 초음(화회성), 조음"으로 구분하여 범자의 성모분류를 하고 있다. 흔히 우리가 알고 있는 범자는 오른쪽으로 쓰는 범천(梵天), 혹은 범서(梵書, 산스크리트 문자) 문자와 왼쪽으로 쓰는 가로자(伽盧字), 곧 카로슈티자가 그 기원을 같이한다는 점을 알 수 있다.『몽고자운』의 발문에 "몽고는 처음 위글 문자를 빌려서 썼는데, 국사(라마승 파스파)가 새 문자를 만들어 국자라고 불렀다. 문자 모양은 범서와 같으며 범천의 '카로슈티' 문자의 변체이다.『자학』에는 '범자 오음 가령(梵字五音假令)' 항에서 범자를 "아음, 치음, 설음, 후음, 순음, 초음(화회성), 조음"으로 구분하여 자모를 소개하고 있다.

아음	치음	설음	후음	순음	초음	조음
迦 平淸	左 平淸	吒 平濁	多 平淸	波 平淸	野 上	里 上
佉 平濁	差 平濁	佗 平濁	他 平濁	頗 平濁	囉 去	哩 去
誐 上	惹 上	拏 上	那 上	摩 上	擺 平	梨 上
伽 去	社 去	茶 去	駄 去	婆 去	嚩 上	㘑 去
仰 入	攘 入	晨 入	娜 入	莽 入	舍 去	

훈민정음 글자가 범어의 자모에서 기원했음을 밝히고 있다.

김언종 교수가 역주한 『자학제강』, 푸른역사, 2008.

　병와의 훈민정음 문자가 범어의 5성에 바탕을 두고 있다는 그의 학설을 정리하면 앞의 도표와 같다. 또한 왜이문자설에서는 명대 가경 대에 왕세정의 『엄주산인사부고』 권168 「완위여편(宛委餘編)」 권13에 「구국소서팔자」 항에 "명왕신덕 사이함빈"에 대응한다. (엮은이)

명곡 최석정의 담론: 성음과 악학을 완성하다

떠나는 마당에서 손을 잡고 차마 작별하지 못해 하는 기색이었다. 명곡이 세상을 떠난 후에 그분의 아들(崔昌大)과는 비록 친교는 없으나, 예법에는 없으나 서신을 내어서 슬프고 애석함을 말한 것도 이 때문이었다. "지금은 부제학이 또 살아있지 않지만 3대의 생존과 사물이 아득하게 슬픔으로 밀려온다. 그 집안이 쓸쓸해져 전대를 이을 만한 이가 없음을 생각하니 마음속의 슬픔이 무섭게 맺혀진다."

3대에 걸친 세교로 이어진 병와와 명곡 사이에 성음과 악학에 대한 이야기는 당대 최고의 학자 간에 교류한 담론이라고 할 수 있다. 명곡은 『경세정운도설(經世正韻圖說)』라는 불후의 운서를, 병와는 『악학편고』라는 최고의 악학서를 집필하게 된다.

명곡(明谷) 최석정(崔錫鼎)을 그리며

나는 약관이 되기 전에 선고(先考)[80]의 상을 당해 그 이듬해에 소성 (邵城, 인천)의 묘소로 짐을 싸가지고 내려갔다. 탈상한 뒤에 동강(東 岡)[81] 어른이 특별히 찾아와서 말씀하기를 "만난 적도 없는데 찾아온 것은 마음이 쏠려서이니, 으레 있는 일이라고나 할까?"라고 하였다. 서로 함께 마음속을 토로하였고 이틀 밤을 묵고 돌아갔다. 그 후 길이 먼 것도 아랑곳하지 않고 3~4일씩 묵고 가기도 하고, 혹은 하루 이틀 묵어가기도 하였는데, 7~8년 정도 되어 서로의 관계는 더욱 돈독하게 되었고 때로는 감당하기 어려운 기대를 건 말씀도 하였다. 그리고 또 말씀하시기를 "왜 한 번도 감사하다는 말을 하지 않는가?"라고 하시 기에 나는 일어나서 말씀드리기를 "선군의 친구 분들 가운데 유독 어른께서만 이렇게 아껴주시니 이것이 어찌 저의 어린 자가 기대할 바이겠습니까? 비록 천역(賤役)을 하더라도 오히려 다행이며 (나라를 섬기는) 모든 일에 대해 성의밖에는 다른 생각이 없습니다. 어찌 이 발자취로 세로(世路, 곧 벼슬길)에 달려가려고 하겠습니까?"라고 하였더니, 어른께서 빙그레 웃으시며 "작기도 하네 그려, 기대한 바에 뜻한 것이 아닐세."라고 하였다.

과거에 급제한 후에 도성에 들어갔더니 어른은 이미 세상을 떠나셨다. 지난날 굳게 맺혔던 생각이 문득 풀려나 영위에서 한바탕 통곡을 하고 비로소 명곡(明谷) 상공(相公)[82]과 잠시 조우하는 예를 치렀다.

그 후 공무로 한 번 그의 여막에 찾아갔더니, 상공 역시 전부터의 오랜 친분을 알고 자리를 깔아 놓고 가까이 앉혔다.

또 경적(經籍) 중에 두서너 가지 의문점을 다음과 같이 나에게 물었다. "윤법(閏法) 1장은 다시 영도(零度)가 없습니까?" 나는 답하기를 "4년에 한 번씩 윤달 이외에도 또 여분이 있어 그것을 모아서 계산하면 1백30년에 2일이 모이게 되는데, 이점은 채침(蔡沈)[83]의 전(傳)에 언급된 것이 아닙니다."라고 하였더니 또 "그 설이 어디에 있습니까?"라고 묻기에 나는 "인산(仁山)의 설에서 상고할 수 있습니다."라고 답하였다. 공은 계장(季章, 판서 이인엽(李寅燁))을 향해 돌아보면서 다시 "자세하게 알아보십시오."라고 하였다.

임오(1702)년 봄에 내가 제주목사 어명을 받고 떠나가는 길에 진천(鎭川)의 초평(草坪)을 지나가게 되었는데 그때 상공은 세 차례의 차자(箚子) 때문에 유배되었다가 사면되어 고향에 계셨다. 어둑한 저녁 무렵 찾아가서 뵈었더니 이전보다 훨씬 더 반가이 맞이하였다. 이야기 도중에 나에게 『율려신서(律呂新書)』[84]에 대해 묻기에 내가 "그것은 창졸간에 이야기할 성질의 것이 아닙니다."라고 하였다. 공은 손수 소라 모양으로 생긴 잔에다가 술 한 잔을 따르고는 일어나서 시렁 소쿠리에 싸둔 것을 꺼내서 나에게 주면서 말하기를 "선부(先父)께서 망년교(忘年交)를 하셨음은 귀와 눈을 통해 잘 알고 있고 거기다가 상자 속에 왕래했던 편지들이 아직 있으니 비록 감히 친구의 도리를 그대에게 강요할 수는 없지만 그대와 나 사이에 어찌 외모로만 대할 처지겠습니까?"라고 하기에 나는 "돌아가신 어른의 대단하신 사랑은 아직도 가슴 속에 쌓여 있는데, 상공께서 또 불안하게 만드는 말씀으로 저에게 하시니 제가 어찌 감히 속된 마음을 싹을 티우겠습니까? 그러나 서산(西山)의 그 한 책을 반드시 먼저 보아야 오성(五聲)을 알 수 있게 될 겁니다."고 하니 공께서 『운략(韻略)』[85]의 후서(後序)를 내보이면서 묻기를 "세종조의 훈민정음(訓民正音)은 요동의 학사한테서 고증 결정된 것이니, 그것은 소씨(邵氏)의 『경세성음(經世聲音)』과 표리를 이루므로 그것을 법칙으로 삼을 수 있을까요?"

"오방의 호흡이 다르기 때문에 오나라와 초나라는 가볍고 맑은 점으로 해를 입게 되고, 연나라와 조나라는 무겁고 탁한 점이 있어 폐단이 생깁니다. 진룡은 느린 음이 도리어 굽히고 양익은 평성이 거성과 같습니다. 이른바 반절은 표적을 세워놓고 화살을 쏘는 것에 지나지 않을 따름입니다. 선천적으로 받은 시골말인 경우도 역시 그 법이 통용될 수 있는 성질의 것이 아닙니다. 그런 까닭에 동파가 촉나라에서 태어난 사람이어서 방언의 성음이 치음에 치우쳐서 죽을 때가지 법도에 맞추느라 했어도 한 악부도 제대로 만들어내지 못했던 것은 당연한 일입니다. 우리나라 역시 치음에 치우쳐서 비록 이상국(규보 1168~1241)과 권양촌(1352~1409)의 문장이라도 끝내 음률을 이해하지 못한 것은 사세의 당연함이라 하겠습니다. 외람되이 생각하건대 평조, 우조, 계면조는 곧 우리 고장의 금조(琴調)입니다. 그것들을 가지고 속악(俗樂)에 맞춘다면 괜찮습니다. 중국 땅의 정음(正音)은 결코 초나라 말로 맞출 성질의 것이 아닙니다."라고 하였다. 상공은 또 묻기를 "'금(金), 목(木), 수(水), 화(火)'는 다 각각 그 본음이 있으니 그것들에 맞추면 어울릴 수 있을까요?"라고 하였다.

나는 말하기를

"그렇지 않습니다. 소의 울음소리는 궁이고, 꿩의 울음소리는 각이고, 양의 소리는 치이고 돼지 울음소리는 상이고, 새의 울음소리는 우입니다. 이것은 비록 대강이기는 하지만 금수 역시 달리 타고 나는데 어찌 같아질 수 있겠습니까? 옛사람들은 석경(石磬)을 가지고 천하에 통용되는 한 음으로 삼기는 하였습니다마는, 그것에도 역시 풍토의 구별이 있습니다. 이런 것에 의거해 본다면 계통(季通)[86]이 저술한 법도는 법은 알아볼 수 있으나 성음(聲音)은 악보(樂譜)로 할 수 없습니다. 다만 덕성이 지극히 순수한 자만이 스스로 그 방음(方音)을 터득하게 되지만, 그것을 만국에 미루어갈 수는 없습니다."라고 하였다.

그날 주고받은 것은 한두 가지가 아니었으나 그 요지는 대략 이러한 것이었다. 그런데 그때 거리의 북이 두 번 울려서 더 지체할 수가 없었다. 두 사람의 심정이 아쉬움에 몰려 거의 헤어질 수 없을 것만 같았다. 공은 또 격려하여 말하기를 "내일까지 혹시 머물러 줄 수 있소."라고 하였으나 나는 "어렵습니다."라고 말하였다.

떠나는 마당에서 손을 잡고 차마 작별하지 못해 하는 기색이었다. 돌계단을 내려서면서 공은 또 나가서서 말하기를 "정자에서 읊은 시가 있다고 들었는데 이에 이어서 그것을 볼 수 있을까요?"라고 하기에 나는 뜰에 비석을 등지고 있었는지라, 감히 많은 말을 늘어놓을 수가 없어 단지 "남에게 보일 만한 게 없습니다."라고만 하였다. 공이 재삼 간곡하게 부탁하기에 나는 비록 사양은 했지만 고감(故勘)하게 뿌리칠 수 없어, 이별하는 섭섭한 마음이 있었기에 자신도 모르게 머리를 돌렸다.

그분이 세상을 떠난 후에 그분의 아들(崔昌大)과는 비록 친교는 없으나, 예법에는 없이 서신을 내어서 슬프고 애석함을 말한 것도 이 때문이었다.

지금은 부제학이 살아있지 않지만 3대의 생존과 사물이 아득하게 슬픔이 밀려온다. 그 집안이 쓸쓸해져 전대(前代)를 이을 만한 이가 없음을 생각하니 마음속의 슬픔이 무섭게 맺혀진다. 그래서 간행된 문집 중에 그분이 남긴 시에 차운하여 동각(東閣)의 신사군(申使君, 의집(義集))에게 보내 보여주니 이 또한 원빈(元賓)의 뜻인 것이다.

아 슬프도다.(『병와집』 중에서)

심지어는 공당(公堂)에서 노래 부르며
술병을 두드리는 자까지 있으니

병와가 생전에 연주하였던 옥피리

병와는 근기 학자로서 병와와 함께 낙남한 식산 이만부[87] 선생과
교류하면서 예와 악학에 대한 숱한 간찰을 주고받았다. 그 가운데 악론에 대한 글
을 한 편 뽑아 보았다. 이 두 사람은 독특한 사찬 악학서를 지었는데, 병와는 『악학
편고(樂學便考)』를 식산은 『추보(律侶)』를 지어 성리학과 악학을 적극 연계한 조선
후기 대표적인 인물이다.

예는 밖으로부터 만들고 악은 마음속에서 나오는 것입니다

　바람 불고 티끌 날리는 세상에 속된 아전이 세상살이에 시달려 노쇠해져 이미 경적(經籍)과 더불어 원수가 되었고 사람들 또한 이와 같은 일을 가지고 서로 기대하지도 않는데, 어찌 감히 글을 쓴 것이 있겠습니까? 다만 생각하건대 예(禮)는 밖으로부터 만들고 악(樂)은 마음속에서 나오는 것이기 때문에 공자의 가르침이 시를 먼저 배우고 예를 뒤에 배우신 것입니다. 우리나라 풍속에 힘써 비록 비속한 유학자나 식견이 좁은 사람일지라도 눈을 부릅뜨고 따지지 않는 이가 없으나 유독 악(樂)에 대해서만 의견을 가진 사람이 있습니까? 이제 저의 기록 중에 비록 한두 사람 거론한 바가 있지만 음률(音律)에만 주력할 뿐이오, 전혀 가르치는 것을 마음에 삼는 사람이 없습니다. 이런 때문에 호탕한 무리가 저속한 음악에 탐혹하여 심지어는 공당(公堂, 관아)에서 노래 부르며 술병을 두드리는 자까지 있으니 『추강기(秋江記)』[88]에 "우찬성이 타량무(打凉舞)를 잘 추었다."고 한 것이 그 한 예입니다.

　『악기(樂記)』[89]에 말하기를 "악이 지나치면 방탕하게 흐르고(流蕩) 예가 지나치면 흩어진다."고 하였으니 가만히 생각해 보면 방탕(放蕩)해져 흐트러지는 것은 반드시 음탕한 악이 지나쳤기 때문이오, 흩어져 파당을 지워 다투는 것은 반드시 소소한 예가 지나쳤기 때문입니다. 이러므로 항상 "절절하게 너무나 당연한 생각이 마음에 떠올라 음사에 빠진 사람들을 붙들어 일으켜 세우고 세상의 교화를 구제하기로 마음먹었다."는 것을 어찌 회암(晦菴, 주희)이 그만둘 수 있었겠습니까? 차라리 유탕한 풍속을 바로 잡고 서로 다투어 죽이는 폐단을 교정하는 것이 때에 따라 적절히 변통하는 방도가 됨에 해롭지 않는 것입니다.

또 이를테면 악부는 도의처럼 오묘한 것이 아니라 이는 한가히 사장 시부를 하는 이의 자랑하고 싶어 하는 좀재주에 불과할 다름입니다. 그렇나면 이제『악학변고』를 만드는 것이 또한 죄가 적을 것이므로 이에 감히 당돌하게 응했습니다. 그러나 본래 보잘것없는 문필로 4~5일 동안에 급히 이룬 데다가 병의 우환마저 있어서 마음이 편치않았습니다.

글이 이런 상황에서 나왔으니 어찌 아름다울 수 있겠습니까마는, 이제 가르쳐 주신 바를 받들어 봄에 용서하심도 너무 지나치시고 책망하여 깨우쳐 주심도 너무 높으시니 저 종률(鍾律)[90]에 비등(飛騰)하여 보시는 것입니다. 다만 화답하지 않을 수 없는 것만 기록하겠습니다.

「비룡사(飛龍詞)」[91]는 비록 위조 작품이긴 하지만, 사의가 순수하고 지극하여 당연히 진·위(晉魏, 220~420) 연간의 솜씨는 아닙니다. 하물며 강구(康衢)[92]와 격양(擊壤)[93]은 또한 어찌 이소(離騷)[94]처럼 처창한 것뿐이겠습니까? 옛말에 의하면 결코 가행(歌行, 고악부의 장가행, 단가행과 같은 시의 일체)의 출원이 되겠습니까? 대체로 시 삼백편이 없어진 뒤에 이소가 있었고 이소가 사라지고 악부가 생겨났는데, 한위(漢魏) 시대로부터 끊는 것은 너무나 소루하지 않겠습니까?

교사(郊祀),[95] 방중(房中),[96] 요가(饒歌)[97]는 참으로 선한 마음을 감동하게 하고 방만하고 안일한 마음을 경계하는 바가 있다고 생각하십니까? 오직 하고 싶은 뜻대로 하고 성률에도 구애받지 않으며 뜻에 맞는 것도 구하지 않고 또한 압운을 하지 않는 것도 있으니 대개 이와 같이 아니하면, 이백과 두보라 하여도 역시 그 저력을 발휘하지 못했을 것입니다. 단서 중에 정성스럽게 그것을 언급하였으나 모르는 바는 아닙니다. 주자가 『대학』의 「보망장」에서 어찌 그 문체를 본받을 수 없었겠습니까? 그 때문에 주필대(朱必臺)에게 답한 글에 은미(隱微)한 뜻이 감겨 있습니다. 후유(後儒)의 말에 "그 문체의 유형을 구하지 아니하고 장구(章句)와 꼭 같이 한 것이다."라고 한 것은 어찌 분명하게 믿을 만하지 않습니까? 이것이 비록 성학에는 다른 바가 있으나 보잘 것없는 티끌 같은 몸으로 감히 만고의 문장을 본받아 모방한 것 같음이 있는 것은 그 의의를 감히 벗어날 수 없는 것이며, 그 뜻을 화용하고 그 운을 사용하여 감히 터럭 끝만큼도 서로 다르게 아니한 것은 또한 보는 이들이 이 어리석음을 용서하여 악부로 책망하지 말기를 바라는 마음에서입니다.

  「맥상상(陌上桑)」[98]과 「일출행(日出行)」[99]은 나부(羅敷)[100]로부터 함께 나온 것이니 모두 염가(艶歌, 염모의 정을 읊은 노래)입니다. 임금에게 이러한 노래를 지었으니 부끄러운 일이 아닙니까? 이 시에서 고금의 황응한 사람이 한 둘이 아닌데 번번이 사군으로 말한 것은 임금의 존귀함을 떨어뜨리는 일입니다. 비작(鄙作)이 그 제목 밑에 나부사(羅敷

詞)를 주해하는데, 오로지 사군만을 지칭한 것은 또한 이러한 뜻에서였습니다.

「독록편(獨鹿篇)」[101] 이 쌍운(雙韻)을 쓰지 아니한 것은 분명히 잘 살피지 못한 일입니다. 가행(歌行)은 통하여 막힘이 없음을 위주로 합니다. 두릉(杜陵, 두보)이 악부를 짓지 아니하고 유독 이것에만 치우친 것은 악부와는 같지 않기 때문입니다. 이미 호탕하여 작은 것에 구애되지 않은 것을 주장으로 삼았으므로 고체로나, 혹은 절귀로 혹은 장단구로 혹은 배율로 하는 등 본래부터 일정한 체계가 없었으니 『청련집(靑蓮集)』(이백의 시집)에서 상고할 수 있습니다.

동방의 아악(雅樂), 삼조(三調, 평조, 청조, 측조)는 방음(方音)이고 성교(盛敎, 편지글에서 쓰는 상대에 대한 존칭)에서 논하신 것은 종률(鍾律)입니다. 그것이 비록 금보(琴譜, 거문고 악보)에서 시작되었지만, 음조가 약간 같지 않음이 있고 가곡도 일정한 음이 없으니 한쪽만 고집할 수 없는 것 같습니다.

남풍(南風, 고시의 이름)과 녹명(鹿鳴, 『시경』의 편명)과 어리(漁麗, 『시경』의 편명)를 글자로 배율하는 것은 옛날 법으로 아악이요, 비룡사 등 칠가(七歌)와 관저(關雎, 『시경』의 편명)와 종사(『시경』의 편명)와 인지지(麟之趾, 『시경』의 편명)를 삼조에 분배한 것을 억지로 말하자면 속악(俗樂)입니다. 그 뜻을 음미해 보고 그 문사를 풍송(諷誦, 읊다)해 보면 이것은 마치 읽는 것과 같습니다. 그런데 대개 삼조를 음악에 사용하게 되면 고법과 더불어 서로 막혀 통하지 않으니, 어찌 이를 이치라고 하겠습니까? 꼭 억지로 분배할 것이 아니라는 등의 말씀은 혹 더 깊이 생각해 보지 않으신 것입니까?

청야음(淸夜吟, 거문고 곡조의 이름)과 양관률(陽關律, 곡조 위성곡(渭城曲)의 별칭)과 동정시(洞庭詩)를 삼조에 분배한 것은 이미 『시법원류(詩法源流)』[102]에 실려 있습니다. 비록 반드시 논하신 바와 합치하는지는 모르겠으나 그 인용하여 비유한 것이 자못 상세하므로 그것을 인용하였을 뿐입니다.

성대(聖代) 인물의 출처는 방목(榜目, 과거 합격자 명부)을 따라 차례를 삼은 것뿐인데, 뒤섞였다는 것은 무엇을 지적한 것입니까. 알려주십시오.

행용(行用)하는 가곡은 가만히 생각건대 대강이 그렇다는 것입니다.[103] 느리면 평조(平調), 청초(淸楚)하면 우조(羽調), 너무 호방하면 계면조(界面調)가 되니, 이것은 오음(五音) 중의 우음(羽音)과 더불어 또한 다릅니다. 한 번 노래할 때 삼조를 부를 수 있는 것이 얼마나 많습니까? 그러나 이것은 견강해서 따르는 것이니 만약 신통한 악사(樂士)로 하여금 들어보도록 한다면 반드시 분류되는 바가 있을 터인데 어떻습니까?

정밀하게 권형(權衡)대로 따랐다고 하는 등의 말씀은 감히 감당할 수 없습니다. 어찌 털끝만큼인들 본받을 마음이 있겠습니까? 종률(鍾律) 일편은 일찍이 해석한 것이 있지만, 그저 구설(舊說)을 비류하여 찬집하였을 따름이요, 단연코 자신에게 얻은 바가 없으니 감히 내놓아

남에게 보일 수 없는 것이 이 때문입니다. 이것은 종률이 성정을 발산시키는 것과 같지 아니하므로, 비록 잘되었다 하더라도 사조(詞藻, 사장의 문식)로서 그칠 뿐이니 본래 귀중한 것이 못됩니다. 더구나 본의를 가지고서 문사를 만들며 또 본운(本韻)에 구애되는가의 여부를 헤아리지도 아니하였으니, 자주(自主)하는 뜻이 있겠습니까?

다만 음률이 나에게 있어서 말할 수 없지만, 악부가 반드시 모두 진리를 아는 사람에게서만 나오는 것은 아닙니다. 앞서 이른바 또한 혹 죄가 적을 것이라고 한 것도 역시 이 때문이니 다시 더 자세히 해보십시오.

이것을 쓴 뒤에 다시 그대의 뜻을 관찰하건대 한 글자의 변음(變音)에 대하여 의심한 것 같음이 있으니 또한 어찌 감히 이미 떠들어 놓고 다시 침묵하겠습니까? 대개 가곡은 모두 제1음으로 본궁(本宮)으로 삼으니 먼저 한 글자의 뜻을 보면 그 뜻이 애원하면 소리가 반드시 애원하므로, 이것을 정하여 상(商)과 우(羽)로 삼습니다. 이를테면 당시(唐詩) 중에 정(庭, 宮), 고(皐, 치), 목(木, 角), 엽(葉, 商), 하(下, 宮)는 오음이 화협(和協)하지만, 만약 목(木)을 고쳐 수(樹)로 삼는다면 정(庭)은 치가 되고 고(皐)는 우(羽)가 되고 수(樹)는 치가 되고 엽(葉)은 각(角)이 되고 하(下)는 우(羽)가 되어 오음이 혼잡해지며, 또 이를테면 운(雲, 宮), 중(中, 商), 변(辮, 角), 연(煙, 商), 수(樹, 宮)는 오음이 화협하지만, 만약 수(樹)를 고쳐서 목(木)으로 삼으면 운(雲)은 치가 되고 중(中)은 상(商)이 되고 변(辮)은 궁(宮)이 되고 연(煙)은 상(商)이 되고 먹(木)은 각

(角)이 되어 오음이 산란하게 됩니다. 한 글자가 변하면 한 구절이 모두 변하고 한 구절이 변하면 한 곡이 모두 변하니, 이것은 다름이 아니라 오음이 사성(四聲)에 속한 것은 운서(韻書)의 바른 법이 있고, 사성(四聲)이 한 자 한 자에 흩어진 것은 가성(歌聲)의 정해진 음이 없기 때문입니다. 팔괘(八卦)의 정한 위치가 있는 것은 운서와 같고 육허(六虛)[104]의 정한 위치가 없는 것은 마음으로 깨닫는 데 있으니, 익숙히 읽고 완미하면 반드시 스스로 얻는 바가 있을 것입니다. 저처럼 졸렬한 사람은 다만 고법을 진술하였을 따름이니, 또한 대강을 짐작하시고 다시 가르쳐 주심을 빕니다.(『병와집』 중에서)

다른 나라의 언어를 우리 문자로
기록하지 못할 것 없으니

드디어 오음(五音)으로 나누어 구별하였으니 이르되, 아(牙), 설(舌), 순(脣), 치(齒), 후(喉)입니다. 아음(牙音)은 경중(輕重)의 다름이 있고 설음(舌音)은 정반의 구별이 있으며, 글자도 전청(全淸)과 차청(次淸)이 있고 전탁(全濁)과 불청불탁(不淸不濁)의 차이가 있습니다. 이것은 본래 반절로부터 창작한 것이므로 이름하여 반절(反切)이라고 하나 그러나 적합하지 않은 것도 있으니 그것은 방음(方音)이 중국과 다르기 때문에 그러한 것입니다.

병와 이형상

우리나라의 언문도 반절의 법에 맞습니까?

세종 조에 「언문청」을 설치하시고 정인지와 신숙주, 성삼문 등에 명하시어 언문을 지었으니, 초종성 8자와 초성 8자와 중성 11자였으며, 그 글자는 범자에 의하여 만들었습니다. 본국 및 다른 나라의 언어들도 문자로 기록하지 못할 것을 막힘없이 모두 기록할 수 있고, 『홍무정운』의 모든 글자도 모두 이 언문을 가지고 썼습니다.

드디어 오음(五音)으로 나누어 구별하였으니 이르되, 아(牙), 설(舌), 순(脣), 치(齒), 후(喉)입니다. 아음(牙音)은 경중(輕重)의 다름이 있고 설음(舌音)은 정반의 구별이 있으며, 글자도 전청(全淸)과 차청(次淸)이 있고 전탁(全濁)과 불청불탁(不淸不濁)의 차이가 있습니다. 이것은 본래 반절로부터 창작한 것이므로 이름하여 반절(反切)이라고 하나 그러나 적합하지 않은 것도 있으니 그것은 방음(方音)이 중국과 다르기 때문에 그러한 것입니다.

춘추의 일식(日蝕)은 정상의 도수(度數)가 있는 것인데도 난세(亂世)에는 재앙(災殃)이 되고 치세(治世)에는 재앙이 되지 않는 것은 어찌해서입니까? 마치 춥고 더운 것이 일정한 계절이 있는데도 원기(元氣)가 왕성하면 병을 앓지 않다가 원기가 쇠약한 뒤에야 해독을 하는 것과 같습니다.

『논어』에는 인(仁, 어짊)이 일편의 대지(大地)인데도 전편 중에 확실한 훈석이라고는 없습니다. 공자가 이르시기를, "내가 서고자 함에 남을 세워 주고 내가 달하고자 함에 남을 달하게 하여 준다.", "능히 가까이서 취하여 비유하면 인(仁)을 하는 방법이라고 이를 수 있다." 하시고, 기타의 문답 또한 각각 같지 아니하니 후학은 어디에서 그것을 알아내야 합니까?

공자 문하의 사람 가르치는 방법은 매양 그 사람에게 절실한 것을 가지고서 정도를 낮추어 가르쳤기 때문에, 다만 '입인(立仁)', '달인(達仁)'으로 말한 것뿐이지, 인의 훈석이 본래 이와 같다는 것은 아닙니다. 만약 인을 그대로 말하면 사람들이 확실히 알아듣지 못할 것이므로 다만 인을 하는 방법이라고만 말했는데, 이는 마치 "충서(忠恕)와 도(道)와는 그 거리가 멀지 않다."라고 이른 것과 같습니다. 인의 범위는 지극히 넓어 더불어 상대를 삼을 것이 없습니다. 대로도 이름하기에 부족하며, 사랑으로도 그 실체를 설명하기엔 부족하며 깨달음으로도 충분한 설명이 못되고 성자(聖者)로도 형용할 수 없으며, 공자도 착 달라붙지 않습니다. 정자가 이른바 "예로부터 원래 인을 알 수가 없었다."는 것은 민망하여 탄식할 말이었고, 주자에 이르러 "마음의 덕(德)이요, 사랑의 이(理)이다." 이렇게 훈석을 하고나서야 비로소 매쳐도 깨지지 않겠다고 이를 만합니다. (『병와집』 중에서)

병와 이형상

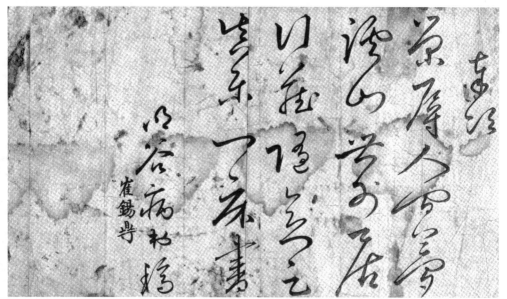

명곡 최석정이 병와에게 보낸 간찰

渾存榾則幸從修撰悉欲教良史記嘉言

李參判 元桢 輯

沒乾龍爛日邢恐詑庚申地下煩冤積人間罪

官名嗟有限世跡欲無塵險阻吾嘗備不堪哭

送宋德普赴關西幕

城頭滾滾大江橫浮碧晴光歷樹凉留我昔年

興送君今日鏡中衫永明寺傑塵心少箕子田

跡荒試到綺羅叢裡問幾人能免別離情

여섯 번째 글

병와의 여행기

한라산을 오르다

조선 유가(儒家)의 사대부들은 주자(朱子)의 〈무이구곡(武夷九曲)〉
을 본받아 구곡문화가 도(道)에 몰입하는 과정, 곧 입도차제(入道次第)로 생각하였
다. 그 결과 명산지수를 찾아 자연경물에 연계하여 도를 세우는 과정으로 받아들임
으로 유자들이 명산대천을 주유하는 일은 단순한 풍류가 아니라 풍류를 통해 입도
한다는 관념을 만들어 내었다. 따라서 우리나라의 명산대처의 준령과 고봉은 대체
로 입도처(入道處)로서 노맥(路脈)과 행로(行路)를 만들고 그 명칭 또한 중국의 명산
이름과 유사하게 지은 것이 많이 있다. 그런 면에서 병와가 찾아 나선 한라산의 유
산행록은 제주도 올레길의 원조라고 할 수 있다. 병와의 『남환박물지』에는 한라산
정을 오르며 느낀 감흥과 사물에 대한 글을 남겼다. 이 글은 이형상 지음/이상규,
오창명 역주 『남환박물지』에서 발췌하여 일부 수정한 내용이다.

신선이 모자를 쓰고 도복을 입은 듯

1702년(숙종 28) 3월 25일.

때는 늦은 봄이라 바람은 빠르고 조수(潮水)는 급하니 배는 매우 빠르게 가는데 뱃사람이 말하기를 "총알도 바람에 밀려 반드시 뒤로 떨어진다."고 하기에 이를 시험하여 보니 과연 그러하였다. 사시(오전 10시) 말에 출발하여 돛을 달아 술시(오후 7시) 초에 닻을 내리니 곧 이른바 제주이다. 집집마다 귤과 유자나무가 있고, 곳곳마다 훌륭한 말이 있다. 기이한 암초가 즐겁기도 하고 아쉽기도 하지만, 다만 돌 색깔이 모두 검다. 토질은 부조(浮燥)하고 구릉은 둑도 되고 평지도 되고 있으니 가증할 따름이다. 제주목사로 도임하여 상관으로서 날이 많지 않으므로 급히 지팡이와 신을 준비하였다.

4월 15일. 새벽 참에 40리를 가니 해가 뜰 무렵, 산 밑에 도착하였다. 일대가 비단을 펼친 듯 한눈에 들어오니 눈이 부시다. 산의 경관이 휘장 같기도 하고 치마 같기도 하다. 모두 벌어져 펼쳐진 것이다. 영산홍 붉은 꽃이 곱게 만발하였다. 소나무와 대숲과 향기로운 풀이 연한 녹색을 이루니, 이 때문에 초입부터 흥취가 났다. 보교를 버리고 말을 타고 숲속으로 들어갔다. 굽이굽이 흐르는 계곡에는 푸른 풀 더미들이 귀엽고, 잡목은 하늘을 가렸다. 동백, 산유자, 이년목, 영릉향, 목각, 소나무, 비자, 측백, 황엽, 붉은 밤, 가시밤, 용목, 저목, 봉나무, 단풍단

이상규(전 국립국어원장)가 역주한 『남환박물』,
푸른역사, 2009.

풍나무, 옻나무, 후박나무 이들이 모여서 우산과 같이 뒤덮이었다. 신선 땅의 기화요초들이 더부룩이 솟아올라 푸르르다. 기괴한 새와 이상한 벌레가 어우러져 험한 바위 깊숙이 울어대는데, 늙은 산사람도 이름을 알지 못하였다.

때때로 혹 인적이 미치지 못한 언덕에 눈길이 갔는데 양쪽 바위가 절벽이어서 휘어잡고 올라도 미치지 못한다. 키가 작고 가지가 옆으로 펴진 반송과 가느다란 잔디가 산뜻하고 깨끗하여 그윽하고 고요하다. 마치 신선이 모자를 쓰고 도복을 입고서 은근히 한가롭게 노는 듯하다. 참으로 진나라와 한나라의 두 천자(天子, 진시황과 한나라 무제)로 하여금 이를 보게 하였더라면, 그렇게 애타게 바라지는 않았을 것이다. 절벽을 안고 등나무 줄을 거머쥐고 오르는데, 좁은 길이 역시 아득하다. 옷자락을 걷어 올리고 또한 두건을 벗어 머리를 드러내고, 등을 구부려서 안장을 붙잡고 거의 10여 리를 가자, 숲이 끝난 곳에서 하늘을 볼 수 있었다. 이제 비로소 산허리인 것이다.

간간이 나무가 서 있는 것은 5~6길이 되는 향목(香木, 만리의 바람을 받으므로 예로부터 자라지 않는다)이요, 빽빽이 땅에 깔려 있는 것은 한 자쯤 되는 면죽(綿竹)이다. 향나무는 껍질이 벗겨져 몸체가 하얗고 대나무는 잎이 마르고 줄기가 부러졌다. 이는 차가운 바람을 견디지 못하고 죽은 것이다. 말갈기와 말꼬리가 고목(枯木) 위에 걸려 있었다. 앞에서 길을 인도하는 자가 말하기를 "한겨울에 눈이 깊이 쌓이면 어떤 때는 백 길까지 되니 비단 산이 높아서 눈이 많은 것이 아니라 바람에 휘말려 모든 봉우리 눈이 모여져 백 길 가까이 됩니다. 산마(山馬)는 높은 산줄기에서 굶어 죽게 됩니다. 눈이 녹은 후에는 그 고기는 까마귀와 솔개의 밥이 되고, 조각조각 찢어진 가죽이 아직도 나뭇가지에 남아 있는 것입니다."라고 하였다.

아아! 대저 포구(浦口)가에는 점점이 눈이 내려도 땅에 떨어지면 곧 녹아버리지만(제주도는 기후가 따뜻하여 겨울에도 얼음 조각이 없다) 유독 이 깊은 계곡에는 골짜기가 매몰되고 나무들도 묻힌다. 저 말들은 자유로이 방목되더라도 높은 곳에서 지내게 되면 죽는다는 것을 사대부들도 알고 있을 것이다.

이로부터 산길은 더욱 걷기가 어렵고 걸음마다 위험하여 견여(肩輿, 두 사람이 앞뒤에서 메는 가마인데 교자(轎子)라고도 한다)에 의지하여 조금씩 조금씩 전진하였다. 10여 리를 지나니 상봉(上峯)이었다. 사람이 끌고 지팡이에 의지하며 절뚝 걸음으로 올라가서 내려다보니 외연(巍然)히 한 개의 가마솥이었다. 큰 바다 속에 높이 버티어 흙 색깔은 검붉으니 거의 불 속에서 구워진 벽과 같다. 『남사록(南槎錄)』(김상헌[105])이 어사로 제주를 다녀간 때의 일기체 기록)에는 겁회(劫灰, 세계가 멸망할 때 일어나는 큰 불의 재)에 비교하였는데, 이는 거짓말이다. 생각하건대 아마도 극한(極寒)과 극열(極熱)로 구름이 증발하고 안개가 끓어서 토맥(土脈)이 자연히 그 성질을 잃은 것이다.

향죽(香竹) 역시 뿌리를 붙이지 못하였다. 혹 만향(蔓香)과 철쭉이 바위틈에 둘러쳐 이어져 있는데, 맑고 깨끗하여 작달막하므로 편편한 화분에 심은 것 같다. 천하 제일의 묘품(妙品)이었다. 사방 어느 곳에도 날거나 달리는 게 없고 땅강아지와 개미도 역시 없다. 산 남쪽에는 초목이 겨울을 넘겨도 역시 푸르다. 암벽 북쪽은 눈이 쌓여서 한여름인데도 여태 남아있다. 산 남쪽은 5월에 땀받이 옷을 입기도 하고, 산 북쪽은 8월에 가죽옷을 입기도 한다. 지척 간에도 냉열(冷熱)이 이와 같으니 세상의 염량(炎凉)이야 또한 어찌 말할 수 있으랴.

홍유손(洪裕孫)[106]이 쓴 『소총유고(篠叢遺稿)』「존자암개구유인문(尊者巖改構侑因文)」에 말하기를 "산 전체는 물러가는 듯하다가 도리어 높이 서 있다. 그 겉모양을 쳐다보면 둥글둥글하여 높고 험준하지 않은 것 같고, 바다 가운데 섬이어서 높게 솟아나지 않은 것 같다. 마치 들판 속에 우뚝하게 선 뫼와 같아서, 특별히 험난한 것이 없을 듯하다. 그러나 나아가 기어오르면서 그 속을 다녀 보면, 높고 날카로운 바위와 낭떠러지 절벽이 병풍처럼 둘려져 있고, 구부러진 골짜기와 동학(洞壑)은 어둡고 침침하여 곤륜산(崑崙山)의 큰 두덕과 같고 판동(板洞)

의 골짜기와 같지만, 세속을 떠난 정결(淨潔)과 위기(偉奇)한 맛이 많다. 항아리와 같은 높은 바위가 일곱 여덟 길이나 되고, 범이 걸터앉은 모습을 하고 있으며, 장대와 같은 전나무는 너댓 아름되는 것들이 쭉쭉 서 있다. 전단과 향목들이 숲을 이루어 빽빽이 자라고 있다.

골짜기에는 산신령과 도깨비들이 대낮에도 나와 노니, 바람이 소리 내어 불어대면 생황, 퉁소, 거문고, 비파의 소리가 원근에 진동한다. 구름이 자욱이 끼는 날이면, 채색 비단과 수놓은 비단 빛이 겉과 속을 덮는다. 높은 곳은 창과 칼을 묶어세운 듯 오싹하게 위태롭고, 낮은 곳은 가마솥과 책상을 집어던진 듯 울퉁불퉁하다. 산 능선이 서로 얽히어 달리니, 거의 끊어졌다가 다시 이어지고, 끝내는 되돌아오며 합쳐진다. 골짜기는 쪼개어져서 바닥이 파여 내려가니, 그윽하고 길며, 또 좁았다가 넓어진다. 높고 낮은 산들이 흩어지고 뒤섞여졌고, 깊고 얕은 골짜기들이 아늑하고 어지럽다. 햇빛을 가리고 사방을 분간하지 못하니, 이는 산 전체의 동서남북 대략을 말한 것이다."라고 하였다.

이제 그 형국을 바라보니, 처음에는 버팀 다리가 없이 뭉쳐서 온 산이 모두 첩석(疊石, 중첩되어 있는 바위)이었는데, 세월이 오래 지나면서 내의 바탕과 산의 골격이 자연히 노출되어 언덕이 되고 골짜기 모양이 되니, 모양새 맛이 모두 하나같지 않고, 기괴한 암석과 깊숙한 낭떠러지는 스스로 그리되지 않은 것이 없다.

혈망봉(穴望峯)[107]과 마주 앉았는데, 산봉우리에는 구멍이 한 개 있으며 운천(雲天)을 엿볼 수 있다. 고개를 숙여 내려다보니, 절벽이 천

백록담 산정의 고사목, 병와는 이런 고사목으로 거문고를 만들었다.

길이나 되는 깎아지른 석벽이어서, 밑으로 내려가더라도 땅이 없을
것 같았다. 몸이 울렁거리고 혼이 놀라 두근거리어 차마 위험을 무릅
쓰고 있을 수 없었다. 사방은 봉만(峯巒)으로 둘러싸여 솥 같기도 하고,
성곽 같기도 하다. 둘레는 10여 리나 되고, 깊이는 8백 척이나 되는데,
그 밑에는 백록담이다. 원경(圓徑)은 4백 보이고, 수심은 수 길(數丈)에
불과하다. 지지(地誌)에는 깊이를 헤아릴 수 없고, 사람이 떠들면 풍우
가 세차게 일어난다고 하였는데 잘못 전해진 것이다. 물이 불어도 항
상 차지 아니하는데, 원천(源泉)이 없는 물이 고여 못이 된 것이다. 비
가 많아서 양이 지나치면 북쪽 절벽으로 스며들어 새어나가는 듯하
다. 고기도 없고 풀도 없으며 못가에는 모두 깨끗한 모래뿐이다.

　지지(地誌)에 이르기를 여러 신선들이 와서 흰 사슴에게 물을 마시
게 하였다 하여 못 이름이 생겼다 함은 헛말이다. 소승(小乘, 임제의 제주

유람 기록)에 이르기를, 사람 세상의 바람과 해와 멀리 3천 리나 떨어졌다 함은 명산의 모양을 옳게 말한 것이다. 이제 사방에 희미한 짐승 발자국 길이 있는데 백록이 물을 마셨다는 것은 이치가 혹 그럴싸하다. 선경(仙經)에 이르기를 사슴이 천세가 되면 색이 푸르고, 또 백세가 되면 희고, 또 5백세가 되면 색이 검어진다고 하였다. 『남사록』에 이르기를 속전(俗傳)에 양사영(梁思瑩, 선조 19~21년 재임) 및 이경록(李慶祿, 선조 25~32년 재임)이 제주 목사 때 백록을 사냥하였다고 하였다. 소승에 이른바 백발노인이 백록을 타고서 크게 탄식하였다 함은 이를 과장한 것이다. 다만 이상한 것은 못가에 조개껍데기가 있는데 모두 말하기를 바다 새가 물어온 것이라 하였다. 그 울음소리가 '공공'하는 까닭에 그 새를 공조(貢鳥)라 부른다. 반 백 리 산꼭대기까지 물어온 것이라면 진실로 또한 힘들었을 것이다. 염제(炎帝)의 딸이 동해에 빠져 죽은 뒤, 정위(精衛)라고 우는 새가 되어 매번 서산의 나무와 돌을 물어다가 동해를 메우려던 것과 더불어 도리어 반대가 되는 것이다.

조금 숨을 돌려 쉬고 바위에 기대어 사방을 바라보니, 삼읍(三邑, 제주목, 정의현, 대정현)과 9진(鎭, 화북, 조천, 별방, 수산, 서귀, 모슬, 차귀, 명월, 애월)이 솥발 같이 벌려 서서 바둑을 둔 것 같다. 성산(成山), 송악(松岳), 산방(山房)이 바다 속에서 우뚝 솟았고 문섬, 소섬, 비양도, 가파도, 마라도가 파도 위에 점점이 떠 있는 모습은 말끔히 눈 바로 앞에 있는 것만 같다. 동쪽은 삼도(三島)로부터 청산(靑山), 동여서(東餘鼠), 백량(白梁), 사서(斜鼠)이고, 서쪽은 추자(楸子), 흑산(黑山), 홍의(紅衣), 가가(可

佳), 대화탈(大火脫), 소화탈(小火脫)까지 아득한 가운데 뒤섞이어 있다. 진도(珍島), 해남(海南), 강진(康津), 영암(靈巖), 광주(光州), 장흥(長興), 보성(寶城)이 구름 연기(雲霞) 밖에 희미하게 보인다. 용이나 뱀이 꿈틀거리는 것처럼 파도가 스스로 일어나는 모양을 만들어 내었으니 조물주도 참 공교하도다.

산맥은 사방으로 뻗어서 범이 달리고 거북이가 웅크린 모습이다. 그 북쪽에 있는 오름을 말하면 삼의앙(三義讓), 운우로(雲雨路), 열안시(悅安止), 어승생(御乘生), 노로객(勞老客), 감은덕(感恩德), 답인(踏印), 도전(倒傳), 장올(長兀, 네 봉우리 중 하나는 가장 높고 위에 못이 있는데 지름은 50보이고 깊이는 헤아릴 수 없다. 못가에 조개껍데기가 쌓였는데, 백록담과 같이 공조가 운반하여 온 것이다), 사라(紗羅), 원당(元堂), 곽지(郭支), 상시(相時), 효성(曉星), 영통(靈通), 동산(洞山), 입산(笠山), 기(箕), 흑(黑), 저(猪), 장(獐)등인데 이들은 제주목에 있는 것이다.[108]

동남쪽은 삼매양(三梅陽), 영주(瀛州), 성불(成佛), 감은(感恩), 수성(水城), 독달(禿達), 지미(指尾), 수정(水頂, 정상에 못이 있는데 깊이를 헤아릴 수 없다), 운지(雲之), 지세(指稅), 지포(指浦), 현라(懸蘿), 성판(成板), 영천(靈泉), 두(斗), 달(達), 수(水, 정상에 못이 있는데 깊이를 헤아릴 수 없다), 방(方, 한라산 절정에 있는데 모양이 정방(正方)으로 사람이 뚫어 만든 것 같다. 그 밑에는 잔디로 지름길이 되었는데, 향냄새 바람이 산에 가득하여 황홀하고 생현(笙絃)의 소리를 듣는 듯하다. 전해 오기를 신선들이 놀던 곳이라 한다)들인데, 정의현에 있는 것이다.

서남쪽에는 시목, 차귀(遮歸), 모슬(摹瑟), 고근(孤根, 정상에는 큰 구멍이 있어 깊이는 헤아릴 수 없고 둘레는 17리이다), 구(龜), 호, 궁(弓), 단(簞) 등인데, 대정현에 있다. 하천을 말하면 산저(山底, 제주동성), 화북(禾北), 병문(屛門), 개로(介路, 의의), 영천(靈泉), 홍로(洪爐), 감산(紺山, 대정), 색달(塞達), 대가래(大加來) 등이 있다.

큰 숲(곶)을 말하면 묘평(猫坪), 김녕(金寧), 점목(제주 서남 60리), 개사(蓋沙, 제주 서70리), 암수(暗藪, 제주 동남 95리), 목교(木矯, 정의 동 17리), 대수(大藪, 정의 남 4리), 소근(所近, 대정 서 26리), 판교(板橋, 대정 서 5리), 나수(螺藪, 대정 동 10리) 등이 있다.

도내에 샘은 감천(甘泉)이 없다. 백성들은 10리 안쪽에서 떠다 마실수 있으면 가까운 샘으로 여기고, 멀면 혹은 4~5십리에 이른다. 물맛은 짜서 참고 마시기는 하나, 지방민은 익어서 괴로움을 알지 못한다. 외지인은 이를 마시면 곧 번번이 구토하고 헛구역질을 하며 병이 난다. 오직 제주의 가락천(嘉樂泉)은 성안에 있어 석혈(石穴)에서 용출하는데, 혹 마르기도 하나 감천이다. 또 전하기로는 김정(金淨)이 귀양살이 할 때 판 우물도 있다. 명월소(明月所)에는 감천이 하나 있었다. 그리고 제주 동성 안에 산지샘이 있는데, 석조(石槽)의 길이는 3칸이고 넓이는 1칸이다. 샘 맥이 사면(四面)을 따라 용출하여 물맛이 극히 좋고 차갑다. 겨울에는 따뜻하여 탕(湯)과 같고, 여름에는 차가워 얼음같다. 성안의 3천호가 모두 여기에서 떠다 마신다. 예로부터 지금까지 조금도 마를 때가 없으니, 실로 이는 서울 외에는 드문 명천(名泉)이다.

풍토병이 있어도 이 물을 마시면 곧 자연히 차도가 있다.

못 같은 것은 하천이 흘러 비록 모두 땅 속으로 스며들어 간다고 하지만, 못이 되는 것도 역시 많다. 포구는 삼읍을 돌아가면서 무릇 70개가 있어서 점지하여 보고 즐기니 가슴 속에 품는 것이 자연히 넓어진다.

서쪽 산기슭 50리 밖에 영실(瀛室)이라고 하는 동부(洞府)가 있다. 속명으로 오백장군동(五百將軍洞)이라 한다.

천 길이나 되는 푸른 절벽들이 둘려져 있어 병풍을 펼친 것 같다. 위에 괴석이 있는데 나한같은 모양이 무릇 5백이나 된다. 아래에는 세 개의 폭포가 걸려 쏟아진다.

한 학곡(壑谷) 곁에 고단(古壇)을 쌓았는데, 단 위에는 복숭아를 심었으며 총죽(叢竹)사이에 홀로 서 있다. 남쪽 산기슭에도 나무가 있는데 측백도 아니고 삼나무도 아니며 박달나무도 아니고 전나무도 아니며 은은한 당개(幢盖) 같은데, 전하기를 계수나무라고 한다. 또 만지(蔓芝)가 있는데 땅에 무더기로 나서 무성하다. 줄기에는 가는 털이 있고 색깔은 청태(靑苔, 푸른 이끼) 종류이며 마디마디에 뿌리가 난다. 혹 채고(釵股, 비녀 살) 같기도 하고 혹은 비단실 같기도 하다. 맛은 달고 향기는 비록 계수나무와 영지(靈芝)만큼은 아니라 하더라도 역시 기이하다.

위에 수행동(修行洞)이 있다. 동(洞)에는 칠성대(七星臺)가 있어 좌선암(坐禪巖)이라고 말하였다. 이는 옛 스님의 팔정 옛터(八定之墟, 팔정은 四禪定과 四無色定)인데, 이를 존자암(尊者庵)이라 부른다. 홍유손(洪裕孫)의 존자암 개구 유인문(尊者庵 改構 侑因文)에 이르기를 존자(尊者)가 암자를 짓기는 고, 량, 부(高梁夫) 삼성(三姓)이 처음 일어난 때 처음 이루어졌고, 삼읍이 나뉘어진 뒤에까지 오래도록 전해졌다.

그 터를 말하면 주봉(主峯)은 넓고 크며, 둥글게 올라가서 험하게 높다가 점점 낮아져서, 마치 봉황새가 날개를 퍼덕이며 아래로 내려와 웅크리고 사랑스럽게 그 병아리를 보는 것과 같다.

이는 현무(玄武)의 기이함이다. 찬 샘물의 근원은 깊어 옥과 같은 소리를 내며, 맑게 걸러져 향기롭고 맑으니, 이른바 월덕(月德)의 방위에 있어서 가뭄에도 마르지 않는다. 이는 주작(朱雀)의 기이함이다.

비스듬히 이어져 용처럼 꿈틀꿈틀 기어가다가, 허리에서 마치 왼쪽 팔로 묶인 끈을 풀고자 하는 모습은 청룡의 경승(景勝)이다. 꼬리를 끌면서 다시 돌아오려고 머리에서 오른손으로 그 무릎을 쓰다듬는 것과 같은 모습은 백호의 아름다움이다.

그 지경을 말하자면, 기암과 괴석들이 쪼아 새기고 갈고 깎은 듯이 삐죽삐죽 솟아 있기도 하고, 떨어져 서 있기도 하고, 엉기어 서 있기도 하고, 기울게 서 있기도 하고, 짝지어 서 있기도 한데, 마치 속삭이는 것 같기도 하고, 대화를 하는 것 같기도 하고, 서로 돌아보며 줄지어 따라가는 것 같기도 하다. 이는 조물주가 정성들여 만들어 놓은 것이다.

좋은 나무와 기이한 나무들이 푸르게 물들고 치장하여 삼림이 빽빽한데, 서로 손을 잡아 서 있기도 하고, 등을 돌려 서 있기도 하고, 옆으로 누워 있기도 하고, 비스듬히 서 있기도 하니, 마치 누가 어른인지 다투는 것도 같고, 누가 잘났는지 경쟁하는 것도 같고, 어지럽게 일어나

춤추고 절하며 줄지어 있는 것 같기도 하다. 이는 토신(土神)이 힘을 다하여 심어 놓은 것이다.

신선과 아라한이 그 사이를 여기저기 걸어 다니고 머무는 듯하며, 이상한 새와 기이한 짐승들이 그 속을 언제나 날아다니고 기어 다닌다. 이는 경개(景槪)를 갖춘 것이다.

장령(長嶺)과 원악(圓岳)이 거듭 싸안고 나란히 서 있으므로, 붉은 구름과 푸른 안개를 뿜어낸다면, 백 일에 백 리 밖 멀지 않는데서 한 발짝씩 걸으며, 푸른 바다 흰 물결은 쪽빛을 끌어당기고 눈이 쌓인 듯하고, 자봉(紫鳳)과 창붕(蒼鵬)이 하늘을 덮고 날아오르면, 우역(郵驛) 하나를 설치할 만한 가깝지 않은 곳에서 세 끼의 밥을 먹는다.

비가 개고 구름이 걷히면 하늘은 새로 만든 거울과 같고, 들녘 아지랑이가 바람에 쓸려 가면 작은 티끌까지도 다 없어져 만 리를 훤히 내다볼 수 있는데, 하늘 밖에 있는 바다의 섬들이 뚜렷이 바둑돌을 흩어 놓은 듯이 보인다.

그러나 눈을 뜰 수 없는 바람과 귀를 먹게 하는 비가 내리게 되면 하늘은 어둡고 땅은 깜깜하여 눈을 부릅뜨고 볼지라도 지척을 분간할 수 없으며, 큰 땅덩어리가 혼동되어 어둡고 캄캄함이 거위알 속에 있는 듯하다.

이에 티끌세상의 시끄러움은 사라지고 세상 밖 신선 땅의 현묘함이 온전하게 되니, 이것이 곧 열자(列子) 어구(禦寇) 책에 있는 "원교산(圓嶠山)이요 동방 만천(東方曼倩) 영주(瀛州)의 땅이다."라고 하였다. 이는 다소 과대포장된 말 같지만, 맛과 느낌을 표현함은 다한 것이다. 지금은 거주하는 스님이 없고, 단지 헐린 온돌이 몇 칸만 남아 있다. 또한 각각 유다른 구경거리도 있는데 소승(小乘)에 이른바 "가는 곳마다 신선의 취향(趣向)이요, 걸음마다 기관(奇觀)이다."고 하였음은 진실로 사실을 적는 것이다.

서쪽 하늘 닿는 끝을 바라보니 백색 사정(沙汀, 물가에 있는 모래밭) 같은 것이 있는데, 곧 『표해록(漂海錄)』(최부가 중국에 표도한 기록)에 백해(白海)라고 칭한 곳이다. 향양(向讓)의 눈으로써 만리의 바닷길을 능히 바라볼 수 있었음은 그 또한 디행한 일이다. 곁에 늙은 아전이 있었는데, 일찍이 베트남까지 표류하였다가 돌아온 『과해일기(過海日記)』를 가지고 있었다. 나에게 향하여 무릎걸음으로 앞으로 나와 말하기를 "저것이 마도(馬島)입니다. 강호(江戸)입니다. 옥구도(玉球島)입니다. 여인국(女人國)입니다. 유구국(琉球國)입니다. 안남국(安南國)입니다. 섬라국(暹羅國)입니다. 점성(占城)입니다. 만라가(萬剌加)입니다. 영파부(寧波府)입니다. 소항주(蘇杭州)입니다. 양주(楊州)입니다. 산동(山東)입니다. 청주(靑州)입니다."라고 하였다. 역력히 숫자를 헤아리는 것이 마치 손바닥을 가리키는 것 같았다. 황홀하고 아찔하여 눈이 어지럽고 마음이 현란하였다. 다만 하늘은 덮개가 되고 물은 땅이 되어 내 다리 아래에서 위아래 입술처럼 합쳐진 것을 알 수 있을 뿐이다.

그 밖에 사람 사는 곳들이 있으니, 곧 내가 앉아 있는 돌이 바로 천하의 중앙에 해당하고, 균일하게 가지런하여 사방으로 틈이나 비틀어

짐이 전혀 없는 것이다. 우(禹)가 물을 다스리고 공물을 정할 때에 숭고산(嵩高山)을 중악(中嶽)으로 여겼었고, 마테오릿지(예수회 선교사, 1552~1610)가 일본의 동남쪽을 중앙으로 여겼던 것은 서로 현격한 차이가 날 뿐만 아니라, 어찌 작은 언덕들에서 각각 다투는 게 아니겠는가.

노나라 공자는 태산에 올라 천하가 작다고 하였다. 내 일찍이 국외(局外, 중국 땅 밖)에서 이를 알았는데, 이제 과연 경험하는 바이다. 우리들은 손으로 여지도(輿地圖)를 펴고, 옛 사람의 글을 가슴에 간직하면서 이치로써 사물을 보니, 곧 하늘은 더욱 높고 바다는 더욱 넓어서 다함이 없는 것이다. 물(物)로써 물(物)을 보니 손으로 가리킬 수 있고, 자로 잴 수 있는데, 서쪽의 큰 바다나 몽고의 큰 사막도 역시 이와 같은 것에 불과할 따름이리라.

김정(金淨, 기묘사화로 중종 14(1519)년에 이곳으로 유배 와서 1521년 이곳에서 사사됨)이 말하기를 "남아로 이 땅에 태어나서 큰 바다를 가로 질러 이 기이한 곳을 밟고 이 기이한 풍속을 보게 되었다. 대개 와서 보고자 하여도 올 수 없는 곳이고, 오지 않으려 해도 면(免)하지 못하니, 사람으로서는 알 수 없는 운명 같은 것이 미리 정해진 것 같다."고 하였는데 역시 더욱 달관하였음을 알게 된다. 구릉과 연곡(淵谷)이 기량(技倆)은 재토(滓土, 진토) 속에서 모습이 본시 이와 같았는데, 내가 세간에 편히 누워서 생각할 적에는 잠봉(누에머리 모양의 산봉우리) 무더기와 같은 것이라 여겼는데, 그러나 여기서 직접 보니 멀찍이 높이 솟아 창쾌(暢

快)하고 엄숙하게 느껴져 말로써 다 그려낼 수 없다. 바로 오래 묵은 빛이 있었는데, 평생을 헛되게 보내지 않는 듯싶다.

수성(壽星, 노인성)의 빛을 마침 서로 만날 수 없었는데, 속세의 때 묻은 인연이 아직 다하지 않기 때문에 그런 것인가(노인성은 오직 중국의 형악과 한라산에 오르고서야 가히 볼 수 있다 하였다. 춘분과 추분에 절반을 바라볼 수 있는데, 절제사 심연원(沈連源)과 토정 이지함은 보았다고 하였다).

돌아보며 따라온 수령들에게 말하기를

"산은 높고 정수리가 움푹 들어갔으며 지면이 오목하고 발(足)쪽이 들리었으며, 이 한라산은 한가운데가 우뚝 솟아 있고 여러 뫼들이 별처럼 여기저기 벌여져 있으니, 온 섬을 들어 이름을 붙인다면 연엽노주형(蓮葉露珠形, 연잎 위에 이슬 구슬 형태)라 하겠는데, 어찌 그렇지 않겠소?" 또한 "천지가 개벽할 때에 모든 사물들이 소진(消盡)하고 융해(融解)되면서 강한 게 변하여 유한 것이 되고, 유한 게 변하여 강한 것으로 되었을 터이니, 이를 판별할 수 있다면 높다란 산과 커다란 골짜기는 어찌 섬과 뭍의 구별이 있겠소?"

또 "생각하건대, 그 산의 다리가 뭍으로부터 들어왔을 터이니, 바람이 치고 파도에 삼켜서 옛적부터 무너지고 뚫어져서 지금은 비록 바닷물이 들고 나고 하는 사이라 하더라도 기맥이 연락되고 있음을 보아서 가히 알 수 있을 것이요." 하니 주방인 중에 전복잡는 남자가 있었는데 손을 들어 가리키며 말하기를 "거기 바다에 칼날 같은 돌들이 옹기종기 가까운 바다와 갯가에 꽂혀 있습니다. 이것이 섬을 돌아가며 있으므로 배가 출입할 항구가 없습니다. 석맥(石脈)들이 서로 이어지고 얼크러져서 큰 화탈 작은 화탈섬으로부터 추자도와 백량도까지 이르르며 육지 고을에 도달하게 됩니다. 홰나무뿌리 열 아름 넘는 것들이 여태 바다 밑에 아직도 있습니다. 분명히 바다로 바뀌기 전에 심은 것입니다."라고 하였다. 나는 말하기를 "벽해(碧海)가 상전(桑田)이 되는 이치가 혹 그럴 것이다."라고 하였다. 마침내 한라산은 서쪽이 머리가 되고 동쪽이 발이 된다고 하였더니, 모두 그렇다고 하며 말을 마쳤다.

포시(오후 4시)에 하산 하였는데 산허리 반쯤 못 미쳐서 홀연히 큰 소리를 지르는 자가 있었다. 말하기를 "이때쯤에 보는 신기루 또한 기이한 일의 하나입니다."라고 하였다. 나도 역시 돌 위에 자리를 깔고 이를 자세히 살펴보았다. 큰 화탈섬과 작은 화탈섬이 처음에는 옥교(屋轎)와 같았다. 혹은 머리가 커지고 배가 작아지는 듯하더니, 혹은 발꿈치를 뾰죽 세우고 어깨를 낮추는 듯하였다. 보면 볼수록 점점 바뀌며 잠시 있다가 갑자기 바뀌었다. 흙둔덕이 옥비녀 같기도 하였다가, 굴러가는 솥뚜껑 같기도 하고, 누워 있는 소 같기도 하고 배 위의 누각과 스님이 공손히 두 팔을 낀 모습 같았다가, 돌연히 봉황새가 날아오르는 것과 무지개를 타고 다리를 건너가는 것 같기도 하고, 혹은 푸르고 하얗다가 자색과 홍색이 간간히 끼기도 하였다.

기기괴괴하고 천태만상을 보이며 층층 높은 기둥에 걸출한 결구(結構)들이 불시에 만들어졌다. 북쪽 바다 일면은 자수를 놓은 병풍과도

한라산록 아침 해 뜰 무렵의 오름(서재철 작)

같았다. 떨어지는 노을에 쇠잔한 햇살이 물안개에 가리어 반짝이다 사라졌다.

형형색색이 움직일 때마다 가히 탄성을 보낼만 하였다. 생각하건 대, 하늘이 나의 도량이 좁음을 가련히 여기고 내 마음씀이 소루함을 민망히 여기어서, 이를 큰 바다로써 넓히고 이를 섬세히 새기어 치장 함으로써, 나로 하여금 그 변환이 한결 같은 않음을 깨우치게 하려는 것일지니, 오늘의 나들이에서는 얻는 바가 이미 많았다.

서로 손뼉을 치며 내려왔다. 엷게 땅거미 질 때, 제주 감영에 돌아왔 다. 날씨가 어수선하더니 한 줄기 소낙비가 크게 지나가며 티끌들을 씻고 지나갔다. 우리는 종일 맑은 구름 위에서 속세를 초월하여 거리 끼지 않았으니, 참으로 이는 신선들이 사는 삼천(三天)의 동부(洞府)이 지, 속된 사람들이 사는 세계는 아니다.(병와 『남환박물지』 중에서)

입암유산록(立巖遊山錄)

조선 성리학자들에게 유산유수(遊山遊水) 놀이가 단순한 여행이 아닌 자연을 통해 도(道)에 이르는 길로 여겼다. 이러한 전통은 주자(朱子)가 산수지락(山水之樂)을 즐기며 자연과 몰아일체(沒我一體)의 경지가 도에 이르는 길이라는 유학적 자연관에 영향을 받은 것이다. 주자(朱子)의 「무이구곡(武夷九曲)」을 본 따서 속세와 벼슬길을 벗어나 아름다운 산수선경에 들어가 구곡원림을 경영하는 것이 한 때 유행처럼 번져 전국에 수십 처에 구곡원림을 만들고 구곡의 시를 짓거나 구곡도를 그리는 자연관과 풍류관을 형성하였다. 일찍이 퇴계 이황(李滉)은 주자의 「무이도가」를 차운하여 「무이구곡가」를 지었고 율곡 이이는 「고산구곡가」를 지었으며, 구곡의 산수와의 도행합일을 실천하였다. 이러한 전통이 남상이 되어 김문기(2008)에 의하면 경상북도에만 27개 처에 구곡문화권이 형성되었는데[109] 안동의 도산구곡(陶山九曲), 영주의 죽계구곡(竹溪九曲), 봉화에 춘양구곡(春陽九曲), 문경에 청대구곡(淸臺九曲), 영천에 횡계구곡(橫溪九曲)과 성고구곡(城臯九曲), 경주에 옥산구곡(玉山九曲), 청도에 운문구곡(雲門九曲), 성주에 무흘구곡(武屹九曲) 등을 이루고 산림처사들이 도행일치를 수행하였다. 병와는 경상도 영천 지역의 횡계구곡(橫溪九曲)과 성고구곡(城臯九曲)의 구곡문화를 열어 상상 속에 자연의 감흥을 노래하며 자연과의 도행 합일을 이끌어 수신을 하는 것을 숭모하였다.

냇물 소리 맑게 울려 골짜기를 울리고

여헌 장현광과 동봉 권극립 등을 배향한 입암서원, 포항시 북구 죽장면에 있다.

입암(立岩)[110]은 여헌 장(張) 선생(장현광)의 사향(祀享)[111]이 있는 곳
이다. 선생의 본은 인동(仁同)인데, 수석(水石)을 좋아하여 왕래하며 은
둔생활을 하다가 세상을 마쳤다. 지금 그 문집 속에 「입암기(立岩記)」
가 있으니 바로 이곳이다. 나는 전에 이것을 읽고 상상하면서 한 번 가
보려고 하였으나, 경향의 길이 멀어 결행하지를 못했었다. 계림(경주부
윤)군수가 되고 보니 지경(地境)이 상접돼 마음과 꿈속에서 생각이 떠
나지 않았는데, 날씨가 춥고 발이 얼어 떠날 수가 없어서 음울한 심정
으로 이루지 못한 지 오래였다. 이윽고 벼슬을 그만두고 영천(永川)에
우거(寓居)하니 영천이 바로 입암군(立岩郡)이다. 늘 박호여와 안군경
(安君敬)을 대하면 초조(楚趙, 초나라와 조나라의 합종연횡에 대한 논의)의 합
종론(合從論)을 가지고 몇 번씩이나 한나절을 보내곤 하였는데, 끝내

는 또 요약하기를 "세상에는 이유가 있으니 뒤로 미루더라도 안 될 것이 없지 않은가."라 하였다. 마침 상사(上舍) 이명윤(李命尹)이 자리를 같이 했다가 강요하기를 "거리가 2식(息)쯤 되니 말을 타고서 가다가 피로할 것 같으면 내 집에서 쉬었다가 가면 되지 않겠는가." 하여 마침내 결정을 보고 헤어졌다.

이틀 뒤에 군경(君敬)과 더불어 말고삐를 나란히 하고 나서니 전 별강 김진기(金振紀) 및 건장한 노복 일선(一善)과 아이 종 오천(五天)이 따랐다. 이날이 경진(庚辰, 1640)년 4월 19일이다. 정오쯤에 천평(泉坪)[112]에 도착하니 가랑비가 개이기 시작했다. 보리 싹이 누릇누릇 가뭄기가 있어 농작물에 번질 염려가 있었다. 처음 큰물을 건너니 바로 입암(立巖)[113]이다. 아래로 흐르는 물은 내가 사는 곳(영천 호연정) 앞 시내로 들어간다. 군경(君敬)이 말하기를 "여기서부터 저기까지 모두 이 물에 연유되는데 아슬아슬한 곳과 암초가 몇 군데나 있는지 모릅니다. 물을 건너는 데 험한 길이라고 소문이 난 것도 이 때문입니다."라고 하였다. 내가 말하기를 "그대는 아주 젊은 사람으로 출발에서부터 벌써 평지가 쉽지 않음을 알고 있으니 세도(世道)에 걱정이 없을 만하다."라고 하였다. 북쪽을 바라보니 우항촌(愚巷村)이 있고 서쪽을 바라보니 임고서원(臨皐書院)이 있다. 우항촌은 바로 포은(圃隱)이 태어난 곳이며 마을 앞에 효자비(孝子碑)가 세워져 있다. 바로 홍무(洪武) 기사(己巳)년에 새겼던 것인데 성화(成化) 정미(丁未)년에 손공(孫公) 순효(舜孝)가 꿈을 꾸고 발굴해서 다시 세운 것이다. 임고(臨皐)는 본명이

경북 영천시 임고면 양항리에 있는 임고서원(臨皐書院) 전경, 포은 정몽주를 모시는 서원이다.

도일(道一)인데 지금은 이렇게 고쳐 부른다. 선생의 아버지 묘가 거기에 있는데 여묘(蘆墓)의 유지(遺趾)가 완연하다.

가정(嘉靖) 계축(癸丑)년에 읍 사람이 강북 쪽 부래산에 사당을 세웠었는데 임진(壬辰)년에 불에 타 만력 임인(壬寅)년에 여기로 옮겨 세웠으며, 숭정(崇禎) 임오(壬午)년에 다시 장여헌 사당을 배향하였다. 고려의 5백 년 정기가 한 동네 남북 사이에서 배태하고 쌓여 있으니, 아, 거룩하도다!

이는 또 도학연원(道學淵源)의 땅이니 이 골이 아니었더라면 우리는 아마 오랑캐가 되었을지도 모른다. 그야말로 주나라의 수양산이며 노나라의 이구(尼丘) 동산이다. 우러르고 경탄하며 조심하고 격려되는 바, 간절하고 간절함을 그만둘 수 없음은 우리들의 타고난 양심인지라 서로 우러러 보면서 떠났다. 임고서원 문루에 와서 앉았는데, 여기는 내가 전일에 와서 올랐던 곳이다. 공경히 뵈올 때를 기억하며 선생의 유상(遺像)을 배알하니 덕스런 풍채는 삼엄하여 마치 생전에 가깝게 마주보며 말씀을 듣는 듯하다. 호여가 먼저 와서 길 옆 양항촌(梁抗村)에서 기다리다가 원임 성후원(成後元)과 유생 이목(李穆), 이정의(李挺義)와 더불어 내가 온 것을 보고 모두 와서 함께 조옹대(釣翁臺)로 올라갔다. 대는 문루 앞에 있는데, 북으로는 산록이 층층이 겹쳐 연대(烟臺)와 같고 주위에는 깊은 못이 있으며, 옆으로 맑은 도랑물을 끌어들여 시원하고 깨끗하여 이것이 첫 번의 흥취가 되었다. 전에 내가 정엄(鄭淹)에게 답한 시에,

꽃 속의 앵무새 물 옆의 수목을 날고
버들가 오리들 강성에 가지런하네

하였으니 참으로 이는 그대로를 그린 것이다. 술을 몇 잔 마시고 일어나니 함께 앉았던 객이 굳이 원사(院舍, 입암서원의 사재)에서 점심 먹을 것을 요청했다. 이 원에 소장된 서적은 여러 학사 중에 으뜸이다. 들으니 이는 열성(列聖)께서 내리신 것과 퇴계가 보낸 것과 전후의 도주(道主)와 지주(地主)가 남긴 것이기 때문에 권질이 꽤 많다고 한다. 기록부를 뒤져 보니 먼저 주자의 무이시(武夷詩)[114]와 퇴계가 화답한 운이 보이는데, 대개가 내가 우거하는 곳의 앞내와 뒷산 바위와 연관되어 있었다. 마침 '구곡칠탄(九谷七灘)'이 있기에 이제 두 선생이 읊은 바를 베껴서 아침저녁으로 경계하며 반성하고자 한다.

해가 기울 때쯤 호여와 군경과 더불어 서로 앞서거니 뒤서거니 하

며 선원동(仙院洞) 덕연(德淵) 등지를 지나 입암 하구의 임리(林里)에 다다랐다. 여울 위로는 수십 길의 절벽이 있고, 아래로는 백여 그루에 가까운 늙은 버드나무가 그늘을 이루었고 돌사다리가 벼랑에 연해 모래내로 길을 옹호했다. 이 또한 그윽한 흥취라 그 경승을 어찌 훌쩍 지나치고 싶지 않았으나, 산에 호랑이의 피해가 많고 또 해도 저물어 삼가는 마음가짐을 잃을까 두려워 강행하여 마을로 들어왔다.

들어서고 보니 바로 전원이 펼쳐있는 세계이다. 밭가는 소와 쟁기질하는 농부가 들판에 간간이 있고 초가집에 밥하는 연기가 산간 마을에 그득하다. 바라보니 그림을 둘러친 듯하여 은은히 어른거리는 것이 눈을 즐겁게 한다. 나는 두 친구에게 "이것이 진정 누구의 시에서 좁은 골짜기길 없을 듯 하더니 산이 열리며 홀연히 마을이 있네라고 읊은 그대로군." 하였더니 그들이 말하기를 "그렇습니다."라고 하였다. 이어 원각리(圓覺里)에 이르러 거기서 묵으니 실은 상사(上舍) 이명윤(李命尹)의 여사(廬舍)이다. 비록 뛰어나게 신기하고 특이한 경관은 없어도 괴음(槐陰)과 석반(石磐)으로 산속 정취가 골짜기를 메우니 또한 충분히 야객(野客)들의 즐길거리가 되었다.

주인이 닭을 잡고 밥을 지었다. 두 아들을 데리고 나와 인사를 시켰는데, 나 같은 속세의 식충은 비록 성문(聖門)의 말몰이도 바라볼 수 없는데, 상사의 풍치는 치장옹(陶淵明)에게나 비김이 어떨까요? 하였는데 아니 어쩌면 그 당시에 그런 과목(科目)이 있었는지도 모르겠고 집 앞에는 용을 새겼는데 과연 상사가 한 것인지 이것도 알 수 없다.

이명백(李明伯)과 명계(命啓), 즉 상사에게 종형제 간이 되는 사람들과 노유(老儒) 이명직(李命稷), 명석(命奭), 정시희(鄭時喜)와 소년 정석규(鄭碩逵)는 모두 원근 마을에 사는 사람들인데 먼저 또는 뒤에 찾아오니 반갑기 그지없어서 마치 흉금을 털어놓는 모습들이 옛 친구와 같았다. 들으니 초봄에 마을 사람이 범에 물려 죽었다 하였다. 그래서 노복들로 하여금 밤에 나다니지 못하도록 하니 모두들 하는 말이 "상공은 참으로 순박합니다. 무슨 겁이 그리 많습니까?"라고 하였다. 내가 "죽은 사람의 뼈가 아직 식지도 않아서 범의 밥이 다시 되겠단 말인가. 먼저 사람이 실패한 것은 뒤에 사람이 거울로 삼아야 한다. 먼젓번에 그 마을사람에게 이러한 말을 들려주어 경계시켰더라면, 그 죽음을 보고 조심했을 것이다. 내가 오늘 노복에게 경계시키는 것이 어찌 거울삼아 조심하지 않는 것과 앞뒤가 같겠는가. 하물며 범이란 사나운 짐승으로 오직 간악할 따름이니 흉악하기 왕망(王莽)과 동탁(董卓) 같고, 포학하기가 하나라 예와 한착 같고, 길 옆에서 망을 보다가 허점을 타는 것은 고양이 같은 이의부(李義府)요, 민첩하고 빠르게 화를 입힘이 가사도(賈似道)와 같다. 어둠 속에서 망을 보다가 모르게 공격해옴은 어느 곳에 숨어 있고 어느 때에 나오는지를 모르는 것이니, 그렇다면 군들이 걱정을 하지 않는다는 것은 산에 사는 사람으로서의 큰 걱정이다. 그리고 호여와 군경은 모두가 더욱 세심하게 힘써서 후회가 없어야 할 것이다." 하니 희롱하던 좌객들이 모두 같이 그렇다고 하면서 파했다. 이날 40리를 걸었다.

20일 맑음. 진사 이명원은 명계의 형인데 20년 동안 이상한 병을 앓아 정신과 육체가 쇠하고 빠졌다. 그 마을에 의원이 없어 치료가 어려웠는데 혹시나 약방문이라도 얻을까 하여 출발하려는 때에 찾아왔다. 사정이 딱해 나는 사리를 가지고 그를 격려해 주었다. "그대의 급하고 편협한 성품이 특효약보다도 문제요. 사특한 생각과 구부러진 마음이 이 병을 길렀으니 반드시 마음을 편히 하고 생각을 쉽게 하여 본원을 깨끗이 한 뒤에라야 비로소 약을 의논할 수 있소."라고 하였다. 이번 걸음에는 이명윤, 명계, 정석규가 또 동행하였다. 구미(龜尾)와 일견(逸牽) 등의 마을을 지나 산을 끼고 들을 돌아 나가니, 연로의 수석은 정자도 될 만했고 누대(臺)도 될 만하였다. 도처에 녹음은 앉기도 좋았고 누워 잘 만도 하였다. 가끔 말을 쉬고 배회도 하고, 가끔은 한 곳을 지목해 완상도 하며 전전하며 두리번거리다가 독송정(讀松亭)에서 말에 여물을 먹였다. 우산 같이 하늘을 가린 소나무가 길 옆에 우뚝하게 서 있는데 굴곡은 용이 꿈틀거리는 것 같고 솔잎은 노승의 수염과도 같아 그늘진 자리가 사오십 명은 앉을 만했다. 참으로 김충암(金沖菴)이 이른 바,

염천(炎天)길 걷느라 목마른 사람 덮어주고파
멀리 바위굴에 절하듯 큰 몸을 구부렸네

라고 한 바로 그곳이다. 다만 북쪽으로 뻗은 가지 하나가 풍설에 눌려

꺾여져 도끼로 찍어냈으니, 그 굳은 지조는 예로부터 시들지 않는다고 하였어도 외물(外物)의 요탈(撓奪)은 면하지 못하였다. 참으로 눈바람(風雪)은 어렵구나. 냇가에 돌병풍이 있고 병풍 아래 반석이 있어 층층이 산골이라 물을 건너면 앉을 만하였다. 건장한 노복으로 하여금 등에 업게 하여 건넜는데, 그냥 건너다가는 돌 모서리에 발이 미끄러워 넘어질 것이 염려되었다. 그래서 동행인을 돌아보며 말하기를 "한 발을 잘못 디디면 위험하나. 하물며 벼슬의 바다에서랴."고 하였다. 넝쿨을 더위잡고 벼랑에 매달려 앞 사람의 발자국을 따라 어렵게 아슬아슬한 곳을 지나 모두가 소나무 아래에 모이니, 바위는 깨끗하고 매끄러워 자리 없이도 앉을 만하였다.

이명계는 농담 잘하기로 고을에서 이름이 났는데 번번이 호여와 해학을 즐겼다. 나도 거들어 세를 도와 웃음거리로 삼았다. 조 남명(曺南冥)의 두유록(頭流錄)에 이담(俚談, 농담)도 산 속에서 하나의 좋은 일이라 하였으니, 일찍 깨달은 말이라 하겠다. 정엄(鄭淹)도 약속했던 사람 중의 하나인데 우항촌에서부터 쫓아왔다. 충익위(忠翊衛) 이시발(李時發)과 임고서원의 서원 노비 동천은 평소 고기를 잘 잡는다고 이름이 나서 모두를 어구(漁狗)라고 불렀다. 그물을 들면 고기가 광주리를 꽉 채워 은비늘이 번득이니 볼 만했다. 상사 형제가 먼저 인근 마을에서 밥을 지어왔고 그 물고기로 회도 하고 국도 끓이니 반찬 걱정이 없다. 상하가 둘러 먹고 마시며 또 이화주를 돌리니 몽인(蒙人)의 배에 세 끼가 필요 없다 함이 과연 옳았다. 시 한 수를 읊는다.

우산같은 소나무 아래 작은 시내 옆에 하고
파릇파릇 새싹 나와 야들한 고사리 향기도 좋아
펄떡펄떡 뛰는 고기 회를 치니 은실 같고
돌리는 술잔에 담긴 술 잣나무 향기 풍기도다
바람에 나부끼는 버들개지 잔설인가 싶더니만
바위틈에 피어난 꽃 석양에 아롱댄다
떠날 참에 다시 어동을 불러 묻는 말
상류에 가면 이러한 어장 또 어디에 있는가

이때는 버들가지가 처음 날고 바위틈에 꽃이 피어 산나물이 맛이 좋던 터라 또 앞길에 다시 고기를 잡을 뜻이 있었기 때문에 시어(詩語)가 이러했다.

건너편을 바라보니 비둘기가 새끼를 거느리고 있는데, 날개가 아직 덜 생겼다. 갑자기 동복에게 놀라 날아가다 물에 빠져 겨우 언덕으로 올라갔다. 나는 이를 측은히 여겨 둥지로 돌아가게 하고 물러 앉아 탄식하기를 "만약 큰 산 높은 나무 위에서 길렀더라면 어찌 목동의 환이 있었겠는가. 거처가 적절하지 못하여 스스로 둥지를 엎는 근심을 가져왔다. 우리 살들의 원려를 깨우칠 만하다. 단, 나는 새가 사람의 힘을 입어 안전하게 살 곳을 얻었으니 어쩌면 소위 두려운 것은 두려워할 것이 못되고 두렵지 않는 것은 두려워해야 한다는 말이 아니겠는가." 하였다. 정석규가 인사하고 돌아가고 좌중의 여러 친구들이 차례로 나섰다. 산세는 점점 협착해지고 바위의 보습은 점점 기이해졌다. 이 골짜기를 지났는가 하면, 저 골짜기가 또 나타나고 한 마디에 또 한 마디가 깊고 만상이 다시 만상을 생각나니, 눈을 어찔어찔하게 하고 귀를 어지럽게 하는 것이 모두 괴상한 바위요, 여울물 소리다. 조금씩 전진하는데도 걸음마다가 아깝다. 또 일절을 읊는다.

> 계곡 따라 종일토록 진풍경을 찾는 객
> 보이는 것마다 기암이요 곳곳이 새로워
> 인걸은 지령이라 이곳에 사는 이는
> 훗날 여기에 손댈 필요 없을 테지

길가 개울 변에 복숭아나무가 많이 있으니 무릉(武陵桃源)의 어부는 그 산춘(山春)의 비밀은 걱정하지 않는다더니, 마을의 여러 사람 어쩌면 나를 뱃사공으로 알았던가. 스스로 배를 점검해 지평(知坪), 수전동(水田洞), 광천(廣川)의 여러 동리를 지나 문암동구(門岩洞口), 세이담(洗耳潭), 도덕방(道德坊), 초은동(招隱洞), 야연림(惹煙林)으로 넘어 들어가니 길옆이 경승지 아닌 곳이 없는데 이 모두가 여헌(旅軒)이 이름을 붙인 것이다. 곳곳에 그윽한 정취 볼수록 정신이 상쾌하여 중얼거리다가 절로 섰는데, 두 눈이 모두 현란하다. 한 가지 한스러운 것은 서쪽 해가 넘어가려해 뜻대로 할 수 없음이다. 휴로단(休老壇)에 자리를 잡으니 과음(槐陰)이 하늘 가리고 상쾌한 솔바람 소리가 가을 같아 시냇물 흐르는 소리뿐만이 아니었다. 즉시 시 한 수를 읊는다.

입암과 기여대와 일제당, 입암 28경 중의 세 곳, 아래 냇가에 북두를 상징하는 돌 7개가 있다.

뜨거운 햇볕은 정오에 뒹굴고

사과나무 버드나무 빽빽이 하늘을 가렸다

총총 울울한 일만 가지 청색이며

붙잡고 뒤엉킨 것이 일천 가지 취색이네

냇물소리 맑게 울려 골짜기를 메우고

수목 속에 상쾌한 바람 좌석에 스며든다

젊은이들이 모여있고 늙은이도 쉬는데

부들방석에 졸면서 떠나지 못하누나

중류에 입암이 있고 북쪽으로 가까이 계구대(戒懼臺)와 기여암(起予
岩)이 있는데 그 아래에는 북두(北斗)를 상징하는 일곱 개의 돌이 있다.

두 바위 사이 돌 틈에서 하나 같이 무너져 거북의 배 같이 편편한 것을 취해 초석을 삼아 오가삼칸(五架三間)을 세웠다. 서쪽을 열송재(悅松齋)라 하고 동쪽을 우란재(友蘭齋)라 하여 가운데를 비워 일제당의 총명(總名)으로 삼았다. 전하기를 이곳이 여헌이 거처하던 곳인데 원을 세운 뒤 유림에서 새로이 누를 세웠고 편액(扁額)은 옛것이라 한다. 아롱거리는 단청이 바위틈에 은은히 비치어 바라보기에 그림 속과 같았다. 또 일절을 읊는다.

> 은거하여 학문 닦던 입암의 언덕
> 바라보니 풍경은 그림속의 누각일세
> 인의예지 흥하던 때 더듬고자 하여도
> 산만 절로 푸르르고 물만 절로 흐르네

처사 손여두(孫汝斗)는 좋은 사람인데, 젊어서 산수를 너무나 좋아해 생업을 집어치우고 늘 경치 좋은 곳을 만나기만 하면 살지 않는 곳이 없다. 이제는 또 암반에 와서 사는데 나의 일행을 보고 그의 아들 시억(是檍), 시장(是樟), 시의(是椅), 시하와 그리고 동네 선비 권육, 권노(權櫓)를 데리고 나와 단(壇) 위에서 맞이해 주었는데 내가 피곤한 것을 염려하여 묘(廟)의 배알을 다음 날로 미루도록 청했다. 나는 말하기를 "그대는 잠잘 집을 정한 뒤에 어른 뵙기를 원한다는 말을 들었는

가. 내 비록 불민하나 악정자(樂正子)가 되지는 않겠다."고 하였다. 서원장과 이명윤, 호여, 균경을 동반하고 원우(院宇)에 절하고 이어 영정(影幀)과 가지고 갔던 지팡이를 바라보니 엄숙하고 순결하다. 얼굴에 일곱 개의 사마귀가 있고 모발이 희끗희끗한 것으로 이는 60 이후의 진영(眞影)인 듯하다. 돌아와 일제당과 열송재에서 묵었다. 이날 40리를 걸었다.

22일 맑음. 권목(權穆), 권화(權和), 권득정(權得貞), 권득준(權得準)은 마을 사람이고 정시찬(鄭時贊)은 호걸스런 내객이다. 구미에서부터 와서 산사에 머물면서 벌써 어제 밤부터 친숙해져 한데 어울리니, 우리 일행과 합해 상하가 50여 인에 이르렀다. 모두 이 서원에서 함께 밥을 먹는다 하니, 이 학궁(學宮)의 예규(例規)가 선비를 얼마나 후히 대접하는지를 알만했다. 『여헌집』을 가져다 입암기를 다시 보는데 과연 이들은 이미 두루 관찰하여 어떤 산과 어떤 물이 가볼 만한 것이라는 것을 역력히 알고 있었다. 식사를 마치고 여러 친구들과 약속하고 먼저 기여암에 올랐다가 계구대로 내려와 앉으니 커다란 소나무가 듬성듬성 수십 길 절벽에 우뚝 서 아슬아슬 조심스러웠다. 벼랑에 걸려 있음과 연못의 깊음이 어찌 나를 일으키고 두려움을 경계함이 아니겠는가. 입암은 하나의 주먹 같이 힘차게 그 앞에 위치했다. 상방이 10여 장, 상하가 7~8심으로 전체가 한 덩어리인데, 모도 나지 않고 구멍도 안 뚫렸다. 바라보면 둥근 것 같다가 가서 보면 네모진 것 같다. 그 세를 막는 것으로 뒤에 구름같이 모여 이는 바위가 있고 그 얼굴을 대하는 것으로는 앞에 우뚝한 산봉우리가 있는데, 왼쪽에는 산지령(山芝嶺) 오른쪽에는 소로잠(小魯岑)이 있다. 이는 모두 입암기에서 형용한 이름들이니 어느 겨를에 내가 낱낱이 말하겠는가.

원우는 감방(坎房)으로 앉아 이방(離方)을 향했고 약간 서쪽으로 언덕진 곳에 만활당(萬活堂) 옛터가 있는데 만욱재, 수약재(守約齊), 주정협(主靜夾)이 모두 그 좌우전으로 시설되었던 곳이다. 그런데 풍수가의 말에 의해 옮겨 시었다고 한다. 나는 자리에 있는 사람들에게 말하기를 "아깝다. 당시 조석으로 조망하던 것을 술사(術士)의 말로 해서 그 면목을 바꿔 놓고 말았으니 오당(吾黨)의 수치라 하겠다."라고 하였

현재 포항시 북구 죽장면 입암리에 있는 만활당

입암 28경 立岩二十八景 ★ Ibam 28 Sceneries

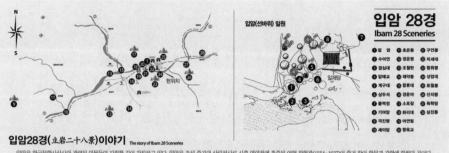

입암28경(立岩二十八景)이야기 The story of Ibam 28 Sceneries

입암은 한국문학사상사와 관련된 인물들의 자취를 깊이 간직하고 있다. 입암은 조선 중기의 산림처사로 사후 영의정에 추증된 여헌 장현광(1554-1637)이 즐겨 찾아 학문과 강학에 힘썼던 곳이다. 이곳은 여헌이 1596년 임진왜란 와중에 청송 속곡으로 피난할 때, 지우인 동봉 권극립(1558-1611)과 문도 수암 정사진(1567~1616)의 소개로 첫 인연을 맺었다. 입암의 산수에 매료된 여헌이 1600년에 「입암기」를 짓고 입암을 중심으로 한 28개의 빼어난 경치를 골라 그에 어울리는 이름을 붙인 후 이를 〈입암 28경〉이라 하였다. 또 입암과 28경의 관계를 북극성을 중심으로 한 28수의 별자리에 건줄 만큼 이곳에다 자신의 우주관을 투영하였고 마침내 입암의 품에서 담대 최고 거유로서의 84세로 삶을 마쳤다. 시가문학으로 이름난 노계 박인로(1561-1642)도 여기서 여헌과 교유했고 여헌이 명명한 입암28경을 소재로 「입암별곡」(가사)과 「입암29곡」(시조)을 지어 여헌의 물아관(物我觀)에 화답함으로써 근세 국문학의 지평을 한층 넓혔다. 입암28경의 제 위치는 죽장면 면사무소 서쪽 세이담에서 입암리 일원과 동쪽 육화담에 이르기까지 현재의 입암서원 반경 2Km 이내에 분포되어 있다.

입암서원 앞 피세대 가까이에 세운 입암 28경 지도, 죽장면사무소 제공

다. 앞에서 붙들고 뒤에서 밀면서 휴로단에 내려와 앉아 점심을 먹은 다음, 걸어서 구인봉에 오르니 봉우리는 입암 전면에 있어 우뚝 솟았다가 뚝 떨어져 걷기가 매우 어렵다. 나는 바야흐로 산에 뜻을 쏟고 있는데 모두를 내가 오르는 것을 걱정하였다. 나는 말했다. "'천 리가 한 걸음에서 시작되니 어찌 천천히 가도 끝내는 산정에 이르네'라는 저 익재(益齋)의 시를 보지 못하였는가. 내 어찌 한 삼태기의 흙 때문에 태산을 이루지 못해 되겠는가."라고 하였다. 이어 앞서거니 뒷서거니 서로 끌고 당겨서 이른 바 절정에 오르니, 우뚝함은 입암에 미치지 못하는 것 같으나 그 높이는 배나 된다. 주위에 겹친 바위들이 둘러 있어 일어선 듯 엎드린 듯 병풍 같고 둑방과 같다. 상투가 솟은 것, 등이 나온 것, 나는 봉 같은 것, 누워있는 소 같은 것, 곡식 창고 같은 것, 대사(누대 정각) 같은 것, 우묵하게 들어간 가마 같은 것, 색깔이 곱기가 단청 같은 것, 푸른 분을 바른 것 같은 것, 눈썹을 날리며 머리를 드러낸

것 같은 것들이 들쑥날쑥 아침 산마루에 은은히 반영하는데 티끌을 멀리하고 구름을 멈추어 광채를 머금은 준령이 눈 앞에 빙 둘러 펼쳐진 듯했다. 발돋움을 하고 있는 것, 엎드려 있는 것, 가운데가 뚫려 굴 같은 것, 머리가 튀어나와 우산 대가리 같은 것, 입이 비뚤어진 것 같으면서 수려한 것, 호랑이 같이 쭈그리고 앉아 있는 것, 달리는 말 같은 것, 앉아 있는 중 같은 것, 모자를 쓰고 걸어가는 것, 물에 떠서 노는 오리 같은 것, 높은 바위, 깎아지른 벽, 끊어진 벼랑, 겹으로 된 돌들이 발아래 펼쳐져 있다. 평야를 굽어보니 곳곳에 모래가 펼쳐졌고, 확 트인 넓은 대륙이 머리는 학봉(鶴峰)에서 시작돼 꼬리가 조월탄 바깥까지 뻗쳤다. 단과 같이 넓고 편편한 것이 있어 웅덩이 같으면서 확 퍼진다. 구릉의 숲이 서로 얼키고설킨 것은 모두가 벼와 기장을 모아둔 것이며 도랑이 패인 것 가옥들이 모여 있는 것이 간간이 서로 가려지고 쟁기를 들고 그 사이에서 일을 하며 갈고 수확하기에 한 시의 쉴 틈이 없겠는데, 이러한 것이 구름밭을 가는 것 같이 형형색색으로 번갈아 나타나 저절로 구별되니 과연 조화의 무궁함이다.

맨 밑에 한 층을 대로 만들어 피세대(避世臺)라 이름하였다. 다시 휴로단으로부터 그곳으로 찾아가자면 거리가 꽤 멀어 모두들 "여기에서 바로 내려가면 지름길입니다. 걷기가 어려움이 염려됩니다." 하므로 나는 "조심조심하면 봄 얼음도 밟을 수 있는데 하물며 몇 자 거리의 산길임에랴." 하고 김진기를 앞서게 하여 뒤를 따랐다. 깎아지른 산 밑 둥이 이빨같이 골을 이루어 발을 움직이기가 비록 어려웠으나 여러 사람들은 조심을 풀지 않아 모두 순조롭게 내려올 수 있었는데, 한 사람이 돌 위에 넘어졌다. 나는 "험해도 조심하면 안전하고 평지라도 정신을 팔면 넘어지는 것이 이치이다. 산을 내려오는 마음으로 늘 근신을 더하면 어찌 낭패할 염려하는가. 모두 우리들이 조심해야할 바이다."라고 하였다.

대는 상중하로 세 단이 있는데, 주위를 맑은 물이 흐르고 매끄러운 돌에 물결이 찰랑대, 마치 유리 방석을 깔아 놓은 것 같다. 양치도 하고 얼굴도 씻으며 아름답지 않은 곳이 없어 술 한 잔에 시 한 수, 이것만이 마음에 하고자 하는 바이다. 또한 더러는 바둑 두는 소리 흐르는 물소리가 겹쳐 들려오니 신선놀음에 도끼자루 썩힌 객은 얼마던가.

입암과 다리를 사이에 두고 있는 물 깊은 피세대

신선이 아니고서는 호천동부(壺天洞府)를 통과한 삶은 거의 없을 것이다. 음식 한 상이 하류로부터 이르렀는데, 들으니 이는 손 원장집에서 마련한 것이라 한다. 모두가 취하고 배부르니 관연 산중의 귀물이다.

 뱀 한 마리가 새의 둥우리를 습격해 새끼 한 마리를 잡아먹자, 나머지 새끼들이 분주히 흩어져 떨어진다. 약육강식이 비록 자연의 이치이나 다 잡아먹는다는 것은 또한 천리에도 매우 꺼리는 바인데, 저것은 음독한 동물로서 지나치게 탐해 봄뚱이가 벼랑에 붙어 있는 것도 모르고 아래로 계속 찾아내려고 한다. 이는 눈가진 자면 모두 미워하는 것이라 김진기와 동복이 돌을 던져 죽이니 이 또한 하나의 통쾌한 일이었다. 처음에는 분격하였으나 나중에 돌이켜 말하기를 "어떻게 그대들의 솜씨처럼 쾌활할 수 있으리요, 천하의 간이 큰 사람은 모두 죽이겠구나."라고 하였다.

 손 원장이 말하기를 "위에 욕학담(浴鶴潭)이 있으니 보지 않을 수 없지 않습니까."라고 하니 좌중에서는 찬성하는 자도 있고 날이 저물다고 만류하는 자도 있었다. 나는 마침내 걷어붙이고 일어나 상엄대(尚嚴臺)를 지나 낙문사(樂聞寺)에 도착했다. 앞으로 산을 지고 물에 임하니 맑고 깨끗해 참말로 정계라 하겠다. 집은 남아 있으나 담벼락은 모두 무너졌다. 모두들 말하기를 "본래는 선생이 계실 적에 지은 것으로 원에 속해 있었는데, 병난(兵亂)의 침학을 입어 중들은 모두 흩어져 달아나 원에서도 손을 쓰지 못하였다."고 한다. 나는 말하기를 "절이 큰 산 깊은 골짜기에 있으면서 유궁(儒宮)에 속해 있으니, 당연히 관역(官

役)이 미치지 못할 것 같으면 그 집을 비울 뿐이다. 하물며 촌민의 자
력의 힘이 셋이라면 둘은 관부에 바쳐야 하니 어찌 보존할 수 있겠는
가? 또 산골에 사는 백성이 가장 두려워하는 것은 호랑이나 필경 조그
만 근심이 도리어 관(官)에서 말미암는다. 책에서도 말하지 않았던가.
가혹한 정치가 범보다 무섭다고. 나도 일곱 번이나 자격이 없이 주군
(州郡, 지방 목민관)을 맡았었다. 원통한 백성들이 나의 문 밖에서 가슴
을 두드린 것이 얼마였겠으며, 살 수 없어 유리(流離)하여 이 절과 같
이 된 것이 무릇 몇 곳이나 될까."라고 하며 자신을 돌이켜 스스로 반
성하는 사이에 길이 험한 것도 모르고 돌을 밟고 숲을 꿰뚫어 어느덧
욕학담에 이르렀다. 못의 물이 서리서리 도는데 흰 바위가 그 밑바닥
에 깔려 있다. 천천히 돌 때는 못이 되고 급히 돌 때는 여울이 되며 나
뉘어 갈라지기도 하고, 합하여 돌아나가기도 하며 나무 그늘 속으로
숨기도 하고 돌을 지나 나오기도 한다. 컸다 작았다 깊었다 얕았다, 옷
깃처럼 포개지고 띠처럼 둘리는가 하면, 돌아나가다가 폭포가 되어
떨어지기도 하고 넘실넘실 편안히 흘러 내린다. 물결이 희고 깨끗하
여 한 점의 티끌도 스스로 범접할 수 없으며, 참으로 학이 몸을 깨끗이
씻을 만한 곳이 다 화식(火食)을 하는 속리(俗吏)로는 부끄러움이 느껴
진다. 시 한 절을 읊어 스스로를 비웃는다.

학이 목욕하는 곳 돌조차 날려 하는데
산에 가득 우는 폭포 층층이 희누나

가련하고 가련한 양주의 객은

달빛속에 이를 타고 나를 수가 없네

　일찍이 유양(維楊) 절제(節制)를 지낸 적이 있기에 이렇게 읊었다. 내
가 말하기를 "한스러운 것은 피리가 없어 왕자의 생(笙)을 대신하지
못함이다."라고 하니 정엄이 말하기를 "나의 미혹한 견해로는 녹의홍
상을 첨가하였으면 더욱 좋을 것 같다."고 하여 좌중이 떠들썩했다. 얼
마 있다가 한 병의 술을 원님이 보내왔다. 내가 "누가 이것을 청했는
가." 하니 정이 말하기를 "제가 아니면 누가 이 술이 없으면 안 된다는
것을 알겠습니까."라고 하기에 나는 말하기를 "이제부터는 미열(迷劣)
하다는 이름을 떼어버리겠다."고 하니 모두들 가슴을 치며 웃었다.
　진세박(陳世博)은 면식이 없는 친구인데 받들기를 전일하게 하더니
홀연 우거진 숲속으로부터 나오니 또한 즐겁지 아니한가. 또 술통을
들고 왔는데 거북이같이 생긴 술통에 찬반에는 삶은 자라가 담겨있
다. 자라는 술을 깨게 하는 좋은 안주가 되며, 거북이 모양을 한 술통
은 입을 대고 마시기에 안성맞춤이니 이 얼마나 기이한가. 돌 위에 이
리저리 흩어져 앉아 젊은이들로 하여금 노래를 부르게 하니 귀거래사
(歸去來辭)를 읊는 자도 있고 산중 막걸리가 잔에 가득하고 옥용(玉龍)
은 무릎 밑에서 긴다. 취기가 약간 돌아 큰 소리로 노래하니, 우주가
자기 세상이라고 노래하는 사람도 있다. 참으로 얼마나 좋은 시절인
가. 비록 유면화를 이 자리에 있게 했더라도 단연코 장안의 연인을 따

라가지 않았을 것이며 왕가(王家)의 단술을 물리쳤을 것이다.

이날 나는 매우 즐거웠다. 주량이 적은 데도 많이 마셨다. 발도 씻고 갓끈도 씻다 보니 어느덧 해가 서산에 가운다. 또 시 한 절을 읊는다.

숲 우거지고 구름 뭉게뭉게 해 저무는데
맑은 물 흐르는 깊은 산속 술잔이 오간다
장단의 노래 속에 마음 서로 전하노라니
골짜기를 꽉 채운 청광 어느덧 사라지네

노복 4~5명이 횃불을 들고 마중을 나왔다. 원사 앞에 돌아오니 마침 마을 사람이 모친의 장사를 지내고 있어 노소가 길가에 모여 있었다. 일행 중에서 서로 나무라는 말투로 "어째 가서 조문하지 않느냐."고 하기에 나는 "노래하였으면 조곡하는 것이 아니다. 소당(蘇黨)의 논쟁이 일어날까 걱정이다."라고 하였다.

또 열송재에서 묵었다. 산행과 술 마시는 일은 실로 15년 만에 있었던 일이다. 고단하여 잠에 빠지니 산 달이 하얀 줄도 알지 못했다.

22일 맑음. 지난 밤 원촌의 장사 집 상여가 입암 앞길에 나와 바라보이는 곳에서 영구를 멈추고 설전(設奠, 노제)하고 절을 하는 예절을 보니 내가 부끄러움을 금치 못했다. 좌객 가운데 비웃는 자가 있기에 내가 말하기를 "주민이 거처하는 집은 토경(土梗, 낮게 지은 흙집)이지 승유(낙숫물을 받는 장식) 따위는 없는 법, 서인(庶人)의 상복이 오히려 옛날 심의(深衣)를 본받은 것 같다. 남쪽 풍속은 소박함을 숭상한다고 말할 수 있다. 하물며 저들의 견전제 등의 예가 오히려 상것들의 상(喪)에서 행해짐에랴. 칭찬할 일이지 웃을 일이 아니다."라고 하였다.

이어 여러 친구들과 더불어 기행시를 지었다. 내가 먼저 이렇게 지었다.

> 저녁까지 읊조리다 그윽한 반삭에 이르니
> 맑고 밝은 도의 본체 사물에 있네
> 들판의 이름 경운이라 봄이면 밭갈이 좋고
> 여울 이름 조월이니 밤의 낚시 알맞을 손
> 한 지역의 경승은 보면 볼수록 서로 다르며
> 아홉 길의 공부는 한 걸음 한 걸음이 어려워
> 문득 속세의 인연 끊기 어려움을 웃으면서
> 위로 다시없는 대인의 너그러움에 노노라

여러 사람들의 시가 차례로 지어졌다. 발을 재촉해 다시 휴로단에 앉아 술 몇 잔을 들고 나서 채찍을 잡고(말을 타고) 나섰다. 권육과 권노가 각각 술과 안주를 가지고 먼저 와서 합류대(合流臺)에서 기다리고 있었다. 맑은 내가 졸졸 흐르고 흰 돌이 가지런한데, 두 갈래의 물이 합쳐지고 뱁짱이풀이 겹겹이 둘러 있어 모두가 볼 만하였다. 술이 몇 순배 돌고 나자 손여두(孫汝斗), 권노, 손시억, 시장, 시의, 시하, 권득정, 권득준과 서로 작별하고 다시 지나온 곳으로 돌아가니 흥취가 전보다 더 좋았다. 돌 하나, 물 한 줄기에 더욱 애틋한 마음이 쏠림은 한 번 보았던 것에서 연유함이다. 『선경(仙經)』에 이른 바, 사람의 칠정 가운데 오직 사랑이 최고라고 한 것이 실로 거짓이 아니다. 수전동은 경주 땅인데 내가 지난다는 말을 듣고 길을 아주 잘 닦아 놓았다. 나는 호여에게 말하기를 "내가 이곳에 부임하였을 때 정사가 은혜스럽지 못하였는데, 백성들의 마음은 떠난 후에 더욱 두텁구나. 얼굴이 더욱 붉어진다."라고 하였다.

잠시 독송정에서 쉬었다. 사람을 시켜 비둘기 집을 살펴보게 하니, 이미 비둘기는 그 집을 버리고 없었다. 한 번 혼이 난 뒤 조심하는 바가 이와 같으니 누가 비둘기를 미련하다 하겠는가.

구리(求里)에서 점심을 먹고 휴식을 했는데, 내성(內城)의 큰 돌들이 큰 냇가에 있어 높이가 50장, 넓이가 수백 칸은 되었다. 이것들이 높다랗게 성벽을 이루고 서 있었다. 나는 말하기를 "대장부의 몸과 마음이 이와 같지 않다면 모두가 구차함이다."라고 하였다.

근처에 사는 선비 김이일, 이명직, 명석, 정석지, 석재, 석붕, 석규, 석관, 이명백, 명주, 이영화, 김성천, 명천 등 20여 사람들이 장막을 설치하고 음식과 술을 갖추어 기다리고 있었다. 정석명도 먼저 와서 기다리고 있었는데, 더러는 얼굴을 아는 사람도 있고, 이름을 들은 사람도 있고, 이름과 얼굴을 다 아는 사람도 있고 성명이 모두 생소한 사람도 있었다. 우리 일행도 매우 피곤하여 그 걸음의 빠르고 늦음을 요량하기 어려웠는데도, 천석의 쉴 만한 곳을 찾아 함께 기다림이 이와 같으니 우리 인심의 후함을 알 만하다.

김공 이일은 나이가 올해 82세인데, 학발동안(鶴髮童顔)에 음식도 잘 먹었고 걷기도 잘 하니 참으로 나라의 길조이다. 얼굴을 대하면 절로 마음이 공손해져 무릎이 꿇어짐을 느끼겠다. 선비 이명직은 제법 풍수설에 대해 이해가 깊기에 내가 말했다. "훌륭하오. 여러 잡술(雜術)이 심황오제와 주공, 공사 이전에 저명하였으나 오직 이설은 장자방(張子房)에게서 조금 드러났다가 이순풍(李淳風)에서 성행하였소. 과연 이것이 정도라면 여러 성인이 어째서 그 단서를 발전시키지 않았겠는가? 옛날 사람의 마음이 무지몽매한 띠는 부모의 시신을 구렁에 버려두고서도 마음이 편안했는데, 여우나 늑대가 이것을 먹는 것을 보고서 이마에 땀이 흐름을 깨닫고 이를 거두어 묻었던 것이다. 비록 그때의 인심이 소박하여 장사에 정성을 드리지 않았겠지만, 이 또한 화복에는 관계가 없음을 증명하는 것이다. 무릇 사람이 보물을 얻어 이를 보관하는 데도 혹 다칠까하여 반드시 안전한 곳에 두는 것이니 하물며 효자의 마음으로 그 어버이의 유체를 장사한다는 것이 어떠한 정리이며, 어떠한 예절이기에 털끝만치라도 소홀함이 있겠는가? 땅이 좋고 나쁜 것이 있다함은 앞선 선비들이 말을 다하여 놓았다. 그 기운이 모이고 기운이 흩어진다는 설에 입각하여 저쪽이 좋겠다 이쪽이 좋겠다 라는 설계를 누가 불가하다고 하겠는가마는 어두운 땅속에 이익을 바란다는 것은 무슨 이치에선가.

부자의 골육은 한 기운에서 갈라진 것이다. 부자 간에 서로 해치는 이치가 없다는 것은 손가락을 깨무는 것으로 자식에게 비유한 것이 어쩌면 그럴듯한 이치겠으나, 나름대로 그렇지가 않은 것으로는 아버지 병에 자식이 아프지 않고 자식의 병에 아버지가 아프지 않음과 같다. 설령 좋은 곳을 구해 장사하여 과연 푸른 까마귀의 말과 같음이 있다 하자. 죽은 자는 이미 기가 끊어져 접속할 계제(階梯)가 전혀 없는데도 오히려 모든 것이 장지 때문이라고 하니 어찌 말이 되지 않음은 생각을 하지 않는가. 나는 그 화복의 이야기를 정밀하게 연구한 적이 있으니, 분명 이는 불교이다. 저들은 윤회로써 삼생을 삼는데, 생각하기를 전생에 죽은 후에 정신이 불멸하여 마침내 다시 꼴을 받아 현생이 되며, 죽음에 미쳐 또 다시 후생이 되니 마치 순환과 같아 끝이 없다. 이것이 소위 윤회이다. 과연 이 설과 같다면 사후의 남은 기운이 골육의 친함과 연접될 수 있을 것이다.

　그러나 우리 유가의 정론을 가지고 이기(理氣)의 생사를 관찰할 때 존재하는 것은 어떠한 기(氣)이며 추급(追及)은 어떠한 이(理)인가? 주자가 산을 논함에 단지 땅의 좋고 나쁜 것만을 말해 부모의 장사를 가려하도록 하였을 뿐인데, 언제 이렇게 하면 자손에게 복이 있고 이렇게 하면 자손에게 해가 된다고 한 적이 있었는가? 그 본뜻을 강구하지 않고 그 논지를 생각하지 않고 세상이 모두 이 말을 증거로 앞선 선비들도 이 법을 행했다고 하니, 참으로 심하도다. 저기가 좋다 여기가 좋다 하는 말은 때가 저 시신이 평안하면 이 마음이 평안하다는 말이지,

어찌 저 시신이 편안하면 이 몸의 복이 된다는 말이겠는가. 산천이 기이함과 빼어남을 포태하고 있어 옛사람이 이러한 설을 만들었을 것이다. 좋은 곳의 큰 기운을 얻어 태어나 자라면 신백(申伯) 및 미산(眉山)의 초목이 시드는 것이 분명한 증거이다. 가만히 생각해 보면, 살아있을 때에 정기가 모임은 과연 그런 이치가 있다고 하겠지만 그러나 죽어서 그 남은 기운이 미루어진다는 것은 또 어느 책에 있는가?"라고 하였더니, 어떤 사람이 말하기를 "그렇다면 그대가 계림(경주)에서 음사(淫寺)를 훼철할 때 먼저 성황에 고하고서 불태운 것도 화복의 경중을 기신에게 돌린 것인데 지금 무엇 때문에 이 법을 배척하여 이어짐이 없다 하는가?"라고 하였다.

내가 말하기를 "두 기가 굴신하여 귀도 되고 신도 되니 곧 양능(良能)이라 하는 것이다. 세속에서 말하는 귀신이 아니다. 복선화음(福善禍淫)은 밝고 밝은 천리이다. 저 소위 계림의 총사(叢祠)는 3천 년을 내려오며 수십 군데를 받들어 없는 것을 가리켜 있다 하여 모독으로 예를 삼아 원근이 분주하게 서로 간사하게 하여 신도가 속임을 당한 지가 오래이다. 그 허망됨을 분명히 알면서, 어찌 차마 부수지 않으랴마는 습속이 이미 굳어져 점차 도가 행해져 성화에 제사하여 고한 것이었다. 비록 제사하지 않을 귀신을 따른 것 같지마는 민중의 마음을 위안하고자 함에서였다. 만약 그 화복이 두려워 그렇게 하였다면 애당초 무엇 때문에 반드시 이를 강행하였겠는가."라고 하였다.

작별에 임해 이명윤, 명계도 뒤에 떨어지고 단지 호여, 권경, 정엄,

진세박과 같이 임리동(林里洞)에 이르러 나무 그늘에서 잠깐 쉬니 해가 서쪽으로 기운다. 정석명이 멀리서 와서 대접하기를 굳이 청하기에 우리 일행을 둘러보니, 하나같이 객인이었다. 그의 집에 이르고 보니 바로 선원동 환귀촌(還歸村)이었다. 꽃을 모종하고 대를 심어 제법 원림의 그윽한 취흥이 있다. 이날 50리를 걸었다.

23일 맑음. 정석달은 주인의 종제인데 평소 행동의 절제가 있는 선비다. 조금 늦게 와서 만나 보았는데, 비록 학문의 조예가 어떠한지는 모르나, 어버이에 정성함과 가묘에 아침마다 배알한다 함을 들으니 충분히 높일 만하다. 그의 아들 원양(元陽)이 이제 나이 16세로 이미 배움에 뜻을 두어 스스로 서경 기삼백(朞三百)의 주를 이해하니 극히 사랑스럽다. 다만 그 기가 너무 약한데 아마 충양(充養)을 잘못한 것 같다. 내가 말하기를 "장경(長卿)은 천하를 주유한 뒤에야 비로소 가슴이 트였으니 군도 모름지기 때로는 더러 산수간을 방랑하며 그 기를 기름이 좋겠다."라고 하였다.

출발하려 할 때 정엄과 진세박은 길이 달라서 어수선하게 돌아갔다. 다시 임고서원에 도착하니 원임 성후원과 이목 그리고 죽림의 성하구와 경주에서 옛 인연이 있었던 장흥경, 서진이 먼저 모여 즐기고 있었다. 모두가 구면들이라 기쁨이 더했다. 점심과 차를 끝내고 떠나려 할 때 서원에서 책 2백여 권을 빌렸다.

모였던 여러 사람들과 호여와 작별하고, 군경과 성하구와 함께 집으로 돌아왔다. 경주 선비 권경기 등 3인이 머물러 기다렸고 군경과

성하구도 잇달아 돌아가니, 집안이 쓸쓸하여 전과 같이 속인의 모습
이 되었다. 다시 한 번 내연(內延)의 산수를 밟아 보기를 꾀해 보겠지
만, 산령(山靈)과 지옥이 나를 귀신을 가로 막는 장애물로 여기지 않고
과연 형악(衡嶽)의 구름을 걷고 받아줄 것인지는 알 수 없다. 이로써
기를 삼노라. (『병와집』 중에서)

입암서원이 있는 구릉에서 바라 본 입암과 기여대와 일제당

2부
새롭게 주목할 인물, 병와 이형상

津存梱則幸從修撰悉欲教良史記嘉言

役乾龍爛日邢恣謏庚申地下煩寃積人間郡

官名嗟有限世跡欲無塵險阻吾審備不堪哭

李參判 元祿軾

送宋德普赴關西幕

城頭滾滾大江橫浮碧晴光麼樹涼留我昔年

興送君今日鏡中竹永明寺傑塵心少箕子四

跡荒試到綺羅叢裡問幾人能免別離情

첫 번째 글

조선시대 목민관
병와 이형상

호를 병와(瓶窩)로 삼은 이유

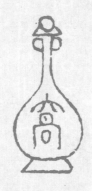

　　당쟁의 회오리바람 속에서 왕가의 혈통을 이은 병와(瓶窩) 이형상
은 자신을 조그마한 병(瓶) 속에 누워 있는(窩) 은둔지사의 모습에 비유하여 호를
병와로 지었다. 꿈에서 만난 신선과의 문답으로 자호의 경위를 기록하였다는 점에
서 몽유록의 형식을 빌렸다. "'병'이란 도기 가운데 가장 보잘것없이 잘 깨어지는
미미한 존재이며, 또한 그 그릇의 형국은 제법 깊숙하지만 얕게 드러나지 않으며,
만약 기울어져서 위태함이 있더라도 그 형세에 따라 용히 굴러나가며, 환란을 만나
도 발꿈치가 깨질지언정 돌아서지 않는 고절함이 있으니 이것은 불행에 대처하는
도라고 하여 '병' 안에 '누워 있음'에 비유하여 호를 병와라 하였다."

병(瓶)이란 도기 가운데 가장 미미한 것

'지이자(支而子, '支而'는 병와 이전의 아호)'는 타고난 성품이 평범하고 미련하고 무디어서 도무지 세상 물정에 밝지 못하다. 또 평소의 성격이 야무지지 못하여 세상에 아무 쓸모가 없다. 일찍이 궁궐 서쪽 성문 밖에 몇 간의 초가집에 세 들어 살며, 괴원(槐院, 承文院)[1]의 벼슬살이를 하였다. 어머니[2]와 형은 인천 시골에 살고 있었기 때문에, 살면서 늘 마음에 바라는 바가 있어 그 마음에 따라 거처하는 집의 옥호(屋號)를 지이와(支而窩)라 하였다.

갑자년 늦은 봄 어느 날, 손에는 노자의 도덕경을 들고 머리맡에는 사마온공(司馬溫公)의 경수침(警睡枕)을 베고 침상에 누워 노곤히 잠이 들었는데, 꿈에 한 노인과 만나게 되었다. 노인이 말하기를 "지이(支而)라는 것은 뜻이 너무 산만하여 본래의 뜻하는 바와 다름이 있도다. 어찌 병(瓶)자로 고치지 않는가?"라고 하였다.

꿈에서 깨어 일어나 그 꿈의 실상이 무엇인가 해석하기 위해 자문자답하였다.

"움막에는 사방 팔 척의 반듯한 누울 자리가 있으니 자리를 펴면 너댓 사람은 누울 수가 있고, 둘러앉으면 열 사람은 자리를 잡을 수 있다. 누구나 성현만을 희망하여 담론하고 청탁을 불문하고 찾아오는 사람들을 받아들여 거절함이 없으니 '병'의 도량과 흡사하다. 이러한 이유로 나의 움막에 편액할 수 있는가?"

"아니다."

"집에 서가와 장서가 있어 이를 대하면 너그러움을 깨치게 되고 이를 읽으면 더욱 맛이 있어 친구 가운데에 글을 가르치는 자는 이것을 곱씹을 것이고, 아이들 중에 배움에 굶주린 자는 이것으로서 배를 채우리라. 꽃술을 머금은 자는 심취할 것이고 꽃을 씹은 자는 뜻이 태평하여 부르면 화답이 있고, 부지런히 수작함은 병 속의 술과 흡사함이 있다. 이러한 이유로 내 움막에 편액할 수 있는가?"

"아니다."

"움막에 서남으로 두 구멍이 있다. 모두 지게문을 달아낼 수가 있지마는 번거로운 감이 있어 서쪽은 봉하고 남쪽만 문을 내었다. 열고 맞이함에 들어오는 사람은 반드시 주인에게 물을 것이다. 조정암[3]이 나에게 묻는다. 조정암이 나에게 있어 마음대로 보내고 맞이한다. 말을 하되 삼가고자 하는 것이 병의 입을 쉽게 지킬 수 있는 것과 같다. 이러한 이유로 내 움막에 편액할 수 있는가?"

"아니다."

"움막에 다른 사물을 허락할 도량이 있어도 내 집의 편액으로 붙이는 것만 못하고, 술을 대신할 사물이 있어도 붙일 수 없으며, 입을 조심할 계훈이 있어도 붙일 만하지 못하다면 과연 어찌 병(甁)으로 어찌 편액하겠는가? 또한 병에서 의미를 찾아 내 움막에 편액할 만한 꺼리가 있으랴?"

"병이란 도기 가운데 가장 보잘것없는 미미한 것이다. 이것을 보는 사람이 가져가지도 않고 이를 듣는 사람 또한 귀하게 여기지도 않는다. 질(質)은 매우 누추하고 쓰임은 매우 협소하다. 주인의 재주가 그와 비슷하다. 몸체에 대소가 있고 양에 얕고 깊음이 있으니 많아야 한 말이 못되고 적으면 겨우 몇 되를 담으니, 마치 사람의 먹는 양에 한계가 있어 요컨대 배가 차면 그칠 뿐 억지로 지나쳐서는 안 된다. 주인의 지혜가 그와 비슷하다. 그릇의 깊이가 제법 깊숙하여 얕게 드러나지 않는다. 형형색색으로 맛이 담담한 것, 냄새가 향기로운 것 등 술이나 차가 그 속에 담겨 있다가 오직 따름으로 해서 내용이 드러나 나타날 뿐, 그릇 속의 어떤 틈이나 공간을 들여다볼 수가 없다. 비록 성곽의 깊음에 자신을 비길 수는 없지만, 역시 방불해서 경솔하거나 천박하고 싶지도 않다.

만약 기울어져 위태함이 있더라도 그 형세에 따라 용감히 굴러나가며 환란을 만나면 발꿈치가 깨질지언정 돌아서지 않는다. 이것이 불행에 대처하는 도이니 흙덩이로 만든 물건이라 해서 소홀히 다룰 수 없는 것이다.

그렇다면 병자(瓶字)로 편액한 것은 무엇을 취함인가? 재주인가 지혜로움인가? 성곽같은 깊음인가? 불행에 처하는 도인가? 그 사람과 물건에서 근사한 것을 취하여 본받고, 그 재주와 지혜의 천박하고 짧음을 살펴 보려하고 성곽 같이 둘러쌓아 도량을 넓히고 불행에 처해서도 생각한다면 그럴 듯하다. 그러나 그 내용물을 기울여서 술잔에 따르면서 이것이 내가 사는 움막에 편액하는 이유라고 하면 될 수 있을지 나는 모르겠다."

　노인은 빙그레 웃었고 나도 갑자기 잠에서 깨어났다. 드디어 이를 기록하여 기(記)로 삼는다.

숙종 10(1684)년 갑자 스스로 짓다(병와자찬기)

박상기(薄相記)

병와 이형상의 자화상

병와가 영조 7(1731)년 79세 되는 해에 스스로 그린 자신의 자화상

이다. 이 자화상을 그리기 전에 자신의 얼굴과 몸의 형체를 정교하고 치밀하게 박

상기(薄相記)라는 글로 기술하고 있다. 자신의 얼굴 각 부위를 좌우로 나누고, 외양

의 특징과 손바닥에 이르기까지 매우 상세하게 기술하였다.

그의 위대한 저서 『남환박물지』도 읍성과 읍성과의 거리의 치수를 도보로 직접 걸어보고 몇 발자국이라고 기술하듯 대단히 실증적인 기술 방식을 썼다. 이당(以堂) 김은호(金殷鎬) 화백은 이 박상기와 자화상이 일치한다고 고증한 바가 있으나, 병와의 질서(姪壻)인 공재 윤두서가 그렸다는 견해도 있다. 그러나 「태고와팔영(太古窩八詠)」라는 자찬 시에 "얼굴은 그려도 마음은 그리지 못하네/동정을 어떻게 그릴 수 있으랴/하늘도 또한 소리와 냄새가 없으니/은근히 나에게 그 상을 보여주네"라는 내용이 있음으로 보아 자화상으로 추정된다.

근곡 이관징(李觀徵)이 공의 모습을 기린 글에는 "조회에 참석하여 언제나 눈으로 사람들을 점검할 때면 위로부터 내려올 때도 필히 공에게 주목하고, 아래로부터 올라가면서도 반드시 공에게 주목이 된다. 다른 사람들도 그런지를 시험 삼아 보았더니 역시 모두 공에게로 눈이 쏠린다."라고 하였다. 당시의 인물들을 논평한 또 다른 글에서는 "병와 공의 눈동자는 마치 잘 익은 청포도 같아서 한 점의 물욕도 없이 반짝인다."라고 했다.

병와 자상화의 복식은 '학창의'이다. 오랑캐 풍습이라 여겼던 여느 다른 고관 대작들은 이 학창의를 입는 것을 꺼려했다. 안의 군수로 있었던 연암도 이 학창의를 즐겨 입었는데 이웃 함양군수 윤광석이 호복(胡服)이라 비판했던 이야기가 있다. 사치와 권위보다 청빈을 실천했던 청백리 병와의 참모습을 나타낸다.

다시는 소년 모습으로 돌아갈 리 없으니

내 나이 팔십이다. 몸은 비록 꼽추는 아니라지만 습체(濕滯)와 각건 증 때문에 십년 전과 비교해서 몸이 매우 줄어든 편이다.

지금의 키는 머리에서 발밑까지 7척 1촌이고, 어깨 넓이는 1척 6촌이고, 허리둘레는 2위다. 얼굴 길이는 1척 1촌이고, 뺨의 너비는 7촌이고, 두 귀와의 거리는 1척 3촌이다. 이마와 눈썹 사이는 4촌 4분이고, 눈썹과 코 사이는 3촌 4분이고, 코와 턱 사이는 3촌 2분이니, 모습은 풍윤(豊潤)하여 분홍황의 안색이다. 광대뼈 아래는 원만하고 턱은 약간 거둬진 편으로 주걱턱에 가깝고 입술은 붉고 두터우며 코 등잔은 두둑하고 반듯하다. 아래 잇몸엔 이가 하나만 남았을 뿐이고, 눈썹 사이는 1촌 5분이니, '공(公)'자 모양의 주름살이 나있고 눈 너비는 1촌 4분이다. 눈빛이 맑게 빛나고 눈썹초리 끝이 치켜올라 있고 귀의 길이는 3촌 4분이니 외곽이 조금 뒤로 붙어 있고 귀뿌리는 입으로 향하고 귓속털이 나와 있다.

윗수염은 입술을 약간 가리고, 입술 밑 수염은 짧고 수가 적으며, 턱 수염은 드물면서 길어 목에까지 이르고, 귀밑에 구레나룻은 목까지 이어져 있다.

오른편의 광대뼈에 검은 사마귀가 북두칠성의 모양처럼 있으며 큰 것은 다섯 점이고 적은 것이 두 점인데 다섯 점은 광대뼈 위에, 한 점은 눈초리 아래에, 한 점은 눈썹 곁에 각각 있다. 왼편의 광대뼈에 사마귀는 삼태성 같이 벌려 있으며 두 점은 입 곁에, 두 점은 광대뼈 위에, 두 점은 눈썹 아래에 각각 있다.

왼손의 손금은 '元'자 모양으로 나있고, 좌우 두 손금 가운데엔 각각 파초 잎 모양의 금이 한 쌍씩 그려져 있다. 네 손가락엔 각각 계주가 있는데 상문에 이르렀고 항상 선의관(공자가 즐겨 쓰던 모자)을 쓰고 옷에 허리띠를 띠었으나 오색의 편조를 버리고 인자삽(仁자 모양의 신)을 신고 지팡이를 짚고 있다.

생각건대 늙어 추하매 다시는 소년 모습으로 돌아갈 리 없으니, 안타깝기 그지없는 노릇인가 한다.

(박상기(薄相記))

<h1>단금명(檀琴銘)</h1>

병와가 1772년에 제주도 한라산에서 고사(枯死)한 단목으로 만든 거문고

　　이 거문고는 우리나라 옛 악기 가운데 온전히 남아 있는 명품 가운데 하나이다. 거문고를 만든 과정에 대한 글이 병와문집에 남아있어 거문고의 연구를 위한 고증 자료로도 매우 소중하다. 병와는 제주목사에서 물러나 영천으로 돌아올 때 이 단금과 시초(詩抄) 꾸러미만 안고 되돌아왔다고 한다. 이 단금에 명(銘)을 짓고 그 앞뒤에 금명(琴銘)을 새겼다. "한라산의 고사목 단목과 향나무로 거문고를 만들어 명을 붙이니 산은 삼신산 중의 하나요 단목은 태백의 여종인데 내가 천고의 뜻을 가지고 아침저녁 육현과 함께 노니네(檀琴, 以漢拏山自枯檀香爲琴 山是三神一 檀爲太白餘 吾將千古意 晨夕六絃於『瓶窩文集』)"라는 오시복의 명문을 받아 새겨 넣었다.

　　이 거문고는 현재 경북 영천 호연정 경내에 있는 유고각(遺稿閣)에 보관되어 있다.[4]

너의 소리가 청아하고 느슨하며

　순 임금은 오동나무로 만들었고 혜강은 옻나무로 만들었으니[5] 박달나무로 거문고를 만든 것은 오래된 일이 아니다. 그러나 한라산은 역양[6]으로 삼고 적송(赤松)[7]을 단금으로 여기고 오야(吳爺)[8]의 필치를 담아 탐라로부터 지니고 돌아 왔으니, 후세에서 지금을 본다면 또한 옛날이요, 더구나 너의 소리가 청아하고 느슨하며 내가 더럽히거나 속됨을 용납하지 않는 것이 음이니 어찌 사람도 오랜 옛날 사람이고 악기도 오랜 옛것이 아니겠는가? 이것을 명한다. (오시복의 단금명)

백록담의 우선[9]은	白鹿潭友仙
담담하고	淡如也
영주의 해반[10]의 글씨는	瀛州海伴書
널찍하고	浩如也
병와가 연주하는 소리는	瓶窩之鼓
끊임없이 이어지리	繹如也

병와 이형상

단금(檀琴)[11]

산은 삼신산(三神山)의 하나요	山是三神山
단향목은 태백산의 여종(餘種)일세	檀爲太白餘
나는 천고의 뜻을 가지고	吾將千古意
아침 저녁 여섯 현을 연주하네	晨夕六絃於

누대에서 거문고를 연주하다

홀로 깊숙한 누대에 올라 앉아	獨坐幽臺上
유연히 만고의 마음일세	悠爲萬古心
돌아와 소나무와 대나무 소리를 가져다가	還將松竹韻
가느다랗게 거문고에 올려 연주하네	細細入彈琴

오성찬(五聖贊), 공재 윤두서의 〈오성도〉

병와는 자신의 질서(姪壻)이자 조선조 최고의 화가인 공재 윤두서
에게 부탁하여 그린 '기자, 주공, 공자, 안자, 주자' 다섯 성현의 묵화 〈오성도〉를
당시 영천 주남에 있었던 성남서원(대원군 훼철) 벽에 안치해 두고 매일 분향 추모
하였다고 한다. 병와는 문방사우(벼루, 붓, 먹, 종이)뿐만 아니라, 심지어 양치 그릇
(漱器)이나 책상, 수석, 벽장(壁欌)에까지 명(銘)이나 찬(贊)을 지어 자신의 행동이나
심성을 바르게 하고 경계하는 지침으로 삼았다. 병와가 이렇게 자신의 언행을 관리
하는 모습에서 한순간도 수신을 게을지하지 않는 조신 선비의 전형을 본다.

오성찬(五聖贊)

나는 강릉에 공자의 사당이 있고 해주에 백이를 추모하는 사당, 청성사(淸聖祀)가 있다고 들었다. 그 이름을 사랑하고 그곳을 존경하는 것은 기류가 그리된 것이다.

내가 영천의 성고(城皐)에 우거하여 살게 되었는데 이것이 대개 음이 공(鞏), 낙(洛) 사이에 두 고을 이름과 같으므로, (기(岐, 주나라의 옛 땅), 박(亳, 탕의 옛 땅), 사(泗, 공자가 살던 땅), 민(閩, 주자가 살던 땅)이 멀지 않다는 생각이 있는데다가, 또 일찍이 서여첩(胥餘帖, 기자(箕子)의 이름), 주남(周南, 문왕이 다스린 지역), 방산(防山, 공자의 묘가 있는 땅), 누항(陋巷, 안자(顏子)가 살던 땅), 한천(寒泉, 주자(朱子)가 살던 땅)) 사이를 올라가 거닐어 보기도 하였다. 선비가 천년 뒤에 태어나 그분들의 도학을 외우고 배우는 것도 다행인데 더구나 지명까지 서로 부합됨에야. 이것이 다섯 성현의 그림을 벽에 걸게 된 이유이다.

새벽이나 저녁으로 바라보고 사모하며 좌우로 조심하고 공경하면 엄한 스승이 엄연히 곁에 계신 듯하다. 나는 큰 제사라도 모신 듯하니 어찌 방구석에 부끄러움이 없게 할 뿐이리오. 이것을 마음에 이르노라.(『병와집』 중에서)

〈오성도〉 해설

윤두서 작, 〈오성도〉(주공)   윤두서 작, 〈오성도〉(안자)

앞의 글은 병와의 오성찬에서 다섯 성인을 사모하는 이유를 밝힌
글이다.

이 〈오성도(五聖圖)〉를 그린 이는 조선 후기의 화가인 공재(恭齋) 윤

두서(尹斗緒)[12]이다. 자는 효언(孝彦), 호는 공재, 종애이며 본관은 해남이며 숙종 때 진사에 급제하였다. 고산 윤선도의 증손이며 병와의 질서이다. 글씨와 그림에 능하였는데 특히 인물, 동식물 등의 그림에 뛰어났다. 현재 겸재와 함께 조선의 '3재'라 불린다. 작품으로 〈노승도〉, 〈산수도〉, 〈자화상〉, 〈유하백마도〉, 〈나물 캐는 여인〉, 〈짚신 짜는 노인〉, 〈동국여지지도〉 등이 있다.

병와가 백씨인 이형징이 당파에 연루되어 어려움에 처해 있을 때 질녀인 형징의 딸을 데려다 키워 공재 윤두서에게 취가시키니, 공재는 바로 병와의 질서가 되었다. 병와는 또한 윤두서의 요청으로 제주도 박물지인 『남환박물지』를 지어주는 등 학문적으로도 끊임없이 소통하였다. 근기남인 계열에 있었던 식산 이만부와 더불어 공재 윤두서와 성호, 다산 모두 남인 실학계의 구성원이었다. 이들은 조선 후기의 실학파의 근원 곧 지봉(芝峰)으로 이어지는 근기실학파라 이름할 수 있다.

현재 영천시 호연정 병와 유고각에 보존되어 있는 〈오성도〉는 병와 이형상의 요청을 받고 공재 윤두서가 숙종 32(1706)년 직전에 오성 곧 "기자(箕子), 주공(周公), 공자(孔子), 안자(顔子), 주자(朱子)"의 화상을 명주 비단에 묵화로 그린 그림으로 43×21.6cm 크기이다. 5폭 모두 동일한 크기이고, 배접한 괘도로 5인의 성현들은 모두 단독 입상의 그림으로 양손을 모두고 얼굴은 7분면 정도로 왼쪽으로 돌린 모습이다. 그림의 왼쪽 상단에는 성현의 명함을 표기했다.

〈오성도〉는 공재의 〈십이성현도〉, 〈심득경초상〉, 〈자화상〉과 더불어 뛰어난 인물화의 대표작이라고 할 수 있다. 특히 공재가 이와 같은 일련의 성현도를 제작한 것은 그의 유교적 인간상에 대한 존숭 의식이 반영된 것으로 판단된다. 공재가 그린 〈오성도〉는 공의 처삼촌인 병와 이형상의 요청으로 그린 것이고 화첩으로 만든 '십이성현도'는 성호의 형인 섬계(剡溪) 이잠(李潛)[13]의 요청에 따라 그린 작품이다. 성호 이익은 〈십이성현화상첩〉에서 화첩으로 만든 경위를 소개하고 있듯이 당대의 유가에서 중국의 성현을 화도로 그려 존중하는 전통을 반영하고 있다.

이 〈오성도〉 역시 공재 윤두서의 〈자화상〉과 동일한 세필의 사실적 묘사화로 화풍이 유사한 동시에 〈십이성현화상〉 등과 함께 이상적인 유교적 인간상을 사실적으로 묘사한 뛰어난 작품이다.

〈오성도〉는 공재 윤두서의 작품으로 명주비단에 묵화로 그린 인물도인데, 숙종 32년(1706) 이전에 그린 것이다. 병와의 〈행장록〉에 따르면 "丙戌年 請由還家 是永歸計也 (…중략…) 使尹上舍 斗緖 摹五聖 眞 案壁龕 有時焚香展拜"라고 하여 이 〈오성도〉도 공재 윤두서가 그림 작품임을 확인할 수 있다. 또한 병와의 『언행록』에 "壁上掛 五聖贊 (箕子, 周公, 孔子, 顏子, 朱子) 扇柄刻二子符(順是) 案有四友銘 嗽哭怪石盆 皆有銘以自警(벽에 다섯 성인-기자, 주공, 공자, 안자, 주자)의 찬을 걸어두고 부채 자루에는 '순·시(順·是)' 두 글자를 명으로 새겼으며, 책상에는 사우(四友)의 명이 있었고 수기에는 괴석분도 있었는데, 모두 명이 있었는데 그것으로 스스로를 경계하였다."라는 기록이 있다. 『병와집』 권4 찬에 '오성찬'의 서문이 실려 있다.

이 〈오성도〉와 더불어 국립중앙박물관에 소장되어 있는 〈십이성현도〉와 〈심득경초상〉과 〈자화상〉과 동일한 화풍의 작품이다.

〈오성도〉는 배경이 없는 인물상만을 그렸으나 〈십이성현도〉는 배경 그림이 있는 차이를 보여주고 있다. 당시 중국의 성현들의 모습을 판각으로 그려진 것이 유통되고 있었지만, 이를 모델로 하여 당대의 최고의 화가의 사실적인 필법으로 그린 뛰어난 작품으로 평가할 수 있다.

앞으로 판각화와의 비교를 통해 〈오성도〉의 화풍이 어떻게 계승되었는지 더 깊은 연구가 요청된다.

공재 윤두서는 당대 최고의 화가로 평가되고 있으나 실제로 그의 학문적 영역은 지리, 관방, 예악 등 두루 미치지 않는 곳이 없을 정도의 실학의 선구자이기도 하다. 그의 가계를 살펴보면 공재의 초취의 장인은 지봉 이수광의 손자인 이동규(李同揆)이며 재취의 장인은 병와 이형상의 맏형인 이형징이다. 성호 이익, 식산 이만부를 비롯하여 병와 이형상과 더불어 근기 남인 계열의 실학파의 맥으로 이어지고 있는 점으로 보아 유학과 실학을 접맥시킨 진보적 지식인이었다.

따라서 그의 작품 전면에 서정적 관찰에서부터 인물, 동물, 풍속 등 박학한 사물의 인식론에 근거한 화풍의 특징을 보여주는 동시에 인물화에서 나타나는 사실적 묘사는 조선 후기의 새로운 모더니티를 반영해 주는 작품이라고 할 수 있다.

『병와언행록(瓶窩言行錄)』에 "벽에 다섯 성인(기자, 주공, 공자, 안자, 주자)의 찬을 걸어 두고 부채 자루에는 두 글자의 부(符) 곧(순함이 옳다(順是))를 새겨두었으며, 책상에는 네 친구(붓, 벼루, 먹, 종이)의 명이 있으며 수기(喇哭, 양치질하는 물 그릇)와 괴석 돌 분에도 명을 지어 두고 스스로 경계하였다(壁上掛 五聖贊(箕子, 周公, 孔子, 顏子, 朱子) 扇柄刻二字符(順是) 案有 四友銘 喇哭塊石盆 皆有銘以自書(瓶窩言行錄))는 기록에 근거하여 오성찬은 오현도(五賢圖)에 쓴 화제이다.

참담축(慘憺軸)

앞명(前銘)[14]

소리 없는 시요	無聲詩
소리 있는 그림이라	有聲畵
공재(恭齋)의 이름이	恭齋名
천하에 으뜸이라	冠天下
어진 사위가 되어	爲東床
신(神)을 나타냈으니	形其神
이분이 우리 형의	是吾兄
만회(사위)이시다	晚悔也

숙종 임금의 유서(諭書)

가보장(家寶蔵)

병와는 숙종 6(1680)년 문과 급제하여 승문원 부정자로부터 관직에 오른 이후 주로 목민관으로 12년간 근무하였다. 가는 곳마다 정치·사회적 부조리를 개혁하는 많은 치적을 남겼다. 병자·정묘란을 거치면서 관방의 중요성을 일찍 깨달은 병와는 가는 곳마다 관방정책을 치밀하게 하였으며, 가난하고 주린 백성을 위해 전정제도를 개혁하고 여항의 폐단이나 누습을 철회하는 등, 백성을 위해 실천한 목민관이었다. 병와는 81세 일기까지 60여 차례 관직을 제수받았으나, 50세 되던 해 제주목사를 끝으로 공식적인 환로에서는 물러났다. 낙남하여 142종

326책에 달하는 방대한 저술을 남겼다.

성주 전정제 개혁을 주상에게 상주하다가 도리어 파당의 무고로 양주목사 재임 도중에 삭탈관직을 당하기도 하였으며, 여러 차례 중앙 내직에 임명되었으나 스스로 사양하는 소을 올리기도 하였다. 판결사를 사양하는 소에는 "신이 과거에 오를 때부터 마음에 맹세한 바가 있습니다. 마르고 젖은 곳을 가려 자신만 편하려고 하겠습니까? 힘이 미칠 수 있다면 죽는다고 해도 피하지 않을 것이나 재주가 미치지 못하는 경우 영화롭다 해도 나가기는 어렵습니다. (…중략…) 조정에 선 지 12~13년 동인 아홉 번이나 고을 맡았으나, 그때마다 하자가 발생하여 번번이 죄를 얻고 말았으며 일찍이 한 가지 일로 조그만 보답도 못했습니다."라고 하여 판결사 직을 물리쳤다.

그러나 성주목사 시절과 동래부사 시절의 목민관으로서 관방 시설의 수축과 백성 구휼에 대한 치적을 높이 평가한 숙종 임금은 두 차례 유서와 함께 포상을 내렸다.

숙종의 유서(諭書)

숙종이 두 차례에 걸쳐 병와에게 유서를 내렸다. 성주목사로 재임하던 숙종 13(1687)년에 영남의 주요 관방(關防) 지역인 성주의 독용산성(禿用山城)이 허물어진 것을 고을민들이 힘을 합하여 열흘만에 다시 견고하게 수축하여, 성내에 흩어졌던 군사 10호를 다시 관방에 임하도록 한 공을 치하하기 위해 숙종이 유서와 함께 필마 1필을 내렸다.

성주목사 시절에 받은 숙종의 유서

유(諭) 성주목사 이형상

이번 경상우병사 이필(李泌)의 계본을 보니, 성주 목사 이형상은 근래에 내린 장마비로 독용산성(禿用山城)이 무너졌으나 고을 내의 물력을 스스로 동원하여 열흘 만에 견고하게 다시 수축했으며, 성내에 흩어진 사병 10호를 돌아오게 하였으니 그 공을 치하해 줄 만하여 특별히 숙마(熟馬) 한 필을 하사하노라.

(강희 28(1689)년 윤 3월 초2일)

이 유서에는 숙종의 어보인 「유서지보(諭書之寶)」의 붉은 주사 어인 (御印)이 5방에 처결되어 있다.

동래부사 시절에 받은 숙종의 유서

유(諭) 동래부사 이형상

숙종 16(1690)년 동래부사 재임 시절, 그해 흉년이 들어 길거리에는 굶어 죽은 사람들의 시체가 가득하고 유랑민이 늘어나자 「동래타관기민일체진휼첩」을 올렸다. 동래 지역에서는 굶주리는 백성을 위해 구호양곡을 풀자 이웃 지방의 걸인과 유민들이 떼를 지어 몰려오니, 이를 사방으로 흩고 이웃 고을에서도 이를 구호하는 계책이 필요하다는 글을 조정에 첩으로 올렸다.

당시 울산에서 온 떠돌이 소년이 굶주려 온몸에는 버짐이 퍼지고 다리에는 음종이 나 뼈가 튀어나온 것을 보고 간호를 했지만, 3일 만에 죽는 모습을 보고 병와는 눈물을 흘렸다. 관내 백성에게 구호양곡을 풀어 구휼했지만 이러한 선정 소식을 들은 이웃 고을의 유랑민이 구름처럼 몰려 왔다고 한다. 그러나 어느 한 고을에서만 선정을 한다고 해도 전국적으로 닥친 이 재난을 피할 수 없는 일임에 조정에 보고하여 전국적으로 굶어 죽어가는 백성들에게 구호의 손길이 내리도록 한 것이다.

숙종이 이 사실을 뒤늦게 알고 1693년 윤7월에 유서를 내려 "이번 본도의 감사 이담명(李聃命)의 장계를 보면 동래 부사의 창의의 노력과 한 고을의 물량으로 주민은 물론 유랑민 등 모두 7만 여명에게 구호양곡을 풀어 구휼한 공로를 매우 가상히 여겨 전임 동래부사 이 모(형상)에게 특별히 옷감 한 벌을 포상하고 아울러 유지를 내린다."

이 유서에는 숙종의 어보인 「유서지보」의 붉은 주사 어인(御印)이 3방이 처결되어 있다. 이 유서의 발급 날짜 "康熙 三十年 閏七月日"은 곧 숙종 19(1693)년 윤7월로, 실제로 병와가 숙종의 유지를 받은 것은 동래부사를 그만 둔 2년 뒤이다.

병와의 인장과 낙관(落款)

수정에 정교하게 조각된 사자상 인장(상단)

"병와 이형상의 인장과 낙관은 현재 호연정 정각 내에 유고각에 보존되어 있다. 가장인, 호, 자, 인명, 낙관 등 45개가 온전하게 보존되어 있다. 그 가운데에는 수정에 아주 미려하게 새겨진 인명인에서부터 꽃문양의 화인과 유인 등 수십 개가 있다."[15]

병와가 남겨 둔 애장품

　병와 이형상이 사용하던 인장과 각종 낙관 45개가 영천시 호연정 내에 있는 〈유고각〉에 보존되어 있다. 이 인장과 낙관은 가장인과 자호, 인명을 비롯하여 자서나 각종 장서에 찍는 낙관과 시문에 찍는 유인으로 구분할 수 있다.

李衡祥(인명)

▶가장인 : 完山之世, 完山世家

▶호, 자 : 仲玉, 瓶窩, 瓶窩

▶인명 : 李衡祥, 李衡祥仲玉章, 李衡祥

▶낙관(두인) : 木石居, 畑霞, 西坡, 氣惡齊, 晩木林門壹欄露雪閣月風
　　　　　　　興, 只可自怡悅 不堪持贈君. 병와의 자필 저술 대부분
　　　　　　　에 다양한 소장 낙관이 찍혀 있다. 『탐라순력도』, 『악
　　　　　　　학편고』, 『경영록』, 『지령록』, 『가례편고』, 『추원록』
　　　　　　　등 대부분의 저서 맨 앞장이나 제일 뒷장에 자신의 자
　　　　　　　서인으로 낙관을 찍어 두었다.
▶낙관(화인) : 국화문양, 나뭇잎문양, 구름문양, 문양
▶유인(遊印) : 不欺母愧, 主人翁, 五帝翁, 亭亭亭, 天地詩狂客 江湖
　　　　　　　睡醉人, 琴書中有眞 味, 聖聞, 梅竹淸風, 書如是架 江
　　　　　　　山人山 齊月酒樽, 聽鶯堂

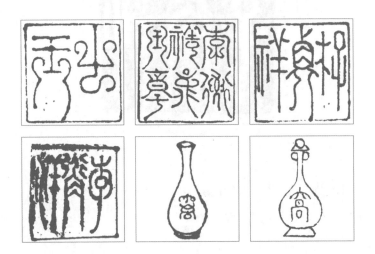

瓶
窩

玉　祥　李
章　仲　衡

瓶
窩

祥　衡　李

世　　完

完　之
山　世

仲　玉

不　母
欺　愧

祥

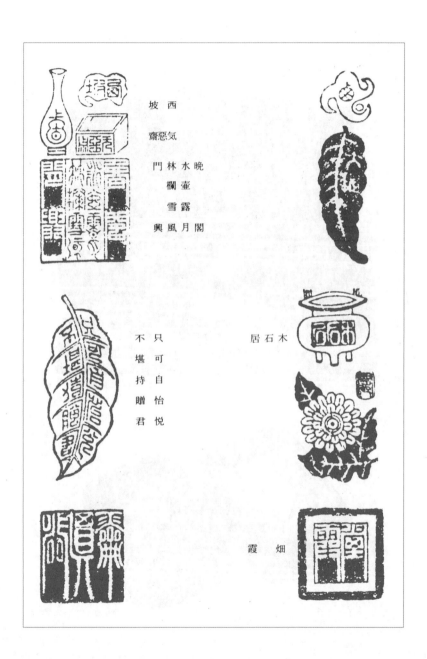

坡　西
齋　惡気
門　林　水　晚
　　欄　壷
　　雪　露
興　風　月　閣

居石木

不　只
堪　可　自
持　自　怡
贈　怡　悦
君

霞　畑

병와가 사용하던 벼루

혼돈각명(混沌殻銘)

병와가 경주에서 채취하여 애장했던 혼돈각

숙종 18(1692)년 병와가 경주부윤 재임 시절에 전설로 전해오는 경주 지방의 조개무지에서 채취해 온 화석돌에 혼돈각(混沌殻)이라는 명(銘)을 붙여 늘 곁에 두고 수신과 경계의 기준을 삼았다. 이처럼 병와는 문방사우와 집, 방, 책상 등 모든 것에 명을 지어 한순간도 흐트러지지 않고 자신을 경계하고 수신하는 잣대로 삼았다.

병와가 애장한 수석에 명을 붙이다

세 번 지나간 정해년에 오대산에서 큰 바위가 무너져 깨졌는데, 그 속에 유기의 술잔과 받침대, 그리고 금으로 만든 사람모양 인형이 있었다. 또 금강산16)에는 절벽에 조개껍데기(화석)가 붙어있고, 무뿌리 (화석)가 땅에서 나왔다.

같은 사람의 시에 "조개껍질이 돌에 붙어 있으니 어느 때엔 바다인 가/무가 산에 나니 태고 시절엔 밭이로다"라고 하였으니 이는 소설에 나온 이야기이다. 그리고 영천의 숫돌언덕(礪峙)에도 소라껍데기가 돌에 붙어 있었는데, 이것은 내가 눈으로 직접 본 것이다. 주자(朱子)도 소라껍데기가 돌에 붙어 있는 것에 대해 말씀하기를 "분명 이것은 옛 물건이다."라고 하였으니 대개 사물의 이치가 그런 것이다.

경주에 무너진 방둑이 있는데 전설에 따르면 고려 때에 용이 이 둑 으로부터 날아 올라 서쪽 산등성이를 깨뜨렸다고 한다. 높이가 열 길 이 넘는 그 산등성이에는 조개껍데기가 수북이 쌓여 있었다고 한다. 본래의 모습대로 온전한 것도 있고 반은 온전하고 반은 변한 것도 있 고 혹 완전히 변한 것도 있었는데 낱낱이 다 돌이 되어 있었다. 그래서 이 고을 사람들이 장사를 지낼 때면 그것을 파다가 조개 회(灰)로 삼아 관에 칠하여 사용하였다는데 고려시대부터 지금까지 얼마나 파냈는 지 또 얼마가 남았는지도 알 수 없다. 거기서 바다까지는 50여 리이다. 천지만물이 녹아 융해될 때에 어떻게 홀로 조화의 변화 속에서 빠져 남아 6만여 년 지나도록 이와 같이 남아 있단 말인가?

내가 지금 취해온 것은 조개와 소라가 합쳐져 하나가 된 돌인데 다른 잡것은 하나도 섞이지 않았으니 또 얼마나 기특한가? 앉는 자리 바른 편에 놓아두고 이치를 살펴보고 만져 보면서, 이름을 혼돈각(混沌殼)이라 명(銘)을 지어 스스로를 깨우치는 지침으로 삼는다.(『병와집』 중에서)

澤存栖則幸從修撰悲欲教良史記嘉言

李象判 元祿輇

設乾龍爛日邪恐說庚申地下煩冤積人閒罪

官名嗟有限世跡欲無塵險阻吾曾備不堪哭

送宋德普赴關西幕

城頭滾滾大江橫浮碧晴光壓樹涼留我昔年田

興送君今日鏡中竹永明寺傑塵心少箕子田

跡龐試到綺羅叢裡問幾人骸免別離情

조선 최대의 저술을 남긴
병와 이형상

병와 이형상의 저술

이동환 교수는 "병와는 본래 경기 출신학자로서 일찍이 과거를 통해 벼슬길에 나갔으나 당시 당쟁으로 어지러운 정국 때문에 중앙조정에 들어가 그의 탁월한 역량과 포부를 펴볼 기회를 한 번도 얻지 못한 채 지방 주군으로만 돌다가 1700년 경주부윤으로 재직 중 상관과의 마찰로 사직하고 영천에 은거하여 호연정(浩然亭)을 짓고 학문에 전념한 분이었다. (…중략…) 즉 병와는 시기적으로 보아 반계와 성호의 중간에 놓이는 실학의 선구자의 한 사람인 셈이다."라고 평가하고 있다.(본문 중에서)

국내 최고 방대한 병와의 저술, 142종 326책

병와는 경주부윤에서 물러나와 만년의 은거지였던 경북 영천에 소재하는 호연정(浩然亭)에서 숙종 26년부터 약 30여 년간 총 142종 326책이라는 방대한 분량의 저술을 하였다. 병와의 저술 생활에 대해서는 손자인 만송(晚松)이 쓴 『가장초(家狀草)』에 이렇게 말하고 있다.

"以言乎文章 則凡爲詩文 不抱一法 只主理順 辭達篇圓 而大體固好 則末者役心敲推 平生著述 多至數百券 而筆力浩汗 人之見之者 有若望洋之難窮矣 以言乎工夫 則自中年嘉遯以來 專心性理 夙興對書 字字研究 時時箚錄 冬不呵凍 夏不揮汗 竟夕通宵 日以爲常 枕上潛思之義 亦多感悟於夢中 前後三十餘年 勤篤如是 若及造詣深淺 遺集在耳 誦其詩 讀其書 人皆可知 夫豈得爲孫者 所用議到也."

병와의 저서와 작품은 자신이 쓴 저술 목록에 의하면, 142종 326책이나 된다. 실제로 선생이 저술한 것은 이것보다도 더 많을 것으로 추정된다. 200여 년 이상 전해오는 동안 상당수의 유실이 있었을 것이다. 그 증거로 선생이 친필로 쓴 저서 목록과 현재 종가에서 소장하고 있는 것과 비교해 보면 그 수량의 차이가 상당함을 보아도 충분히 알 수 있다.

병와 유고를 보존하고 있는 유고각, 호연정 뒤에 있다.

　문화재관리국 최순희(1978)님이 조사한『병와저서목록(瓶窩著書目錄)』에는 성리학서 13종, 예악서 11종, 보서 15종, 지리서 9종, 사서 3종, 주의서 2종, 일기문 3종, 잡서 8종, 역서 1종, 문집 6종, 유묵 2종, 목록서 2종, 기타 18종, 총 91종 147책이라고 한다. 그 가운데 주요 저서에 대해 간략하게 소개하면 다음과 같다. 저서에 관한 소개는 조종업 교수의『병와문집』해제와 권영철 교수의『병와문집』해제를 많이 참고하였다.

성리학 저술

경서채강(經書採綱)

필사본 1책으로 32.7×21cm 크기로 16행 30자로 주는 상행으로 되어 있다. 병와 72세인 갑진년에 서문을 쓴 것으로 보아 경종 4(1724)년에 완성된 것이다. 그 서두에 72세 때에 21경을 두 달 만에 모두 논술을 끝냈다니, 그 내용이 어떠한 것인가를 짐작할 만하다. 13경과 심경, 근사록에서 뽑은 글이다.

강기(强記)

필사본 1책으로 25×21cm 크기로 20행 50자로 되어 있으며 경종 3(1723)년에 지은 것이다. 내용은 자의에 대한 것이다.

문주연(文周衍)

필사본 2책으로 30.0×20.6cm 크기로 유계 12행 22자이며 반곽은 23.0×17.0cm 크기로 영조 3(1727)년에 저술한 것이다. 『문주연』의 '文'은 문왕, '周'는 주공(周公)을 가리키고 '衍'은 부연한다는 뜻이다. 서문에서, 문왕의 괘사와 주공의 효사에 대한 연의임을 설명하고 있다. 상경과 하경으로 각각 나뉘어 두 권의 책으로 되어 있다.

병와유고별집(瓶窩遺稿別集)

필사본 1책으로 31.0×21.0cm 크기로 유계 12행 8자이며 반곽은 23.0×17.0cm이다. 성리학 관련 글을 모은 책이다.

사서훈몽(四書訓蒙)

필사본 1책으로 34.0×23.0cm 크기로 16행 25자로 되어 있다. 숙종 31(1705)년에 저술한 것으로 내용이 『병와강의』와 유사한 책이다. 여기에 「사서훈몽서(四書訓蒙序)」가 있는데 이 책은 앞에서 말한 「병와강의서」와 같은 글이다. 다만 이 서문 앞에 갑신년 겨울에 세 자식과 두 사위와 대학을 함께 강했다는 내용의 말이 5행 첨가되었을 뿐이다.

제명은 『사서훈몽』이라 하였지만 내용에는 겨우 대학만의 강의로 37매에 그치고 있다. 여기에는 삼강팔조도(三綱八條圖), 명명덕도(明明德圖), 신민도(新民圖), 지어지선도(止於至善圖), 격치도(格致圖), 계의도(誠意圖), 오심도(五心圖), 수신도(修身圖), 제가도(齊家圖), 치국도(治國圖), 평천하도(平天下圖), 결도 등의 그림이 있는 것이 특이한 점이다.

선후천(先後天)

3권 3책 필사본으로 29.0×20.2cm의 크기이고 무곽 무행으로 1면 17행 25자로 되어 있다. 영조 2(1726)년 2월에 집필하여 동년 4월 11일에 마쳤다. 주역의 선천과 후천에 대한 것을 설명하고 복희는 선천, 문왕과 주공은 후천이요, 공자와 맹자는 선후천이라고 설명한 역학서로 보물 제652-1호이다.

주역의 선천(先天)과 후천(後天)에 대한 것을 설명한 것이다. 1, 2권은 건에서 미제까지의 상, 하경을 설명하고, 3권은 계사를 설명하였는데, 1, 2권은 오사란내에 정서되었고, 3권은 선이 없이 정간(井間)만으로 정서되었다.

이 책은 그의 역학이론의 핵심을 담고 있는데 "명분지수(名分之守)와 애

경지실(愛敬之實)이 상체로서의 본을 이루기 때문에 근본을 실천하고 갈고 닦아야 한다."는 관점에서 기술한 역학서이다. 『주역』의 선천과 후천에 대한 것을 설명하고 복희는 선천, 문왕과 주공은 후천이요, 공자와 맹자는 선후천이라고 설명한 역학서이다. 병와의 역학 이론은 다산 정약용에 앞서는 성과인 듯한데도 학계의 조명을 받지는 못했다. 따라서 학계에서 병와의 역학 이론에 대한 전면적인 재조명이 필요한 것으로 판단된다.

3권 3책, 필사본 29.0×20.2cm, 보물(제652-1호)

사서삼경(四書三經)

필사본 10책으로 35.5×24.0cm 크기로 16~17행 30~32자 내외 되어 있다. 숙종 43(1717)년에 저술한 책이다. 『상서(尚書), 모시(毛詩), 례의(儀禮), 춘추(春秋)』를 비롯한 경서를 모은 책으로 『병와강의』와 같은 종류로 서로 연계된 것이다. 옛날 과문을 공부하는 데 있어서 사서에는 '의(疑)'를, 오경에서는 '의(義)'를 강조하였다. 그러나 그 방법은 다를 것이 없고 모두 설의설난의 가제를 설정하고서 그것에 대한 해답을 하는 것이다. 『상서』가 167장, 『모시』가 153장, 『예의』가 195장이다.

이것은 한국화중앙화연구원 영인본 제4책에 들어 있고, 『춘추(春秋)』 121장의 일부는 동 제5책에 들어 있다. 『주역』의 경우도 다른 경서나 사서의 예와 마찬가지이다. 이것도 『병와강의』의 하나임은 말할 것도 없다.

단, 여기에는 서가 있다. 즉, "병와란 누가 사는 집이며, 강의란 누가 그 의를 강하는 것이냐? 이것은 저술의 뜻을 둔 것이 아니고 다만 네 아들과 두 사위가 한 때 글을 배우면서 각각 의심나는 것을 종종 질문함을 따라서 처음에는 쪽종이에다가 써 주었다가 이것을 또 수집해서 책을 이루었다……."라고 하여 강의서와 비슷하고 일부분은 같은 것도 있다. 이 서를 쓴 것이 을사(1725)년에 있었으니, 다른 경서의 강의보다 가장 일찍이 이루어진 것이다.

뿐만 아니라, 제1권 머리에 '병와강의 권1'이라고 제(題)한 것으로 보아, 실은 『병와강의』는 주역으로부터 시작된 것이 아닌가 생각된다. 그러므로 뒤에 찬한 "병와강의서(瓶窩講義序)"(논어강의 머리에 붙인 것)가 이 서의 내용을 부연해 늘렸고, 그곳에는 다만 "瓶窩講義"라고만 써 있고 "권지

○"의 표시가 없다.

이 주역의 강의 중 권 1, 2는 건괘로부터 미제괘에 이르기까지 각 괘에 대한 설명으로 그쳤고, 권3은 계격사, 권4는 설괘(說卦) 등으로 나누어 설명하였다. 주역의 강의는 이 외에도 『연역주해(衍易註解)』, 『문주연(文周衍)』, 『선천후(先後天)』 등의 저술이 따로 있어서 선생이 여러 경서 중에서도 특히 역학에 대해서 치중하였던 것이 아닌가 생각된다.

연역주해(衍易註解)

주역의 문제를 가지고 주역내의 서로 상응한 관계와 역학 이외의 다른 문제가 역학과 관계될 수 있는 것들을 가져다가 부연해서 설명한 것들이다. 주역도서(周易圖說), 태극도설(太極圖說), 이도설(理圖說), 기도설(氣圖說), 음양도설(陰陽圖說), 상도설(象圖說), 수도설(數圖說) 등과 기타 역학에 관련된 여러 학설들을 부연하고 있다.

성리자의(性理字義)

본인이 지은 것이 아니고, 주자의 제자 진안경(陳安卿)이 지은 것을 축조해서 연역한 것이라고 밝히고 있다. 여기에는 자서 이외에도 진밀(陳密)의 서와 김세겸(金世濂)과 이식(李植)의 서문도 앞에 실려 있다. 모두 두 권으로 되어 있으며, 행서로 쓰여 있다.

주서절요(朱書節要)

『주서절요』를 가지고 병와가 아는 것을 기록해서 보기에 편하고 알기 쉽게 만든 것이다. 『주서절요』를 사서에 입문하는 계제로 생각하였기 때문에, 아이들에게 충실히 가르치고자 하여 그 의리에 깊은 것이거나, 사리에 어려운 것을 가려서 공의 아는 지식으로 쉽게 설명한 것이다. 그러나 공이 생각하기에 쉬운 것은 뺀 셈이다.

성리대전초(性理大典抄)

필사본 1책으로 21.5×14.3cm 크기로 14행 24자로 되어 있다. 『성리대전』을 간략하게 간추려 정리한 것이다.

수명록(邃明錄)

필사본 1책으로 28.5×20.5cm 크기로 14행 24자로 되어 있다. 손자 만송을 위해 만든 자훈서이다.

수양록(邃養錄)

필사본 1책으로 23.0×12.8cm 크기로 8행 16자로 되어 있다. 도회가 삽입되어 있다.

예조연옹(藝藻吮壅)

필사본 1책으로 34.6×22.0cm 크기로 14행 26자로 되어 있다. 숙종 44(1718)년에 저술한 것이다. 성리학 관련 저술이다.

옥강증사(玉岡蒸沙)

필사본 18책으로 37×25.2cm 크기로 반곽은 29.0×20.0cm로 15행 34, 혹은 14행 26자로 되어 있다. 주자절요 15책, 연이주해 1책, 성리학의 주해 2책으로 구성되어 있다. 영조 5~77(1729 ~1731)년 사이에 완성한 병와의 성리학 저술을 집대성한 것이다.

예악서

가례도설(家禮圖說)

필사본 1책으로 28.0×21.0cm 크기로 28행 24자로 되어 있다. 숙종 34(1708)년에 저술한 것으로 가례에 대한 내용을 그림을 곁들여 알기 쉽게 서술한 것이다.

가례부의(家禮附錄)

필사본 3팩으로 32.7×21.0cm 크기로 반곽은 23.0×16.5cm 크기로 유계 12행 22자로 되어 있다. 숙종 40(1708)년에 완성한 것으로 『가례편고 (家禮便考)』의 부록으로 만들어진 책이다. 『가례편고』를 지으면서 미진한 부분을 보완한 책이다.

가례편고(家禮便考)

필사본 26책으로 35.5×20.5cm, 반곽 23.0×17.5cm 크기로 유계 10행 22자로 되어 있다. 숙종 40(1714)년에 지은 것으로 주자가례를 쉽게 참고할 수 있도록 만든 것이다. 즉 가정에서 있어서의 예법을 자세히 알 수 있도록 여러 가지 예서(禮書)를 참고하였다. 거의 280종에 달하는 인용 서목을 제시한 것으로 보아서도 그 방대함을 가히 알 수 있거니와 총14권으로 되어 있다.

그 서문에 의하면 정해년에 예서를 수집하기 시작해서 각주를 달고 세목별 분류하였다. 가례에 대한 종합적인 내용을 휘편(彙篇)한 병와의 가례를 집대성한 책이다.

가례혹문(家禮或問)

필사본 18책으로 31.9×20.5cm, 반곽 22.7×16.5cm 크기로 유계 10행 22자로 되어 있다. 영조 3(1707)년에 완성했다.『가례혹문』도 병와선생이 쓴 예학서인『가례편고』와『가례도설』과『가례부록(家禮附錄)』등에서 부족한 것을 고증해서 다시 만든 책이다. 모두 18권의 방대한 저술이다.

가례훈몽(家禮訓蒙)

필사본 1책으로 30.0×22.0cm 크기로 24행 23자로 되어 있다. 숙종 34(1708)년에 저술한 것이다. 아동들에게 가르칠 가례의 핵심 내용을 가려 뽑은 책이다.

보반의식(報反儀式)

필사본 1책으로 17.5×22.0cm 크기로 20행 16자로 되어 있다. 숙종 41(1715)년에 완성한 것이다. 도회 14장이 첨가된 각종 제례에 기물과 절차를 기술한 책이다. 당시 기물과 그 명칭은 역사·민속·문화인류학에서도 참고할 만한 귀중한 자료이다.

아악편고(雅樂便考)

필사 초본 2책으로 24×20.5cm 크기로 17행 16자로 되어 있다. 영조 3(1727)년에 저술한 책이다. 아악장 및 범어, 일본어, 조선어에 대한 자형의 기원을 설명하고 있다. 1책은 악학원시에 대해, 2책은 속악원시와 아악의 유래와 악곡명을 왕조별로 구분하여 기술한 책이다.

악학편고(樂學便考)

필사본 4권 3책으로 29.7×19cm 크기이고 12행 24자에 무광 무선이다. 편찬연대는 숙종 38(1712)년에서 영조 1(1725)년 사이로 추정하고 있다. 숙종 38(1712)년에 지은 신라시대 조선조의 악학서 고려와 조선시대의 속악(俗樂), 악학이론(樂學理論)을 종합한 저술이다. 보물로 지정되었다.

『악학편고』는 신라시대부터 조선시대까지 악학 이론을 비롯하여 아악과 속악에 대한 주요 작품을 소개하고 있다. 권1에는 성기원류(聲氣源流), 자음원류(字音源流), 아음원류(雅音源流), 악부원류(樂府源流), 권2에는 속악원류(俗樂源流), 무의원류(舞儀源流), 무기(武器), 무용(舞容), 잡희(雜戱), 악기(樂器:金石絲竹匏土草木八音外) 등이 실려 있고, 권3에는 아악장(雅樂章)과 속악장(俗樂章) 상이, 권4에는 속악장과 가사(歌詞) 등이 실려 있다.

병와 이형상은 예악의 겸용을 주장한 학자이자 목민관이다. 예론이 너무 성해도 문제이고 또 악론이 너무 성해도 문제라는 관점에서 예악에 관한 저술을 다량 남겼다. 『아악편고』, 『악학습령』을 비롯하여 신라시대와 조선조의 아악과 속악을 시대별로 주요 작품을 집대성하

1706~1725년 3책, 29.6×19.1cm, 보물(제652-2호)

여 『아악편고』를 썼다.

『아악편고』는 악학의 이론부와 아악과 속악을 시대별로 구분하여 작품을 소개한 저술이다. 『악학궤범』, 『악장가사』, 『시용향악보』와 더불어 『악학편고』는 대표적인 4대 악서에 속한다. 이 책이 처음 발견된 것은 1974년 권영철에 의해서이며, 그 뒤 영인되어 출간된 바 있다.

이 책에 실려 있는 국문표기의 시가는 신라시대, 조선 등으로 왕조를 일목요연하게 구분하여 각 시대의 속악을 게재하여 놓은 것이 특징이다. 이제까지 국문학계에서 신라시대가요, 조선시가로 막연히 추측하여 취급하던 시가가 다소 잘못이 있었음을 비로소 분명히 알 수 있게 되었다.

그 예로 「유림가(儒林歌)」는 신라시대, 반면에 「만전춘(滿殿春)」은 조선시대의 것으로 되어 있는 점 등을 들 수 있다. 또한 앞으로 『악학궤범』 등과 비교한 연구성과가 나오게 되면 국악학 및 국문학계에 큰 공헌을 할 것으로 여겨진다. 지금까지 논문으로 제기된 문제점으로만 보아도 이 책의 중요성은 두드러지게 나타난다. 『악학편고』를 통해 속악장의 대본이 되었던 악원에서 간행된 악서가 있다는 사실과 「만전춘」의 작자는 누구이며, 또 「만전춘」은 별사(別詞)인가 원사(原詞)인가 하는 점, 「여민락」과 「용비어천가」의 제작상의 상호관련성 및 찬자와 작자가 정도전과 정인지 등 각각 다른 인물일 것이라는 점, 「관동별곡」과 음악과의 관련성 및 이본(異本)에 대한 문제, 정몽주와 길재의 시조가 새로이 2수 발견된 점, 「이상곡(履霜曲)」이 고려의 시중(侍中)이었던 채홍철의 작품이라는 사실 등은 국악과 국문학의 역사를 새로 쓰게 할 정도로 매우 중요한 자료이다.

악학습령(樂學拾零)

필사본 1책으로 23.3×22.8cm 크기로 15행 25자 내외로 되어 있다. 숙종 39(1713)년에 필사를 시작한 시조집으로 1책 총 1,109수의 시조가 실려 있다. 이 책은 후대에 후손이 재검하여 '악학습령'이라 기록하였다. 원

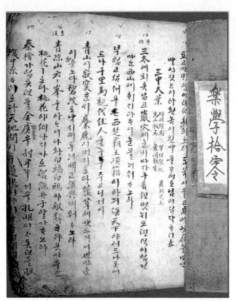

영조 2~3(1726~1727)년 1책, 33.0×22.0cm, 보물(제652-3호)

　래 표제명이 없었는데 심재완(沈載完)이 『교주역대시조전서(校註歷代時調
全書)』에서 가칭 '병와가곡집'이라고 소개한 것이 그대로 통용되어 일명
'병와가곡집(甁窩歌曲集)'이라고도 한다.

　이 책은 우리나라에서 발견된 시조집 가운데 총 1,109수로 최대 분량의
작품을 수록한 작품집으로 유명시 작품 595수, 무명씨 작품 514수이며 수
록 작가는 174명이다. 서두에 악고명, 오음도, 금보초록, 목록이 실려 있으
며 시조 작품은 악곡에 따라 분류 배치하였다. 그러나 이 책에 실린 시조작
품 중에 영조 때 사람인 조윤형(曺允亨)과 조명이(趙明履)의 작품이 나오는
점과 곡목마다 끝에 이정보(李鼎輔)의 작품이 수록된 점으로 보아 편찬연

병와 이형상

대를 『해동가요』보다 늦은 정조 연간으로 추정하기도 한다. 『악학습령』의 필사한 필적이 이형상의 것과 다른 몇 사람의 것으로 되어 있어, 숙종 말에 이형상의 초고본에다 5세손으로 신자하와 더불어 문명을 떨쳤던 운관 이학의가 더 가필하여 조선 말엽에 완성했으리라고 본다는 견해도 있어 연대의 확정에는 아직 문제가 남아 있다. 표지와 서문이 결손되어 있으며, 뒷면의 표지도 없다.

총 장수는 107장이고 매장 30행이며, 위아래 여백은 약 2cm이다. 각 면은 15행, 1행 25자 내외이며, 각 작품의 첫자는 올려 썼다. 제1장에서부터 제4장까지는 오음도(五音圖) 등이 수록되어 있고, 다음에 백지 한 장을 끼우고 목록이 3장 있으며, 다음에 본문부 99장이 있다. 본문부는 13조목인데, 초중대엽, 이중대엽, 삼중대엽, 북전(北殿), 이북전(二北殿), 초삭대엽, 편삭대엽, 삼삭대엽, 삭대엽, 소용(騷聳), 만횡(蔓橫), 낙희조(樂戱調), 이삭대엽 등이다.

작가의 수는 172명인데, 목록란에는 175명으로 되어 있다. 이 책은 다른 시조집에 비하여 삭대엽과 낙희조가 있는 것이 특징이다. 또한 『진본청구영언』과 『해동가요』를 보면, 초중대엽부터 초삭대엽까지 각각 1수의 작품만을 들고 있지만, 이 책에는 초중대엽 7수, 이중대엽 5수, 삼중대엽 5수를 실으면서 중대엽의 비중을 크게 하고 있다. 이중대엽은 숙종조까지 융성하던 것으로 시조창 역사의 중요한 자료이다. 중대엽의 풍부함과 이형상이 언급한 창작연대를 존중하면 가장 오래된 시조집이며, 가장 많은 작품이 수록된 시조집이다. 특히, 제3장 음절도에 나타난 '시조'라는 명칭은 『관서악부』에서 보는 '시조'라는 명칭보다 이르다는 점에서 시조명칭을 상고하기에 좋은 자료이다.

　이 책은 이형상의 다른 유고들과 더불어 『병와유고(瓶窩遺稿)』라는 명칭으로 보물 제652호로 지정되어 있다.

추원록(追遠錄)

　필사본 1책(동일본 2종)이 있으며 27.2×16.5cm 크기로 10행 20자로 되어 있다. 제례에 관한 저술로 경종 4(1724)년에 완성하였다.

영언(永言)

　필사본 1책 27.3×20.3cm 크기로 표제는 "『永言』單"이고 우측 상단에 '악장(樂章)'으로 되어 있다. 악부 「안세방중가(安世房中歌) 17장」, 「교사가(郊祀歌) 19장」 등 중국 역대 악부를 기록한 저술로 악부 연구에 매우 귀중한 자료이다.

『영언』 필사본 1책, 27.3×20.3cm

지리·역사서

강도지(江都志)

필사본으로 2권 2책으로 되어 있으며, 판형은 30×21cm 크기이다. 무곽 무선으로 1면 12행, 24자로 주쌍행으로 필사한 유일본으로 보물 제652-4호이다. 숙종 20(1696)년에 저술한 경기도 강화부(지금의 인천광역시 강화군) 읍지로 채색지도가 첨부된 필사본이다. 상하로 구성되어 있는데 상권은 강도지, 하권은 여도천도기(麗朝遷都記), 임진영담, 갑자보유, 정묘록, 병정록, 임장군전, 일본국지, 여진국지, 몽고국지가 있었으나 원본의 채색 일본국지, 여진국지, 몽고국지는 유실되었다.

병와는 국가 사직의 관문이었던 강화도의 관방 수비수어의 중요성을 인식하였다. 병자호란을 겪은지 50여 년이 지난 당시, 북쪽 오랑캐의 재침 징

필사본 2권 2책, 30.0×21.0cm, 보물(제652-4호)

조가 농후해지자 요충지인 강화도의 수어방략(守禦方略)에 중점을 두어 숙종에게 올리려는 목적으로 저술된 책이다. 그러나 상소를 올렸지만 국가 정책에 반영되지는 못했다.

외세 침입에 대항할 수비수어책이 너무나 허술하기 때문에 국가의 보장지처인 강화도를 제2의 수도로 생각하며 상권에는 총 26개 항으로 나누어 강화도의 정치, 경제, 역사, 지리, 풍속 등에 대한 인문지리학적 기술과 더불어 하권에는 고려와 조선사에서 동양 열강인 일본, 몽고, 여진, 만주국 등의 내침 내력과 여조천도기(麗朝遷都記), 임진영담, 갑자보유, 정묘록, 임경업장군전을 비롯한 주변국의 국지를 채색으로 그렸다. 『강도지』는 강화도의 관방 수비의 현황을 매우 정밀하게 기술하여 외세로부터의 침략을 막아낼 보장지책을 상세히 기술하고 있다.

『강도지』의 상권에서는 서, 폭원(幅員), 연혁, 성씨, 민호, 관원, 명환(名宦), 낭청(郎廳), 차제(差除), 구근(久勤), 방리(坊里), 산악, 해도, 천포(川浦), 고적, 사단(祠壇), 봉수, 토산, 인물, 풍속, 충신, 효자, 열녀, 장교(將校), 군병, 관속, 속읍, 진보(鎭堡), 형승, 파수(把守), 성곽, 돈황(墩隍), 진도(津渡), 선박, 궁궐, 영전(影殿), 사각(史閣), 향교, 사우(祠宇), 능묘, 불우(佛宇), 누관(樓觀), 공해, 창고, 군향(軍餉), 군기(軍器), 내탕(內帑), 제궁(諸宮), 각사(各司), 교량, 제언, 천정(泉井), 풍우(風雨), 전답, 목장, 둔전(屯田), 부역, 요록(料祿), 시재(試才), 적거(謫居), 축물(畜物), 제영(題詠), 정요(政要), 총론(摠論)으로 나누어 설명하였다.

하권에는 여조천도기(麗朝遷都記), 임진영담(壬辰零談), 정묘록(丁卯錄), 병정록(丙丁錄), 임장군전(林將軍傳), 일본국지(日本國志), 여진국지(女眞國

志), 몽고국지(蒙古國志) 등으로 정치, 경제, 역사, 지리, 사회 등에 관한 내용이 수록되어 있으며, 마지막에 결론이 있다. 특히, 당시의 군비와 국방책이 세밀히 기록되어 있어 병력, 진보, 군향, 무기, 탄약 등의 정확한 숫자를 파악할 수 있다.

기술 방식은 각 조마다 현황을 기록하고 그 다음에는 사목(事目)을 설정하여 관제를 기록함으로써 현황과 비교할 수 있는 자료를 실어 놓았다. 사목 다음에는 ○표를 한 뒤 저자 자신의 의견을 상세히 개진하였다.

이러한 서술 양식은 임금에게 상달할 목적으로 하였기 때문이며, 따라서 강화의 방어 방략이 종횡무진으로 전개되어 있다. 이 책은 가장 오래되고 가장 방대한 강화 읍지로서 큰 의의를 지닐 뿐만 아니라, 그 내용과 체제도 일반 읍지에 비교할 수 없는 상세함과 정확성을 지니고 있다.

특히, 많은 통계 숫자를 기록하는 등, 객관적 사실의 기재에 노력하였으며, 저자 자신의 독창적인 의견과 소신을 곁들여 폭넓게 수록하고 있다. 1978년 한국정신문화연구원에서 발견, 공개하면서 알려졌고 『병와전서(瓶窩全書)』의 일부로 영인, 간행되었다. 한국정신문화연구원에서 간행한 『국역병와집 3』(국역총서 90-3)에 번역본이 실려 있다.

당시 강화유수 민진주(인조 24(1646)년～숙종 26(1700)년)의 도움으로 편찬하였다. 강도지지라는 향토사서의 범위를 훨씬 뛰어넘어 강화도의 수비 수어책략을 기술한 최대의 향토사지이다.

병와가 쓴 『지령록』 권8 「제강도록후(題江都錄後)」에는 당시 상소와 함께 강도지를 임금께 올렸으나 국정에 반영되지 못한 안타까움을 호소하고 있다.

남환박물(南宦博物)

　병와 이형상이 숙종 30년(1704)년에 제주 풍물 지리 전반과 특히 왜의
침략을 막기 위한 제주의 봉수와 관아 성곽에 대한 정밀하게 기술한 저술로
『남환박물1』(보물 지정)과 그 이본인 『남환박물2』(부록 : 황복원대가(荒腹願戴
歌), 보물 미지정) 두 종류가 전한다. 이형상의 생질서인 공재 윤두서가 탐라
고적에 대해 알고 싶다는 요청으로 『남환박물』 13,850여 언 37개 항목으로

숙종 30(1704)년, 필사본 1책, 『남환박물』, 22.0×36.5cm, 보물(제625-5호)

숙종 30(1704)년, 34.2×21.0cm, 보물
(제652-5호)

구성되어 있는데 한 책은 공재에게 보내기 위해 쓴 것으로 추정된다.

남환(南宦)이란 제주목사라는 뜻으로 선생 자신을 지칭한 것이다. 제주 역사 민속 전반을 기록한 저술로『탐라순력도』와 자매편이며 이와 함께『탐라장계』,『탐라록』등 제주 관련 저술이 다수가 전한다.『남환박물』은 18세기 제주민들의 풍토와 물산 등 삶과 공간적 환경과 사회 제도적 관방, 언어 등 전반에 걸친 백과사전적인 역사 민속지이다.

『남환박물』은 매우 정밀하고 실증적인 태도로 기술하고 있다. 제1항 노정에는 제주를 중심으로 인접 섬과 타국까지의 거리와 방위를 치밀하게 기술하고 있으며, 제주내의 지리적 환경에 대해서는 구체적으로 몇 리이며 걸음으로 몇 보인지 실증적 기술을 하고 있으며, 임제의『소승』과 일본제국도서관에 있는 최금남이 쓴『표해록』과 같은 전거를 명확하게 밝히고 있다.

또한, 제주의 자연공간과 인문지리적 상황과 더불어 제주 귤림에 대한 종속명과 생산량과 병마의 종류 등도 기술하고 있다. 또한 관방으로서 제주에 대한 군대 배치 상황이나 군마, 군기, 봉수 등에 대한 수비수어책에 대한 정밀한 기술은 당시 일본 침략에 대비한 목민관의 시각이 반영되어 있다.

병와는 관방 수호와 함께 당시 제주도민의 교화를 위한 무속의 정비와 기로소를 통한 노인들의 대한 봉양 의례를 존중했다. 제주민의 교화를 위한 향시를 활성화하였으며 제주물산의 공물을 환경 변화에 따라 수급 조절을 위해 노력한 목민관으로서의 철학이 반영되어 있다.

숙종조 당시 제주도의 토산물, 날짐승, 들짐승, 풀, 나무, 관원, 목장, 물고기, 약재 등 자연 경관에 대한 기술 내용은 자연 생태 환경의 변화를 확인할 수 있을 뿐만 아니라 당시의 제주 방언으로 기록된 사물의 이름에 대한 기록 가치는 매우 높다고 할 수 있다.

읍호, 섬, 기후, 지지, 물산 등 총 37항으로 구분하여 기술하였다. 목차는 총 39항목으로 "1. 고을, 2. 노정, 3. 바다, 4. 섬, 5. 계절, 6. 지리, 7. 경승, 8. 사적, 9. 성씨, 10. 인물, 11. 풍속, 12. 문예, 13. 무예, 14. 전답, 15. 토산물, 16. 날짐승, 17. 들짐승, 18. 풀, 19. 나무, 20. 관원, 21. 목장, 22. 목장, 23. 물고기, 24. 약재, 25. 공물, 26. 부역, 27. 사당, 28. 관방, 29. 봉수, 30. 창고, 31. 공해, 32. 병제, 33. 공방, 34. 노비, 35. 관리, 36. 행적, 37. 고적, 38. 명환, 39. 황복대원가"로 구성되었다.

특히 이 책을 통해 임제의 『소승』과 일본제국도서관에 있는 『표해록』이 알려지게 된 것 등 조선 숙종 당시의 지방사연구의 귀중한 자료로 평가된다.

동이산략(東耳冊略)

필사본 1책으로 27.2×20.2cm 크기로 12행 27자로 되어 있다. 숙종 20(1694)년에 저술한 일본 지리에 관한 박물지이다. 임진란과 정유재란

필사본 1책, 27.4×20.2cm, 보물(제652-10호)

을 겪으며 당시 출정한 왜장과 군병, 병기, 병서 및 일본 지형 정세를 기술한 저술이다. 『동이산략』의 표제와 내표제는 '동이산략(東耳刪略)'이고 무선무괘이며 1면 12행 1행 24~25자로 된 필사본이다. 일본의 여지, 대마도, 거수(巨首), 국속(國俗), 문자, 군제, 선박, 검도, 술업(術業), 왜구(寇術), 호상(好尙), 조공중원, 아국패마(我國覇摩), 조약(條約), 접대(接待), 서계(書契), 진상, 차왜(差倭), 임진출래왜장(壬辰出來倭將) 등으로 포함하여 일본여지도가 실려 있다. 저자 이형상이 동래부사로 재임하면서 일본에 대한 다양한 정보와 저서를 통해 확인한 일본연구서이다. 『동이산략』의 머리말에 "내가 이미 『북설습령(北屑拾零)』과 『남환박물』을 짓고 다시 『동이산략』을 지어 삼변을 기록한다."라고 하였다. 『북설습령』을 통해 사이에 대한 지리지형과 언어습속에 대한 저술과 『남환박물』은 제주를 중심으로 유구와 섬라 등 남방의 지리 지형에 대한 박물지로 이와 더불어 일본을 중심으로 한 지리 지형을 포함하여 조약, 왜관 접대, 서계, 진상, 숙배, 차왜, 임진출래 왜장, 성우출래왜장, 평수길, 가장, 청정 등의 사실을 기록하였다.

이형상이 목민관으로서 국가의 수비수어 전략에 대한 확고한 인식을 바탕으로, 특히 왜구 침략을 방언하기 위해 저술한 『강도지』, 『북설습령』, 『사이총설』, 『남환박물』 등에 이어서 『동이산략』을 저술하였다.

임란을 겪고 난 후, 특히 관방 수비수어를 위해 주변국가에 대한 지리 지형과 언어를 포함한 습속들에 대한 정밀한 파악을 위해 사이국(四夷國)에 대한 내용의 『북설습령(北屑拾零)』과 남방지역에 대한 『남환박물』을 저술한 관점에서 특히 임란의 뼈저린 역사적 상처를 생각하며 일본 지역에 대한 전략적 인문지리적 상황을 집약한 박물지라고 할 수 있다.

『동이산략』은 왜란 이후 일본에 대한 지리적 상황과 교린을 중심으로 한 일본에 대한 전반적인 박물지로 관방과 수비수어를 위한 종합적인 방략지책의 보고서라고 할 수 있다. 특히 임란과 정유재란을 전후하여 조전으로 출정한 왜장들에 대한 내용을 기술하고 있어 임란사 연구와 당시 일본과의 교린 관계를 연구하는데 매우 중요한 자료이다.

필사본 1책을 21.2×30.8cm 크기로 순치 16년 동래부사 재임시절에 쓴 책이다. 왜관과의 차송 절차와 관원 및 물품 등 대외 식례를 기술한 내용으로 대외 외교 관련 중료자료이다.

접왜식례

필사본 1책으로 21.2×30.8cm 크기로, 병와가 동래부사 시절에 왜관과

동래부사 시절에 쓴 『접왜식례』, 21.2×30.8cm

의 교류와 관련된 내용을 수록한 내용이다. 대 일본과의 교린과 관련된 매우 중요한 자료를 담고 있다.

사이총설(四夷總說)

필사본 1책으로 29.0×19.0cm 크기로 숙종 38(1712)년에 고사이국(古四夷國), 동이(東夷), 남만(南蠻), 서융(西戎), 북적(北狄)에 대한 역사적 변천과정과 중국의 번국 가운데 오늘날의 사이국인 여진, 일본, 대소유구, 서반네 나라에 대한 간략한 역사와 그들의 언어를 기술한 책이다. 『사이총설』은 표제 및 내표제는 '四夷總說'이고 무선 무괘 4침으로 된 한 장본 단권으로 총 48면에 행서체로 필사한 초고이다. 매행 32행 40자로 1200~1300자 내외로 기술하고 있다.

『사이총설』은 사이를 고대 사이와 병와 당대 사이로 구분하여 고대 사이에 대한 나라 명칭과 병와 당대의 사이로 여진, 일본, 대소유구, 서반 네 나라에 대한 간략한 역사와 그들의 언어를 기술하고 있다. 특히 고 사이국 가운데 '몽고'와 더불어 '토번', '흉노', '거란' 항은 역사적 사실을 비교적 상세하게 기술하고 있다. 금 사이국 가운데 일본 항은 사략, 토지, 국속, 거유, 대마도, 기어, 호상, 선박, 도금, 조공, 구술, 도록, 약속의 13개 항목을 설정하여 일본 내지 상황을 상세하게 기술하고 있다.

특히 당시 일본어를 15개 항목으로 나누어 한자에 대응되는 일본음을 한자와 일본 가타카나로 독음을 달아 두고 있다. 예를 들면 천문항에 '雨曰挨迷(アメ)', '山曰羊賣, 爺賣(ヤマ)'와 같이 총 422개의 어휘를 싣고 있다.

『사이총설』은 조선의 인접국과 동아시에 전반에 인문지리적 수비 방략을 위한 백과사전이라고 할 수 있다. 특히 당시 일본어의 한자 독음과 일본 가타카나 독음 자료는 근대 일본어 연구에 매우 귀중한 자료로 활용될 수 있다.

탐라록(耽羅錄)

필사본 1책으로 30.0×21.3cm 크기로 10행 20자로 되어 있다. 병와가 50세 되던 해에 제주목사로 부임한 숙종 26(1702)년에 지은 책이다. 그곳에서 지은 시, 서, 서, 제문, 전척문, 상량문, 봉안문 등의 글들을 순서 없이 초록한 것이다. 작품들을 통해서 당시 교우와 제주 풍물의 일면을 엿볼 수가 있다.

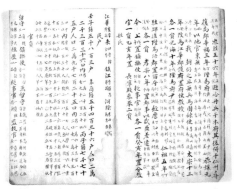

17세기, 『탐라록』, 필사본 1책, 21.1×29.8cm

탐라기(耽羅記)

필사본 1책으로 30.0×21.3cm 크기로 10행 20자로 되어 있으며 병와가 50세 되던 해에 제주목사로 부임한 숙종 26(1702)년에 지은 책이다. 제주도의 명소에 관한 역대 인물들이 남긴 시, 부 등을 초록한 것이다.

탐라순력도(耽羅巡歷圖)

도회본으로 1첩 54.8×35cm 크기로 반곽은 46×29cm 크기로 서문 2면을 포함하여 총 41면으로 구성되어 있다. 숙종 29(1703)년에 완성한 것이다. 보물 제652-6호로 지정되었으며 현재는 제주특별자치도 제주시 건입동 261에 있는 국립제주박물관에 보존되어 있다.

장지(壯紙) 위에 먹선으로 형태의 윤곽을 잡고 채색을 넣는 방식으로 그려져 있고, 비단으로 장식해 꾸몄다. 부분적으로 화지가 구겨져 주름지고 또 얼룩지기도 했지만, 전반적으로 보존상태가 양호한 편이다.

黑子㐌在南海中玄極最近春秋二分星見於漢挐山嶺所謂絶域也此接全
羅東隣日本其丙午大人也其午大小琉球也其丁交趾也安南也其坤閩嶠
也其外遷羅也占城也滿剌加也中而永爲吳楚越諸燕之境九韓時艮
髙夫三乙那分援謂之乇羅泰皇漢武泉神仙謂之瀛洲以其地僻且多琪
花其卓燕齊之近謂之神山有髙厚等三人沍耽津朝新羅謂之眈羅辭文
公謂之恥年羅高麗三別抄合元兵討之逐爲元兩管致效軍民摠管
府或立東西阿暴以牧馬牛羊其後謂之濟州至我太宗朝去星主王子
之號後又建大靜旌義謂之三邑汸莩相仍或存或亡人心平隔年順乍逐
粤自國初時遣安撫宣撫使巡問使指揮使防禦使削使牧伋使謂之營門
卓削也故鋪張者謂之鴬濟㽵也故嚴避者謂之䆠讁興其地勢然也
上之二十九年壬午余以不才猥膺節制命阮到營按薄而點之三邑
八民九千五百五十二戶男女四萬三千五百十五口田三千六百四十結
六十四場內國馬九千三百七十二頭國牛七百三頭四十一菓園內柑二

百二十九株橘二千九百七十八株柚三千七百七十八株柚三百二十六
株此外私牛馬私柑橘在兩當略欲有所勒揀也西方置十七訓長六十八
教刷長則儒生四百八十人武士一千七百餘人造各勉有所成就列
聖涵養于海呼其盛矣每當春秋節制使視審防禦形心及軍民
風俗謂之巡歷余六導轡例發軔於十月晦日閱一朔乃還時半刺李泰顯
柂義縣監朴尚淳東濟監牧官金振熽追此地方浩衍乃作而
曰此固不可以無識且也鴬民盛君愿至有巾浦之拜又欲酬報乃
五相約普閭境遙祠並合佛像而燒燼令無巫覡二字是尤不可以無言也
即持暇日使畫工金南吉爲四十圖粧䌙爲一帖謂之眈羅巡歷圖時余未
竹醉暇日題于濟營之卽仙閣是謂之餅窩居士之序

병와가 제주목사 겸 병마수군절제사로 부임한 이형상이 제주관내 순시를 비롯해 한 해 동안 거행했던 여러 행사 장면을 제주목 화공 김남길로 하여금 40폭의 채색도로 그리게 한 다음, 매 화폭의 하단에 간결한 설명을 적고, '호연금서'라는 이름의 그림 한 폭을 곁들여 꾸며진 총 41폭의 화첩이다.

제주도 지도 1면과 행사 장면 39면, 제주도를 떠나는 장면을 그린 '호연금서' 1면, 화기(畵記) 2면 등, 모두 43면으로 이루어졌다. 행사기록 그림 39면 가운데, 1702년 10월 29일부터 11월 19일까지 21일 동안에 걸쳐 실시했던 제주도내의 순력장면이 22면으로 가장 많다.

이들 22면의 순력행사는 제주목을 출발해 화북소-조천관-별방성-수산소-정의현-서귀진-대정현-모슬포-차귀소-명월진-애월진 등의 요새지와 그 주변의 명승명소를 동쪽에서 서쪽 방향으로 일주하면서 시행했던 것으로, 제주목성으로 돌아와 4차례의 행사를 더 치른 뒤 끝을 맺고 있다.

'비양방록' 행사 그림 아래 기록된 '1702년 10월 11일 생포한 사슴들을 다음 해 4월 28일에 비양도로 옮겨 풀어놓았다'는 내용으로 미루어, 그림들은 1703년 5월 초순경의 10여 일 동안에 걸쳐 그려진 것으로 추정되고 목사의 제서(題序) 일자가 1703년 음력 5월 13일로 기재되어 있는 것으로 보아 순력행사가 있었던 다음 해에 화첩으로 제작되었음을 알 수 있다.

탐라순력도에 수록되어 있는 행사그림들은 18세기 초 제주도의 관아와 성읍, 군사 등의 시설과 지형 및 풍물에 관한 갖가지 시각적 정보를 담고 있다는 점에서 무엇보다도 제주지방의 역사적 연구에 더할 수 없이 귀중한 자료적 가치를 지닌다. 당시 해외로 인식될 정도로 서울과 가장 멀리 떨어져 있던 제주도지방에서 제작되었다는 점에서 더욱 각별한 가치를 가지고 있다. 18세기 초 제주도의 관아와 성읍, 군사 등의 시설과 지형, 풍물 등을 자세하게 기록하고 있어 제주도의 역사연구에 더할 수 없이 귀중한 자료적 가치를 지니고 있을 뿐만 아니라, '순력도'라는 이름의 기록화로는 거의 유일하게 현존하는 소중한 화첩이다.

관서기행(關西紀行)

이 책은 필사본 1책으로 26.2×18.7cm 크기로 유계 10행 20자로 되어 있다. 반곽은 19.0×14.2cm 상하대향화문어미로 되어 있다. 숙종 27(1701)년에 완성된 관서지역 기행록이다. 평안도 지방을 유람하면서 그곳의 풍물과 자연 경관에 대한 시문에 차운한 것으로 영변에 서장대, 어천에 사절정, 희천에 백산 적유령, 강계에 매제서원, 만포에 세검정을 비롯하여 벽동, 삭주, 의주, 선천, 아이 등지를 주류하며 지은 기행시문집이다.

사해경라(史海傾蠡)

34.0×22.0cm 크기의 필사본 4책이다. 숙종 20(1694)년에 완성한 중국 역사서이다. 역대 학문 또는 도학류, 기타 학문에 관계되는 것을 문제로 제기하면서 설명하는 식으로 하였다. 제1권 머리에, "道學興發 並序 ○又在四書訓蒙及儀禮講義第二卷"이라 하고서, 또 다음 행의, "道出於天 學繫乎人 或興或廢 鑑戒不一 故作議而省焉"이라고 하였다. 이 말로써 본서의 내용이 무엇인가를 가히 짐작할 만하다. 그런데, 제일 머리에 '사해경라 제일'이라고 하여 첫째 권임을 알겠으나, 그러나 제2권의 표시를 볼 수가 없

다. 혹시 '속집(續集)'이 있는데, 그것이 제2권인지 알 수 없다. 그러나 '속집'에는 권의 표시가 없다.

경라속집(傾㖟續集)

필사본 1책으로 31.0×17.2cm 크기로 12행 28자로 되어 있으며, 『사해경라』의 속집으로서 내용도 유사하다. 숙종 20(1694)년에 집필한 것이다. 이 속집의 서제(書題) 아래에, "隨見隨錄 次序不整 循次合錄"이라고 명시하였다. 전편은 체계를 세워서 썼으나, 이 책은 체계 없이 수록했다는 것이다. 끝에는 장을 달리 해서 '명당설(明堂說)'이 두 장 반이 붙어 있는데, 이것은 끝에 "주자가 『예기(禮記)』의 월령(月令)을 참고해서 설(說)을 지었다."고 한 것으로 보아 그 글을 그대로 옮겨 베낀 것이 아닌지 모르겠다.

역대기연(歷代紀年)

필사본으로 30.0×21.7cm 크기로 11행 21자로 되어 있으며 중국의 역대 제왕의 왕조와 우리나라 역대 제왕의 왕명과 재위기간을 밝힌 내용이다.

상주서(上奏書)

둔서록(遯筮錄)

영조 3(1727)년에 쓴 초고본으로 1책으로, 38.6×19cm 크기이고 무관무선이며 1면 12행 24자로 기술되었다. 국정을 바르게 이끌기 위해 목민관으로서 8가지 폐단을 조정하도록 요청하는 1만여 자로 쓴 진의(秦議)이다.

영조 3(1727)년, 필사본 1책, 28.4×19.2cm, 보물(제652-7호)

8가지 국정 개혁안의 목차는 양국체(養國體), 취인재저장재(取人材儲將才), 변군제비군향(變軍制備軍餉), 색리두(塞利竇), 수민심(收民心), 정관방(定關防), 정조정(正朝廷), 석기회(惜機會)로 구성되어 있다.

첫째, 나라를 보양하는 일, 둘째, 인재와 장군을 발탁하는 일, 셋째, 관방의 수비수어를 강화하기 위해 군제 혁신에 관한 일, 넷째, 지방 관아의 하급 관리들의 부정부패의 폐색을 개혁하는 일, 다섯째, 민심을 다독이는 일, 여섯째, 변방의 관방의 강화하는 일, 일곱째, 파당으로 뒤끓는 조정을 바로잡는 일, 여덟째, 국가 발전의 기회를 적절히 조정하는 일 등, 시급한 국가 발전을 위한 개혁 사항 8가지와 10여 가지의 대안을 제시한 내용이다.

『둔서록』은 당쟁으로 뒤끓는 조정을 안정시키고 민심을 수습하는 동시에 외침으로부터 국가를 보위하기 위한 국가 개혁을 구상한 국정발전 전략 보고서라고 할 수 있다. 인재개혁, 관리개혁, 조정개혁, 국방개혁 등 당시의

병와 이형상

고 혹은 알지 못하여 획을 잘못 쓴 것도 있으며 또한 고금에 통용되는 것도 있다."라고 하여 육서의 체계가 혼란되고 글자체의 변종과 그 음운의 착란을 바로 잡기 위해 자학을 연구한 결과를 집대성한 것이다.

『자학제강설』은 한자의 자형과 성운에 대한 종합적인 연구서이다. 시대와 지리적 변화에 따라 한자의 자형이 서로 달라지고 성과 운이 달라진 혼란스러움을 극복하기 위해 글자 자형을 상사, 상합으로 구분하여 구속의 차이를 나타내 보여주고 있으며, 성운의 차이, 첩운의 상이를 구속에 따라 종합적으로 분류한 한자자학서이다. 그뿐만 아니라, 각종 경서에 나타나는 자형의 구속의 차이와 금석문의 변체자에 대한 개설적인 소개와 더불어 각종 어록해를 한글로 풀이하고 있다. 특히『자학』의 '천축문자설'에서는 천축문자의 성모도와 '외이문자설'에서는 '구국소서팔자'를 아홉 나라의 문자로 기술하면서 훈민정음의 문자 기원을 범자로 잡고 있어서 지봉 이수광과 동일한 견해를 제시하고 있다. 지금까지 '자학'이 포함되어 있는『갱영록』의 편찬 시기를 권영철(1978)은 "숙종 41(1715)년에서 영조 4(1728)년 사이"로 추정하고 있으나 이는 오류이다. 병와가 쓴『악학편고』「언문반절설 추록(追諺文半切設)」에 "내가 근년에『악학편고』4권을 편찬하였고, 또 작년 여름에 친구들의 부탁을 받아 10일 만에『자학』을 지었다."는 내용과 함께 "일 년 뒤인 병신년 7월에 다시 써서 자식들에게 주었다."는 기록에 따르면 이 책의 편찬 연대인 병신년은 숙종 42(1716)년으로 확정할 수 있다.

「자학제강」은 "字學提綱, 字母生成, 字義, 行久義異, 形犯實異, 二字相似, 三字相似, 四字相似, 五字相似, 異字相合, 三字相合, 四字相合, 怪字, 石鼓字, 亢倉字, 周禮寄字, 禮記寄字, 左傳異音, 古俗同異, 古今變

국가적 발전전략이라는 측면에서 실학자이면서 진보적 개혁주의자였던 병와 이형상의 사상과 당대 현실을 읽어내는데 매우 귀중한 사료라고 할 수 있다.

탐라상계초(耽羅狀啓抄)

필사본 1책으로 23.0×24.0cm 크기로 12행 18자로 되어 있다. 숙종 29(1703)년에 편찬한 책이다. 제주 목사로 있을 때 상계(狀啓)를 모아 수록한 것이다.

일기류

남사록(南屣錄)

필사본 1책으로 29.0×22.0cm 크기로 14행 20자로 되어 있다. 숙종 32(1706)년에 지었다. '屣'는 '徒'(옮기다)의 오자로 보인다. 즉 '南徒'는 남으로 옮겨 갔다. 또는 남으로 이사했다는 것으로 여기에 관한 기록이 곧 '남도록'이 되는 셈이다. 그런데 그 제목에는 '이약', '좌석'의 '명단'과 문중에 '자회송중서(自會中送書)' 등과 또 매일의 제목에, 도잠음성(道岑飮聲) 22일, 영지상영(靈芝觴詠) 23일, 수암탐승(水岩探勝) 25일이라 하여, 날마다 일기와 시들이 수록된 것으로 보아 일시적인 탐방, 시회인 것을 알 수 있다.

성여록(聖與錄)

필사본 1책으로 28.2×23.5cm 크기로 12행 23자로 되어 있으며 평해 지방의 온천에 다녀올 때 그 친구 곽선완(郭善完)(士元)과 일행이 되어 다니면서 일기식으로 기록하고 가다가 시를 지어 수록한 책으로 숙종 46(1720)년에 쓴 기행문이다. 1720년 7월 25일부터 8월 20일까지 영천을 출발하여 평해까지 가는 여정을 상세하게 기록하고 있으며 다섯 항목으로 나누어 온천욕의 효능과 사용법 등 당시 온천욕법에 대한 상세한 내용이 기록되어 있다.

정원일기(政院日記)

필사초본 1책으로 28.0×23.0cm 크기로 17행 23자로 되어 있다. 숙종 7(1681)년간에 정원(政院)에서 사직으로 근무하면서 기록하였던 자료들을 수록한 것이다.

잡저

갱영록(更永錄)

필사본 7책으로 31.8×20cm 크기로 무계 14행 24자로 되어 있으며, 『영양록』에 이은 저술이다. 이 책의 편찬 연대인 병신년은 숙종 42(1716) 년으로 확정할 수 있다.[17] 그래서 이름하기를 『갱영록』이라 한 것 같다. 그러나 전면 1, 2권이 없고, 3권에서부터 9권까지 정신문화연구원에서 간행

한 『병와전서』 제8책에 수록되어 있다. 갱영록 권2는 본문의 모두에 제강설(字學提綱序說)』이라고 하였고, 또한 2권 전권이 자학에 관한 것이므로 이를 별책 『자학제강』이라고 할 수 있다. 이 책은 국립국어원에서 글판으로 번역되었다.

『갱영록』, 필사본 7책, 31.8×20cm

자학제강(字學提綱)

『갱영록』 9권 가운데 권2을 별권으로 『자학』 혹은 『자학제강』으로 았다. 병와는 본 저술의 저술 동기를 다음과 같이 밝히고 있다.

"육서의 뜻은 각각 취한 바가 있었으나 세월이 오래되면서 부분 그 참된 뜻을 잃어버렸다. 혹은 마음대로 글자체를 변화시

字, 變久行便, 誤五字, 一字變音, 二字變音, 聲韻本始說, 疊韻, 五韻說, 半切說, 方言, 六書, 儒家語錄, 修養家隱語, 禪家梵語, 漢語錄, 天竺文 字說, 外夷文字說, 倭言, 追錄諺文半切, 梵字五音假令, 聲韻始終, 五 音"의 내용으로 구성되어 있다.

자모의 생성 원리와 '자의'에서는 제자원리를 통해 70개의 글자의 뜻을 풀이하였으며, 한자의 형이나 뜻의 변화와 글자체의 유사성을 기준으로 2~5자로 구분하여 유사 글자를 대비하였으며 같은 모양의 글자가 결합된 글자체를 역시 2~5가지 유형으로 구분하여 제시하였다. 글자의 형이 괴이 한 글자와 금석문에 나타나는 이체자 76자를 또한 제시함으로서 금석문 판독에 활용될 수 있다. 그리고 주례, 예기, 좌전에 나타는 기이한 글자를 제시하여 이체자를 판독하는데 도움이 된다. 그 외에도 획을 잘못 쓴 글자, 일자 변음의 글자들을 운에 따라 글자의 성이 달라지는 첩운 글자, 운이 서 로 다른 글자 등을 제시하여 행속의 차이를 밝히고 있다.

유가어록, 수양가은어, 선가범어, 한어록 등에서는 한글로 표음한 자료 가 있어서 18세기 한글연구 자료로서도 가치가 있다. 천축문자설(天竺文字 說)에는 '범자 오음 가령(梵字五音假令)' 항에서 범자를 "아음, 치음, 설음, 후음, 순음, 초음(화회성), 조음"으로 구분하여 자모를 소개하고 있다.

지령록(芝嶺錄)

필사본 7책으로 30.2×30.5cm 크기로 10행 20자로 되어 있으며『영양 록』과 유사한 내용이다. 곧 잡서 및 시류의 종합집이라 할 수 있다. 단, 제5 권은 「자집고이의(子集考異議)」라 하여 제현문집(諸賢文集)의 이기성설(理

氣性說)에 대한 논을 설명하였고, 제6권에서는 고악부(古樂府) 이하 역대가요(歷代歌謠)를 「용비어천가(龍飛御天歌)」, 「격양가(擊壤歌)」, 「사친사(思親詞)」, 「대악(龍樂)」 등 우리나라 및 중국의 고가를 가요체로 작성하였다. 권6은 고악부 관련 매우 중요한 내용이다. '아악', '속악' 등의 연원과 작품을 시대별로 나열하고 있는데, 아마 이 자료들을 정리하여 『악학편고』를 저술하게 된 것으로 보인다. 맨 끝에는 별곡이라 하여 병와가 창작한 연시조 형식의 「창부사(父父詞) 9장」이 있다. 특히 제6권은 고전문학 연구에 도움이 되는 많은 자료가 실려 있다.

소성록(邵城錄)

필사본 2책으로 29.1×18.8cm 크기로 소성(邵城, 인천)에 머무는 동안에 집필한 시문과 시, 서, 문 등을 모아 기술한 것이다. 1책은 「소성록」이고, 2책은 「소성경수록」으로 신묘(1711)년에 백시의 환갑을 축하한 시문을 모은 것인데 그 가운데 병와가 지은 가곡이 들어 있다.

소성속록(邵城續錄)

필사본 1책으로 30.2×19.8cm 크기로 소성(邵城, 인천)에 머무는 동안에 집필한 시문과 시, 서, 문 등을 모아 기술한 것으로 『소성록』의 후속편이다. 특히 본문 중에는 자신의 외양을 치밀하게 기술한 「박상기」가 들어 있다. 이 「박상기」는 영조 5(1729)년에 쓴 것으로 보아 병와가 영천에 우거하던 시절에 모아 쓴 것으로 보인다.

영양록(永陽錄)

필사본 3책으로 30.2×19.9cm 크기로 무계 10행 18자로 되어 있으며 병와가 경상도 영천 호연정에서 저술한 것이다. 시, 서, 기 등의 작품을 분류하지 않은 채 저작한 순서대로 수시 기록해 나간 것이다. 시의 경우 차운할 때는 그 원운까지도 수록하였다. 그런데 『영양록』 안에 한 가지 주목할 만한 것이 있다. 제1권에 있는 「성고구곡(城皐九曲)」에 대한 시와 가사이다. 시는 주자의 「무이구곡(武夷九曲)」을 차운하여 지은 것으로서 총 칠언절구 10장시로 되어 있다. 유산가 계열의 시로 영천 일대의 명승지를 배경으로 한 작품이다.

영양속록(永陽續錄)

『영양속록』은 필사본 10책으로 33.6×22.3cm 크기로 무계·18행 20자로 되어 있으며 『영양록』의 속집이라 할 수 있다. 이 속록에는 단순한 잡록만이 아니라, 1~4권에서는 『영양록』과 마찬가지로 시, 서, 기, 발 등 잡집으로 구성되어 있으나, 5권은 제생(諸生)들의 강의문목(講義問目)이 실려 있다. 또 6권은 「성씨보서」란 제목 아래에 621가지 각 성씨의 시조와 그 유파를 설명하고, 이어서 공자세가(孔子世家)를 싣고 그 아래에 복희, 신농, 황제, 요, 순, 우, 양, 문, 무, 주공, 기자 등을 비롯하여 이윤(伊尹), 전설(傳設), 강태공(姜太公), 미자(微子), 백이(伯夷), 유하혜(柳下惠)와 공자 이외의 안자(顔子), 회자(曾子), 자사(子思), 맹자(孟子) 및 공자(孔子) 문하의 제현들에 대한 열전을 나열하였다.

7권은 잡저류인데, 그 중에 심원춘(沁園春) 등 13수의 사(詞)가 실려 있다. 이로 보아 병와는 시의 각 체에 능하였을 뿐 아니라, 사(詞)에까지 능했던 것으로 알 수 있다. 8권에는 「위심록(爲心錄)」이라 하여 사문(奓門)의 심법(心法)까지 설명하고 있고, 「성여록(聖與錄)」이라 하여 일기를 싣기도 하였다. 또 9권에서는 대학의 전 6장에 대한 논술을 수록하였다. 『영양록』과 달리 특정 주제를 가진 논술과 작품이 많이 실려 있다.

탐라별장(耽羅別章)

필사본 1책으로 24.8×15.6cm 크기로 병와가 제주목사에서 이임할 때 여러 유인들로부터 받은 각종 글을 모은 책이다. 김삼석(金三錫), 장만양(鄭萬陽), 정래양(鄭來陽) 등이 쓴 「송이령공지제주서(送李令公之濟州序)」와 제주 유림들이 병와의 제주백의 이임의 송사를 모은 글이다. 제주에서 경북 영천 호연정으로 돌아온 이후인 1703년 이후에 쓴 것이다.

영양수창록(永陽酬唱錄)

2책으로 가본은 27.8×18.5cm 크기로 무계 10행 20자이고, 나본은 27.8×19.5cm 크기로 무계 12행 26자로 되어 있다. 신의집(申義集)과 주고받은 시문집이다. 경종 1(1721)년에 완성하였다.

환경록(還京錄)

필사본 1책으로 28.0×19.5cm 크기로 무계 12행 21자로 되어 있다. 영조 4(1728)년에 쓴 것으로 보인다. 시와 사실 기록 및 기타 작품들이 실려 있는데, 제일 첫머리 시제가 '被逮 到龍仁騎牛曉行 戊申 四月 三日'이라고 되어 있는 것으로 보아, 이인좌 난을 토평하기 위해 경상소모사로 왔다가 무고로 죄인이 되어 서울에 오면서 지은 작품들임을 알 수 있다.

역서(曆書)

세력(世曆)

필사 초략본 1책으로 34.5×21.0cm 크기로 12행 19자로 되어 있다. 숙종 9(1693)년에 완성하였는데, 역법(曆法)에 대한 것을 설명한 것이다. 머리에는 서와 같은 글이 실려 있고, 뒤에 범례라 하여 역법과 역서의 내용을 설명하였다. 끝부분에 역대 전수도(傳受圖)을 붙였는데, 반고씨(班古氏) 이후 역대를 설명한 것이다. 정초되지 않은 것이 있어 미완성본 같아 보인다.

목록류

복부유목(覆瓿類目)

필사본 1책으로 29.0×21.5cm 크기로 경종1(1721)년에 남긴 초고본이다. 병와 자신이 쓴 글을 각종의 글을 유목별로 나누어 정리한 서목이다. 보물 652-8호로 지정되었다. 병와 자신이 쓴 각종 고문서와 시문, 경서초록 등의 책으로 간행하지 않은 글을 모아 유목별로 분류한 저술이다.

병와가 쓴 장계(狀啓), 보첩(譜牒), 게첩(揭帖), 과시(科詩), 표전(表箋), 조제(詔制), 소(疏), 약서(約誓), 묘지(墓誌), 제문(祭文), 유사(遺事), 축문, 뇌(誄), 서, 이기, 천문, 역법, 경사(經史), 심성 등을 유목별로 나누어 정리한

복부유목, 경종 1(1721)년, 필사본 1책, 29.0×21.5cm, 보물(제652-8호)

저술로 고문서, 편지글, 제의문 등을 망라하면서 자신의 저술 목록을 첨부하고 있다.

또한 그의 저술 이외에도 일상생활에서부터 목민관으로서의 여러 종류의 관문서와 사문서, 개인 문예창작물에 이르기까지 매우 다양한 글쓰기를 유형별로 구분하였다.

구체적으로 총목차를 살펴보면 사(辭) 8수, 부(賦) 4수, 율부(律賦) 1수, 과부(科賦) 6수, 고풍삼언, 고풍사언 6수, 고풍오언 355수. 고악부 161수, 가요 261수, 오언절구 187수, 어언율 215수, 오언배율 21수, 육언절 5수, 산오칠언 4수, 구언 5수, 칠언고풍 15수, 칠언절 374수, 칠언율 714수, 칠언배율 21수, 잡언 33수, 각체 63수, 연주 2수, 상량문 6수, 보책제 8수, 전책제, 전책 1수, 보책 3수, 소 3수, 계장 114수, 보첩 20수, 갈첩 13수, 소 3수, 계장 114수, 보첩 20수, 계첩 13수, 서약 10조, 전 14수, 기 24수, 서

154수, 설 116수, 발 14수, 논 3수, 변 83수, 의 46수, 박 3수, 격 2수, 판 2수, 의 4수, 잡저, 보첩 3수, 비갈 13수, 묘표 2수, 묘지 38수, 유사 11수, 제문 65수, 축문 30수, 뇌(誄) 5수, 서 105수, 답문 462수, 잠 50수, 명 29수, 송 8수, 찬 31수이다.

정안여분(靜安餘噴)

필사본 1책으로 무곽 무선으로 29×20cm 크기로 1면 12행 21자로 구성되었다. 영조 8(1732)년에 병와 자신이 지은 서목별 내용을 요약한 초목이다. 보물 652-9호로 지정되었다. 정안목록(靜安目錄), 여분목록(餘噴目錄), 잡집목록(雜集目錄) 등 3부분으로 구성되어 있으나 서명은 정안과 여분을 합하여 정안여분이라고 지었다.

정안목록에는 생지(무자년찬, 신해년 개작), 속지(임자년 찬), 진택명(기축찬, 신해 경자 개작), 광지명(신해 찬), 박상기(신해 찬), 차도정절자만운병서(기축 찬)으로 구성되어 있는데 주로 필자 자신의 삶을 정리하고 향후 사후에 대비한 기록물이다. 여분목록은 경자년에 집필을 시작하여 임자년에 첨삭하였다. 여분목록은 필자가 주로 공부했던 서목을 분류한 것이다.

잡집목록은 필자가 그동안 저술의 서목을 기술하고 있다. 『영양록』, 『영양속록』, 『지령록』, 『지령 속록』, 『경영록』, 『경영속록』, 『환경록』, 『소성록』, 『소성 속록』, 『복해록』, 『사해경려』, 『역』, 『시』, 『서』, 『예의』, 『경전통해』, 『문주연』, 『가례편고』, 『가례혹문』, 『가례부록』, 『가례도설』, 『대학』, 『중용』, 『경서채강』, 『통서』, 『서명』, 『주서절요』, 『북계자의』, 『화도록』, 『육예지』, 『암두색반』, 『악학편고』, 『악학습령』, 『문묘지』, 『여진국지』, 『몽고국

정안여분, 영조 9(1733)년, 필사본 1책,
28.8×20.5cm, 보물(제652-9호)

지』, 『밀본국지』, 『여조천도기』, 『벽이록』, 『곽여록』, 『허실기이』, 『성여록』, 『서행록』, 『남차록』, 『북유록』, 『진종록』, 『추원록』, 『규범선영』, 『물측편』, 『거향잡의』, 『황당정요』, 『훈민어』, 『대군자손록』, 『육경록』, 『공사보략』, 『정안어분』, 『강도지』, 『탐라지』, 『병자일기』, 『임장군전』, 『병와수필』, 『소방여분』, 『진쇄영담』 등이다.

병와 이형상의 저술 목록을 자술한 것으로 현존하는 서책들과의 상관관계를 규명하는데 매우 귀중한 기록이다.

이것은 비망록과 같이 여러 가지를 기록하였는데, 서두에는 생지, 속지라 하여 자기 연보를 기록해 나간 것이다. 그 뒤에는 진택명, 광지명, 자만 등 사후를 생각하고 기록한 것 같은 것도 있다. 중간에는 역대 성현의 인물들을 시로서 읊기도 하였는데, 이것이 훗날 「성씨보」와 「인물록」을 쓰게 된 동기가 아닌가 생각된다.

『병와강의(瓶窩講義)』

『병와강의』는 사서와 경서에 대한 것을 논의한 것들을 모은 것이다. 서문에 "갑진년 겨울에 세 아들과 두 사위가 다같이 대학을 읽으면서 의심이 있으면 문득 질문하였다. 질문할 때 내가 조각 종이에다가 대답하였는데,

아이들이 모여서 책 한 권을 만들었다. 경자년 봄에는 종산(宗山)에다가 아내와 아들의 묘를 이장하였는데 집안이 비고 사람이 없어서 소일하고자 삼서를 가지고 연의(衍義)하고 그 뒤에 또 '시', '서', '춘추'를 이어서 모여 가지고 『병와강의』라고 이름하였다.”라고 하였다. 미루어 보아 이 책은 대학과 시경, 서경, 춘추의 네 가지를 강의한 강서를 모은 것임을 알 수 있다.

문집 및 시문·기타

병와선생문집(瓶窩先生文集)

『병와집』은 목판본으로 영조 48년(1722)에 18권 9책으로 간행하였다. 외곽 31×20.3cm, 반곽 20×15cm, 유계선 10행 20자로 주 상행, 내향2엽 화문어미로 되어 있다. 권1은 병와집 서, 시문으로 구성되어 있으며, 권2는 시문, 권3은 시문과 악부로 구성되어 있다. 권4는 악부, 잠, 명, 송, 찬으로 구성되어 있다. 권5는 전, 소, 서, 권6~11은 서, 권12는 잡저와 자집고 이의, 권13은 잡저, 권14는 서, 기, 발, 상량문, 축문, 권15는 제문, 묘지, 권16은 묘지, 묘갈, 뇌, 권17은 자, 첩, 권18은 첩으로 구성되어 있다. 마지막으로 병와이형상행장과 대산 이상정의 발문이 있다. 권1~3에는 성고구곡, 칠탄 등 영천 호연정을 중심으로 한 경관을 노래한 시들로 구성되어 있으며, 특히 악부 작품이 다수 수록되어 있다. 권4의 명에는 제주목사 시절에 만든 단금(거문고)의 명문과 함께 찬에는 공재 윤두서가 그린 오성현의 그림에 대한 찬이 실려 있다. 권5의 소에는 관방 수비 수어책략에 대한 『강도지』를 올린 소가 실려 있으며, 서에는 식산 이만부와 공재 윤두서와의 예악 및 천문 지리에 대한 서답이 실려 있어 근기남인계열의 실학파의 계보를 확인할 수 있다. 권11에는 주로 가족과 나눈 각종 서찰을 정리한 서가 실려 있으며, 권12의 잡저에는 천문학적 소설이 실려 있다. 이를 통해 병와의 실학적 학문적 태도를 확인할 수 있다. 권13의 잡저에 마지막에 가노 선일과 맺는 계권, 가노 인발과의 약문은 당시의 노비를 양인으로 풀어주는 명문서이다. 권14에는 자신이 쓴 『가례편고』, 『문주연』, 『탐라순력도』의 서문을 비롯한 자술한 저서의 서문이 실려 있다. 또 축문에는 제주 삼성묘의 봉안 축문과 춘추상향의 축문 등이 실려 있다. 권15에 묘지에는 종실의 서원군 이안공 묘지명을 비롯한 묘갈명 등이 실려 있다. 권17에는 목민관으로 재임하면서 여항의 백성을 위한 각종 개혁적 의지가 담겨 있는 장계가 다수 실려 있다. 동래 관방의 변통장, 동래 차왜와 문답한 장계, 제주의 민폐를 개혁하기 위한 장계와 더불어 첩에는 성주 전정에 변통첩, 성주의 기민의 진휼을 위한 첩, 경주지역의 정전법에 관련된 첩이 실려 있다.

병와 이형상은 조선 후기 실학적 관점에 기반을 둔 성리학자로 오랜 외직의 경험을 토대로 한 국방 관방에 대한 철저한 의식과 여민들의 삶을 개선하기 위해 노력한 탁월한 실천적 지식인인 동시에, 목민관으로서 방대한 저술을 남긴 학자이다. 본 문집을 통해 그의 다방면에 걸친 병와의 사상적, 학문적 체계를 반영하고 있다. 우선 학부의 형식을 체계화하고 다량의 작품을 남겼는데, 예악 겸비론을 토대로 한 『가례편고』와 같은 가례서와 『악학편고』와 같은 매우 중요한 예학서를 남겼다.

임란과 병자호란을 겪은 조선조에서 외세 침략에 대한 수비수어책의 중요성을 깨닫고 지리 관방과 관련된 다량의 저술을 남겼다. 『강도지』, 『남환박물지』, 『탐라순력도』 등의 저술에서는 봉수대와 지역 군관의 조직에 대한 치밀한 시각이 있다. 서술의 방식 또한 계량적 방식의 실학 정신이 반영되어 있다.

특히 지방 목민관으로서 지방의 조세 개혁의 목소리를 담고 또 과도한 수조에 대한 개혁을 여러 차례 조정에 호소하여, 백성을 위한 목민관으로서의 면모를 엿볼 수 있다.

목록에 의하면 시(詩), 악부(樂府)와 잠, 명, 송, 찬, 전과 서간과 잡저류와 서(序), 기(記), 발(跋), 제문(祭文), 묘도문자(墓道文字) 등으로 이루어져 있다. 특히 12권에는 물측편(物則篇) 23편과 자집고이(子集考異) 15편이 있는데, 이것은 역학과 이기성리설을 논한 것이다.[18]

『병와집』은 숙종조 실학자 이형상의 문집으로 본집 18권과 부록 및 행장 1편을 붙여 영조 48(1772)년에 간행하였다. 서문은 번암 채재공, 발문은 대산 이상정이 썼다. 1980년 한국정신문화연구원의 고전연구실에서 『병와전서』 10권 가운데 제1권으로 영인 간행하였으며, 1990년 한국정신문화연구원의 고전연구실에서 국역총서 90-3으로 『국역병와집』으로 간행되었다. 현재 『병와집』 목판본은 종중 유고각에 보존되어 있다.

마지막에 노비속량 계권(契券) 2편을 실었다. 하나는 자신에게 충성한 솔거노비를 방량하며 말 1필을 준다는 것이고, 하나는 가문 전래의 외거노비 일가가 여러 번 찾아와 곡식을 바치며 속량을 원하는 바, 이미 일가 중에 유생이 된 자도 있으니 방량한다는 것이다. 권14는 서, 발문 등이다.

「탐라순력도서(耽羅巡歷圖序)」는 1702년 절제사로 갔을 때의 기록인데

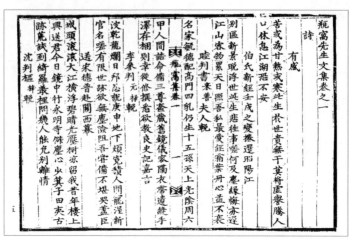

『병와선생문집』 권1, 영조 50년(1772)년에 규장각

제주도 우마의 수, 감, 귤 등 각종 과목의 수, 훈장, 유생, 무사의 수까지 기록했다. 권17, 18은 그가 지방관 시절에 올린 장계와 첩(牒)이다. 장계는 새로운 개혁안보다는 현지의 통계자료를 상세히 기록하여 당시 실정을 파악하는 데 도움이 된다.

「동래관방변통장(東萊關防變通狀)」은 임진왜란 이후 동래왜인의 수가 수천 명에 이를 정도로 많아졌으므로 동래에 배정된 목자(牧子), 수군사부(水軍射夫), 파발 등 각종 역인(驛人)을 부근에 옮기고 여러 아문의 군병을 동래부병으로 통합하여 2,000명을 확보하자는 의견이다.

「동래차왜문답장계(東萊差倭問答狀啓)」는 왜관 무역 및 일본인과의 교류 상황을 보여주는 글이다.

「제주민막장」은 제주도민의 부세, 공물부담의 애환을 소개하고 이정책

(釐整策)을 올린 장문의 글이다. 제주도의 인구, 종류별 공물액, 전지(田地)와 농업사정, 목장관리, 해산물 공납 등의 실상을 상세하게 적고 해결방안을 제시했다.

「제주청사전변통장(濟州請祀典變通狀)」은 국가 제사인 사전이 제주도에서는 잘못된 것이 많음을 알리고, 제주도의 상황을 고려하여 정비할 것을 청한 상소로서, 제사별 시행안을 기록한 여러 편의 상소이다.

「성주전정변통첩(星州田政變通牒)」은 성주지역의 양전(量田) 관행과 토지상황을 기록했다.

「경주정전기지범할청립금첩(慶州井田基址犯割請立禁牒)」은 평양보다 유적이 많이 남아 있는 경주의 정전지(井田地)를 보호할 것을 청한 것이다. 부록에는 행장을 수록했다. 규장각 등에 소장되어 있다. 이 문집은 그의 저작의 일부에 불과하다.

병와수필(瓶窩隨筆)

필사본 3책으로 29.5×20cm 크기로 15행 20자 내외로 쓴 것이다. 숙종 15(1689)년에 저술한 것으로 보인다. 『병와수필』은 다른 수필류와는 약간 달리 특정 내용에 대한 수록과 같이 보인다. 물론 다른 분의 수필류에서도 서술하였는데, 제1권에서 보면 '천지, 국승, 고사, 인물, 문장, 관작, 잡술, 과거, 음악, 잡설' 등 항목으로 나누어 편집되었다. 그런데 '고사'의 경우 『폐관잡기(稗官雜記)』, 『사제척언(思齊摭言)』, 『수문쇄록(謏聞鎖錄)』 등에서 나왔다고 하는 기록이 있음으로 보아 전현의 패관잡기류에서 옮겨 온 것임을 알 수가 있다. 제 2권에서도 명현들의 사적을 수록하였는데, "여기에서부터 점필재에 이르기까지는 모두 한훤당 사우문인록(寒喧堂師友門人錄)이라"고 기록한 것으로 보아 특정 인물들을 중점적으로 수록한 것이 아닌가 생각된다.

전반부는 계선이 없는 백지에 정간(井間)만 맞추어 쓰여 있고, 하권에는 오사란(烏絲欄)이 있는 것에다가 정간을 맞추어 썼는데, 모두 해정(楷正)하게 정서하였다. 그런데 말미에, "己巳仲秋二十一日 重患濕症 昏臥而書之 本來拙筆 尤致字 病中神昏 類多脫落 亦涉重複 覽者詳之 至季秋晦畢書"라고 겸양하였다.

벽이록(闢異錄)

필사본 3책으로 29.5×22cm 크기로 15~16행 22~24로 쓴 것으로 숙종 45(1719)년에 저술한 것으로 추정된다. 『벽이록』은 말 그대로 이단을 물리친다는 기록인 것이다. 그 서에 말하기를, "슬프다. 도가는 황제(黃帝)를 스승으로 하고 묵가는 우 임금을 스승으로 하고 명가, 법가, 종횡가는 또한 주나라 벼슬을 가탁하였거늘, 하물며 노불(老佛)의 무리들이 걸핏하면 성인의 마음을 따르는 것은 모두 공자가 천하만고의 종주 됨을 알기 때문이다. 그러므로 그 비슷한 것을 훔쳐다가 그 이름을 무릅써서 우리 도의 끝에 스스로 붙여서 그 장물을 더듬고 도적을 밝혀서 백가의 들러리가 된 자는 증자, 자사의 뒤에 대개 많이 볼 수 없다. 염계(濂溪), 명도(明道), 이천(伊川), 주자(朱子) 등이 나와서 맹자를 이어 찬연히 밝지 않은 것이 없다."라고 하였다. 즉, 유학의 종주 공자에게 주를 하고 여타의 제자백가를 이단으로 보았으며, 그 제자백가의 다른 점을 논하여 그 내력을 설명하고 끝에 그 경계하는 말을 붙였다. 황제, 노자, 불교, 도교, 신선, 양주, 묵, 열어구, 장주, 백도, 형명, 종횡, 절협 등이 논의되었다.

곽여록(廓如錄)

필사본 1책으로 29.8×20.5cm 크기로 유계 12행 24로 상하내향화문어미로 되어 있으며, 반곽의 크기는 22.5×16.3cm 크기이다. 경종 1(1721)년에 영천 호연정에서 찬술하였다. 이 책은 불교를 이단으로 배척하는 유학자의 시각에서 쓴 것이다. 앞에 서문을 붙이고, 석가의 생애와 42장경을 일일이 예를 들면서 분석, 논변한 것이다.

정와담총(井蛙談叢)

필사본 1책으로 35.6×26.3cm 크기로 무계 15행 24자로 되어 있다. 숙종 26(1700)년에 저술한 것이다. 이 책의 표제는 『정와담총(井蛙談叢)』이나, 권수제는 「조목대(釣牧對)」로 되어 있다. 이것은 병와가 낚시꾼이 되어서 목동과 대담하는 문답식으로 글을 엮은 것이기 때문이다. 혹문의 일종이라고 할 수 있다. 내용은 이기성리설을 비롯하여 역법과 지리에 관한 것 등을 논하였다. 병와의 사상을 밝힐 수 있는 근거가 되는 저술로 성리학과 실학적 태도로 현실적인 치국, 국방, 경세치용, 이용후생의 중요성을 강조하고 있다.

아산계석록(雅山桂石錄)

필사본 1책으로 30.0×18.7cm 크기로 무계 12행 24자로 되어 있으며, 집필 시기는 미상이다. 이 책에는 서간문과 함께 영천, 홍주, 담주, 계주 등

지역의 누정의 기문이나 서문 등을 싣고 있는데 누정문학에 대한 연구 자료로 활용될 수 있다.

역대탐라시문(歷代耽羅詩文)

필사본 1책으로 24.3×21.0cm 크기로 유계 10행 18자로 되어 있으며 병와가 제주 목사 재임 시절인 1702~1703년에 쓴 것이다.

정원일기(政院日記)

필사본 1책으로 28.3×22.8cm 크기이다. 숙종 7(1681)년 승정원에 근무하면서 쓴 일기와 기록이다.

공사보략(公私譜略)

필사본 1책으로 29.0×20.0cm 크기로 14행 22자로 되어 있다. 영조 7(1731)년에 쓴 것이다. 조선의 왕과 왕비의 계보(국보대강)와 병와의 직계 및 외가 등의 계보와 묘소, 묘지, 묘표 등을 기록(사보약초)로 구성되어 있다. 『용비어천가』의 내용도 삽입되어 있다.

비지(碑誌)

필사본 1책으로 26.8×17.0cm 크기로 15행 30자로 되어 있으며, 병와가 지은 각종 비문의 내용을 모아 기록한 것이다.

세력(世曆)

필사본 1책으로 34.5×21.2cm 크기로 역법에 관해 기술한 책이다.

경전의 주요 대목을 대나무 조각에 세필로 써넣은 산대는 산술에도 사용하였다.

규범선영(閨範選英)

자손의 교육을 위해서 저술한 책으로, 가정교육에 관한 자료를 뽑은 것이다. 머리에 서를 붙이고 아래에 수신, 독서, 효친, 충군, 우애로부터 거향잡의(居鄕雜儀)와 검속신심지례(檢束身心之禮)에 이르기까지 근 40종에 달하는 제목 아래 서술되었다.

잡저(雜著)

일명 파향전지(坡香殿誌)라고도 불리는 이 책은 필사본 1책으로 28.5×18.7cm 크기로, 12행 24자로 되어 있으며 지, 문, 기, 서 등 잡문을 모은 것이다. 숙종 20(1694)년에 편찬한 것이다. 본래 책의 제목이 없었던 것으로 생각된다. 이제 『병와전서』 권10의 381~395쪽까지 피향전지(披香殿志)라 하여 마치 책의 제목인 양 붙였는데 잘못된 것이다. 왜냐하면 '피향전지'는 이 책의 제일 머리에 실린 한 편의 글일 뿐이기 때문이다. 뒤에는 이 글 외에 상량문, 기문, 몽설, 서간, 서문 등이 함께 수록되었다. 때문에 이제 편의상 '잡저'라는 이름을 붙여 둔다.

아산계석록(鴉山桂石錄)

앞의 '잡서'와 같은 유형의 책으로 주로 서와 기가 실려있다.

여의주(如意珠)

필사본 1책으로 28.4×19.2cm 크기로, 무계 16행 23~24로 되어 있으며 공자의 말씀을 싣고 있다.

소성속록(邵城續錄)

소성(邵城, 인천)에서 모은 문집인 셈이다. 속록의 3집으로 표시되어 있음으로 보아 1, 2집은 유실된 것으로 보인다.

임거만록(林居謾錄)

필사본 1책으로 25.9×17.1cm 크기로 무계 12행 24자로 되어 있다. 「칠추부(七抽賦)」와 「산목부(山木賦)」 등 2편과 「록문잡영(鹿門雜詠)」과 「의고구수(擬古九首)」와 「차도집음주(次陶集飮酒)」 등 시 수십 편이 있다.

청관주락(請觀周樂)

필사본 1책으로 25.8×20cm 크기로 무계 14행 18자로 되어 있으며 과거 시문집이다. 과거에 응시한 시문을 모으고 성적까지 기록한 것으로 보아 자제들의 과거 응시 참고용으로 저술한 것으로 보인다.

예조주옹(藝藻呪甕)

학문, 예술에 관한 고사어(古事語) 또는 서적 등에 대한 간단한 해설을 붙인 것이다. 그러므로 (○○解)라고 한 제목들이 많은 것이 좀 색다르다.

잡문서(雜文書)

필사본 1책으로 30.0×20.4cm 크기로 무계 12행 25자로 되어 있다. 숙종 25(1699)년 경주부윤 재임 당시에 쓴 것이다. 당시 관에서 쓰던 배지(牒子)와 절목(節目) 등의 공문을 수록한 것인데, 여기에는 당시 쓰이던 이두(吏讀)가 들어 있어서 이두 자료와 공한의 서식을 참고할 만한 자료가 된다.

부류목(復類目)

병와의 문집의 목록을 스스로 작성한 것이다. 그러나 현재 그의 문집의 편찬은 순서와 다르다.

병와선생언행록(瓶窩先生言行錄)

이 책은 병와의 문하 제자들이 병와 선생의 평소 언행을 기록한 것이다. 일반 언행록에서는 기록한 인물별로 수록되는 수도 있으나, 이 '언행록'은 내용별로 분류하였다. 즉, '학문, 독서, 논격치, 논지행, 논존양, 논성찰, 논성, 논경, 논성, 논리기, 논천지, 논일월, 논례, 논악, 논귀신, 강변, 모성현, 교인, 자품, 사친, 봉선, 위선, 사군, 우애, 율신, 거가, 가법, 교자손, 진친족, 제혼장, 후덕, 교제, 처향, 거관, 출처, 퇴, 겸회, 사수, 호생, 정력, 성덕, 락산수, 논과거지폐, 벽이단 소재, 잡기 등의 항목으로 분류해서 수록하였고 중간중간에 기록자와 출처를 표시한 곳도 있다.

선생 생존 시는 국내에 어려운 일이 많았던 때였다. 임병양란을 겪으면서 국가나 사가나 경제의 파탄과 사회의 불안이 가중한데다가, 중국의 고

중학을 받아들이면서, 실학을 일으키기 시작하였다. 이러한 때 병와는 반계(磻溪)와 성호(星湖)의 중간에 태어나서 일면 실학적인 학문에 주력하여 역사지리적 저술이 많았고, 일면 경학적인 연구에 심오한 강의를 저술하면서도 경학에 대한 새로운 견해를 발표한 것이 적지 않게 보인다. 『병와전서』(1982, 한국정신문화연구원)에 권영철 교수가 『병와전서해제』를 붙여 공의 생애에 관한 기술을 자세하게 발표하였다.

송종록(送終錄)

이 책은 필사본 1책으로 병와의 손자인 약송의 기록으로 병와의 장례 때 제반 경과 과정을 기록한 책이다.

유고부록(遺稿附錄)

필사본 1책으로 22.0×29.0cm 크기로 병와가 만년에 정리한 책으로 가

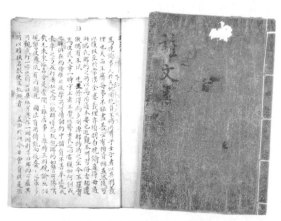

17세기, 『유고부록』 필사본 1책, 22.0×29.0cm

족들과 친구들에게 보낸 간찰 등을 정리한 책이다.

산중회화록(山中會話錄)

병와가 숙종 45(1719)년에 쓴 필사본 1책으로 18.2×28.6cm 크기이다. 1719년 7월 4일부터 13일까지 영남 유림 손덕승(孫德升) 등 26인이 함께 영일 일대를 유람하면서 지은 시와 기행문을 모은 것이다.

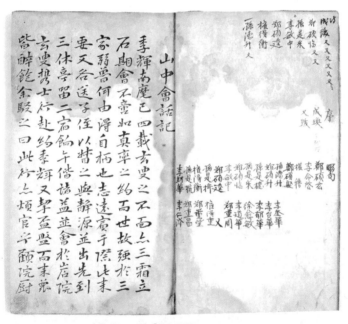

숙종 45(1719)년, 『산중회화록』, 18.2×28.6cm

병와집부록(瓶窩集附錄)

병와가 17세기 경에 쓴 필사본 1책으로 21.0×29.8cm 크기이다. 병와
가 교류한 65명의 문사와 교류한 서신을 모은 서간집이다. 숙종 당시 좌의
정 최석정(崔錫鼎), 이조판서 오시복(吳始復), 대사헌 이봉징(李鳳徵), 승지
심계량(沈季良), 별제 이만부(李萬敷), 참판 이진휴(李震休) 등 당대의 쟁쟁
한 인사들과의 교류 상황을 확인할 수 있는 매우 중요한 사료이다. 참판 성
환(成換) 12통, 승지 심중량(沈仲良) 12통, 승지 심계량(沈季良) 11통, 이조
판서 심단(沈檀) 16통, 별제 이만부(李萬敷) 13통, 참판 이진휴(李震休) 19

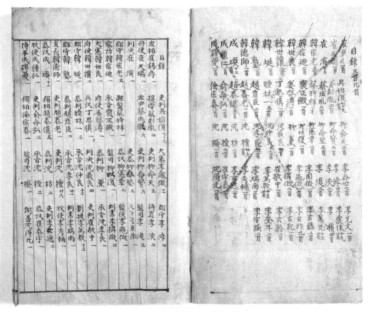

17세기 경, 『병와집부록』, 21.0×29.8cm

통, 판서 이만원(李萬元) 13통 등, 10통 이상 서신을 교환한 인사들이 있어
당시 병와의 인적 교류 관계를 확인할 수 있다.

동도향음례(東都鄕飮禮)

필사본 1책으로 35.7×53.2cm 크기로 숙종 25(1699)년에 지은 것이다.
경주부윤으로 재직할 향리의 민풍의 교화를 도모하고 동도, 곧 경주지역의
향약서이다. 향음례, 향사례, 양로연, 기로연과 더불어 지방 향민들의 유풍
을 권장하고 민심을 교화하는 행사의 절차와 내용을 담고 있다.

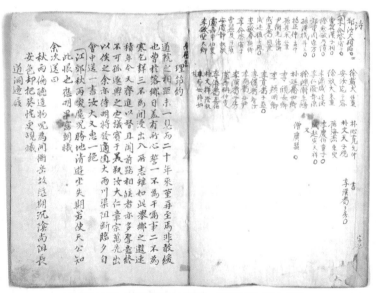

숙종 25(1699)년, 『동도향음례(東都鄕飮禮)』, 필사본 1책, 35.7×53.2cm

나는 부자에게는 더 부자가 되게 하지는 않겠다

주상이 우의정 윤시동에게 이르기를, "청백리를 이미 천거하여 선발하였는가?" 하니, 윤시동이 아뢰기를, "이 청백리 선발은 매번 잘 가려서 뽑는 것을 위주로 하였기 때문에 숙묘조(肅廟朝)에서 20인을 천거한 적이 있었으나 그 당시에도 오히려 누락된 자가 많았다고 하였습니다. 1백여 년이 지난 지금에 와서 새로이 청백리 선발을 하게 되었는데, 많은 인원을 천거하게 하려다 보면 그 천거가 도리어 가볍게 되고 선발을 귀중하게 하려다 보면 누락하는 흠을 일으키기 십상이니, 이것이 바로 신중하고 어렵게 대처해야 할 것이며 감히 쉽사리 천거에 응할 수 없는 것입니다."라고 하였다. 얼마 뒤에 육조의 판서 이하가 청백리를 추천하여 올렸는데, 그 인물은…… 고 부윤 이형상(李衡祥), 고 봉조하 이광부(李光溥, 우윤 윤필병(尹弼秉)이 추천하였다) 등이었다.(『조선왕조실록』 중에서)

병와의 모든 기록이 한 점 부끄러움이 없노라

병와의 이름은 형상(衡祥)이며 자는 중옥(仲玉)이고 병와(瓶窩)는 호이다. 계통은 선원(璿源) 출신이니, 태종대왕의 둘째 아들인 효령대군, 시호 정효(靖孝), 이름 보(補)는 태자의 위를 양보한 지덕(至德)이 있었는데, 병와는 그 분의 10대 손이다. 효령대군은 서원군(瑞原君)인 시호 이안(夷安), 이름 친을 낳았고, 서원군은 청거수(淸渠守)인 이름 혜를 낳았고, 청거수는 밀산부수인 이름 신손(信孫)을 낳았으며, 신손으로부터는 친진(親盡)이 되었기에 작위가 계승되지 않았다.

여기에서 3대를 내려와서 증참판행현감인 이름 승기(承器)가 바로 병와의 고조이며, 증조의 이름은 사민(師閔)이고, 벼슬은 좌랑, 할아버지의 이름은 장형(長馨)이고, 문과에 급제하여 현령을 지냈으며 도승지에 증직되었다. 아버지의 이름은 주하(柱廈)이고 성균 진사를 지냈으며 참판에 증직되었다. 어머님은 정부인이며 파평윤씨인 진사 세구의 따님이고 군수 정립(貞立)의 손녀이며, 판서 국형(國馨)의 증손녀로써 효묘 계사(1653)년 5월 23일 해시에 인천의 소암촌에 있는 집에서 병와를 낳았다.

병와는 4~5세때부터 벌써 엄연한 모습이 마치 덕을 닦은 어른 같았으며, 언제나 아침저녁으로 부모님의 잠자리를 보살펴드렸다. 아버지인 참판공은 자주 칭찬하기를 "뒷날 우리 가문을 번창시킬 사람은 반드시 이 아이일 것이다."라고 하였다. 계묘(1663)년에는 동사(東史)를 읽고 글을 지었는데, 그때 같은 또래 친구가 이 글을 학문을 좋아하는 늙은 노인에게 가져다가 보여준 일이 있었다. 뒷날 이 어린 짝을 따라서 늙은 노인 집엘 갔더니 그 노인은 일어나서 정중하게 읍을 하고는 "아마 노숙한 선비라도 그 글솜씨에는 미치지 못할 것이다."라고 하였다.

갑진(1664)년에는 대사성[19]이 서경의 기삼백장(碁三百章)의 주를 강학한다는 소문을 듣고 갔더니 강학을 담당한 관의 선비가 구두점도 없는 것을 내놓았는데, 선생만 홀로 계산에서부터 심오한 뜻을 탐색하는 데에까지 이른 뒤에야 끝냈다. 이때부터 과거에는 신경을 쓰지 않고 경사와 예서에 힘을 기울여 쉬지 않고 공부하기를 너무 지독하게 하였기에 부모님이 병이라도 날까봐 근심하여 밤늦도록 독서를 하지 말라고 훈계하였더니, 병와는 방문에 발을 내리고 등불을 가려놓고 소리를 낮추어 독서했다 하니 그 학업의 돈독함이 견줄 데가 없었다 한다.

기유(1669)년에 강령현(康翎縣)[20]으로 장가를 들었는데, 강령현으로 가는 길에 해서가 있는데 해서의 영백(營伯) 정윤(鄭綸) 공이 바로 병와의 이모부였다. 어느 날 정윤 선생이 반자(半剌, 감영의 판관)와 상대하여 앉아 있는데 관리가 장첩(장계와 첩증, 상부에 보고하는 문서)을 안고 들어오니 반자는 일어서려 했다. 이때 정공은 "앉으시오."라고 말하고 계속해서 선생을 곁에 가까이 앉게 하고 "너의 재능을 시험하겠으니 너는 이 문서들을 처리하여 결제할 수 있겠느냐?"라고 말했다. 병와는 "어찌 감히 나라의 일을 가지고 희롱하시렵니까?"라고 답하면서 몇 번이나 사양했으나, 계속 강요하자 끝내는 입으로 이렇게 하고 저렇게 하라고 명령하는 것이 마치 물이 흐르듯 했다. 정공은 반자를 돌아보며 "어떻습니까?" 하니 반자는 매우 칭찬하며 감탄하는 모습으로 "참으로 큰 그릇입니다."라고 했다.

신해(1671)년에 참판공[21]의 상을 당했는데 예를 지키기를 너무 엄하게 하여 가시처럼 수척하여 몇 번이나 기절했다가 깨어나곤 했다. 인천 집에서 대부인(병와의 어머니, 정부인 파평윤씨)을 모시고 있었는데, 복을 마치고는 스스로 농사에 노력하여 대부인을 봉양하였다.

당시 인천에는 청금록(青衿錄) 사건[22]으로 인한 싸움이 너무 심하여 사람들이 서로 원수가 되어서 누구와 더불어 말하기조차 어렵게 된 지가 오래되었다. 어느 날 고을의 노인 열 사람들이 함께 모여서 선생을 찾아와서는 "선생에게 용서 얻기를 원합니다."라고 말했다. 병와는 우선 중후한 모습으로 그들을 안정시켜 다음날 선생이 장의(掌議, 향교 책임자)에 추천되었다. 이때 세 번이나 사양한 뒤에 드디어는 경중에 따라서 그들을 벌 주었으며, 영원히 명부에서 삭제된 사람이 아홉 가구나 되었음에도 불구하고 이 아홉 가구에서 누구도 선생을 원망하거나 욕하는 말은 없었다.

숙종조 정사(1677)년에 사마시(司馬試)에 합격하였다. 경신(1680)년에 별시제에 대과급제하여 승문원(承文院)에 뽑혀 들어갔다.

병와가 제주목사에서 물러나 강학과 저술에 몰두했던 경북 영천시내에 있는 호연정

임술(1682)년에는 호서시(湖西試)의 시험관인 율봉찰방을 도와서 12명을 선발했는데, 이들 중 과거에 오른 사람이 8명이나 되고 보니 대신들이 선생을 인재로 선발한 안목이 있다고 경연(經筵) 자리에서 임금에게 아뢰기도 했다. 그러나 얼마 되지 않아서 관직을 버리고 고향으로 되돌아왔다.

갑자(1684)년에 부정자[23]에 승진했다. 이때 병와의 윗자리에 있는 두 사람은 선생과 함께 관직을 수행하기에는 난처한 입장의 혐의가 있었다. 그래서 대신들이 보고하여 하위에 있는 선생을 임시로 승급시키려 했으나 옳지 못함을 고집하여 천장(遷狀, 임지를 옮기는 요구서)을 작성하려 하지 않았다. 대신들은 다시 천장 제도를 고치도록 보고했다. 병와는 또 조용하게 있지 않으니 드디어는 잡아들여서 문초하고 사령장을 삭탈하라는 명이 내렸는데도 병와는 고집을 바꾸지 않았다. 임금은 한림(翰林)으로 하여금 서면으로 다시 물어보게 하고는 병와의 의지를 꺾을 수 없음을 알았다. 이에 임금은 "이형상은 나도 굽힐 수 없구나."라고 교시했으며 그 뒤로는 대신들이 임금에게 이 문제에 대해서는 모두 병와의 말대로 시행되었음을 보고했다.

을축(1685)년에 정자(正字)로 승급하여 저작랑의 예에 따라 봉상시[24] 직장(奉常寺直長)을 겸했다. 봉상시에는 신실(神室)이 있고 위판에 34위가 봉안되어 있는데, 종전에는 이 직무를 맡은 사람들이 절사(節祀, 계절제사)나 기우제를 지낼 때마다 이 일을 전복(典僕)들에게 맡겼기에 위판의 순서가 뒤바뀐 것이 많고 위판의 자획도 얼룩진 것이 많았는데 선생이 보고하여 수정할 것을 알리고 신위의 위치를 제자리로 환원시켰으며 제사를 봉안할 때도 도제조(都提調)가 잘못된 예를 인용하여 5위를 한 탁자에 함께 모시도록 임금의 결제를 받아 두었다.

그러나 병와는 "천지인은 기류가 다르니 같은 탁자에 함께 봉안함은 부당하다."라고 여겨 여러 가지 예설을 근거로 모아 논란한 바 끝에 따로 설위하도록 하였다. 제사를 끝내고 음복하는 법식도 건포 등을 분배하는 종전의 예를 개선하되 제수는 깨끗하게 처리하는데 힘써야 하는 것이니 백성들에게 보다 많이 내려주어야 한다고 주장했더니 대신들이 경연에서 보고하여 그렇게 실시되었다.

박사(博士)로 옮겨졌다가 곧 전적(典籍)으로 승진하였다. 감찰을 거쳐 병조좌랑에 임명되었으나 상피(相避, 관원 가운데 일가친척이 함께 근무하는 것을 피하는 제도)의 이유로 호조좌랑으로 옮겼다. 이때 마침 동지사[25]가 출발할 즈음이라서 세폐포를 해마다 얼마만큼씩 늘린 척수로 견주어서 결정하는데 지난 병자(1636)년의 보포에는 그 늘린 척수가 9척을 첨가했으므로 병와는 이 병자년의 보포에 기준하여 결정하고는 직접 대신을 면담하여 아뢰기를 "폐포(幣布, 중국에 조공으로 올릴 바단)를 마음대로 할당한 것은 끝없는 뒷날의 폐단을 없애려는 이유에서입니다. 원하옵건대 이번에 들여보내는 보포가 증험이 될 것입니다. 만약 이 보포를 결정하는 문제로 사건이 발생되면 수석 통역관을 매국의 법률로 논죄할 것입니다." 했더니 온 조정의 사람들이 모두 놀라서 얼굴빛을 잃었는데, 유독 상사인 정재숭(鄭載嵩)[26]만은 병와의 말에 심복하였다. 또 다시 병조좌랑에 옮겨지고 정랑으로 승진하였다.

병인(1686)년에 사헌부 지평의 후보에서 논의를 통과했다. 이때 어떤 한 명부(命婦, 봉호를 받은 부인)가 있었는데 그의 아들이 동전랑(東銓郎)이었다. 명부는 "이모가 대간의 선발을 통과했느냐?"고 하니 아들이 "아닙니다."라고 했다. 명부는 "일찍이 들으니 이모는 당세의 위인이라고 하던데 너는 어떻게 잘못 인식했기에 이름난 인품에게 인색하느냐."라고 했더니, 그 아들은 곧바로 의논에 회부했다는 말이 있었다.

병인(1686)년 광주(廣州) 경력에 임명되어 일 년을 지나고 다음 해 정묘(1687)년 겨울에 성주목사에 임명되었는데, 광주를 다스릴 때에 강직하고 사리에 밝다고 일도에 소문이 나고보니 송사거리가 모두 모여 들었다. 금시(金矢, 화살)의 수입으로 산골의 기정(좁쌀) 5천 곡을 환매해서 춘궁기의 백성들에게 대여해 주었고, 성주에 부임하여서는 유교를 더욱 소중하게 생각하여 20조의 훈시를 적은 훈첩(訓帖)을 만들어서 나누어 주었으며, 유생 150명을 선발하여 관에서 그들을 양성시키고 날마다 일과를 주어 공부하게 하였고, 이사룡(李士龍)[27]의 묘에 제사지내고는 곧 충열사를 건립하여 충의를 격려하니 온 주의 인사들이 일깨워지지 않는 사람이 없었다.

성주에는 독용산성(禿用山城)이 있는데, 허물어져 황폐해져 버린 지 오래되었다. 마침 조정에서 본주의 목사에게 보수하게 했는데 병와는 집집마다 어른 한 사람씩을 뽑아내어서 만여 명의 인부를 동원하여 군법으로 일을 감독하여 3일 만에 축성을 끝냈고, 이어서 독진(獨鎭)의 설치를 신청했으며, 축성비용의 남은 재물로는 성 내부의 돌에다 천 개의 절구를 팠다. 사람들은 병와의 안목과 계산에 감탄했으며, 절도사는 이 사실을 임금께 보고하여 말을 내려서 병와의 공로를 치하했다.[28]

기사(1689)년 봄에는 정승 권대운(權大運)[29]이 귀양소에서 풀려나 수상에 배수되어 조정으로 돌아가면서 선생을 불러서 동행하게 차임했다. 행차가 문희관(聞喜館, 과거 급제자들을 위해 향연을 베푸는 곳)에 이르자 주위의 사람들을 물리치고 말씀하기를 "자네의 한 마디 조언을 듣고 나의 거취를 결정코자 하는데 되겠는가?" 하였다. 병와는 "바라노니 선생께서는 힘껏 사양하시고 일을 보지 마십시오. 가만히 보아하니 현재의 조정이 비상한 조짐이 있습니다."라고 답했더니 뒷날 박태보(朴泰輔)[30]가 형벌을 받을 적에 권 상국이 국문의 자리에서 물러나오면서 "내가 무슨 면목으로 성주백을 다시 볼꼬!"라고 하였다.

정재(定齋) 박공은 사심이 없이 사귄 사람인데, 그가 항소를 올려 형을 당하게 되었음을 듣고 반드시 목숨을 버리더라도 의를 따를 것으로 짐작하고 발이 빠른 말에 붙여 글을 띄었는데, 서신이 노량진에 이르렀을 즈음에 처형되었다. 전날 밤에 박공은 병와의 자를 부르면서 혼자 말하기를 "이 모야가 아니면 현재로서는 그 뉘라서 나를 가엽게 여기겠는가."라고 했다고 한다.[31]

이때에 조정에는 세 분, 잘 아는 사람이 있었는데 말과 노비를 보내어서 도움을 요청하기에 병와는 조금 넉넉하게 도와주려고 노비들을 몇 달 머물러 있게 했더니, 조정의 정국이 바뀌면서 잘 알았던 세 분의 조정 사람이 모두 요직에 앉게 되었다. 이에 병와는 세 사람 집의 노비들을 불러서 노잣돈을 주어 보내면서 "소문에 너희들 주인이 요직에 앉았다고 하니 이젠 나의 도움은 필요치 않게 되었구나. 나는 부자에게는 더 부자가 되게 하지는 않겠다."라고 말했더니 얼마 되지 않아서 포기하고 다 되돌아갔다.

이 당시 금산(錦山) 사람이 소를 올려서 덕유산의 도적떼가 사방의 도적들과 연락망을 구축하여 민폐가 막심하다는 상황을 보고했는데, 조정에서는 이를 염려하여 제안하기를 문벌도 있고 무선생도 뛰어난 가문에서 사람을 선택하여 금산군수에 차임시키고 별도로 준수해야 하는 법을 만들어서 3도의 감사 병사들에게 모두 준수하고 탄합하기를 요청했다. 이에 주상은 "역시 알맞은 사람을 선택하기가 어렵지 않겠느냐." 하니, 대신들은 "벌써 구해 놓았습니다."라고 대답하고 즉시 선생을 추천하여 임명하고 재촉하여 부임하게 했더니, 도적들이 선생이 도착한다는 소문을 듣고 모두 흩어져 달아났으며, 다시는 경고할 일이 생기지 않았다.

경오(1690)년 가을에 청주목사(淸州牧使)로 임명되었다. 청주 풍속이 편당에 고질화되어 서로 다른 당의 사람이면 뜰을 간격으로 양편에 나뉘어서 상대편의 사생활까지도 헐뜯고 고발했으며, 각파가 4~5백 명씩이나 되었다. 병와는 이들을 달래고 꾸짖어서 이들로 하여금 서로 감정이 풀리게 하였다. 이때에 백성들은 굶주림과 추위에 허덕이고 있어서 병와의 특별한 배려로 구휼해주기를 바라고 있었는데, 8월에 이르러 동래부사(東來府使)로 승진 발령이 내렸다. 이에 청주의 사람들이 밤낮으로 부성을 에워싸고는 선생이 출발하려 하면 서로 병와의 가마채를 붙들고 돌리곤 하여 몇 번씩이나 이와 같이 계속하게 되니, 도백이 선생에게 서신을 보냈는데 "관과 민이 서로 버티게 되면 부임은 기약할 수 없을 터 장차 이 일을 보고하면 죄는 관 쪽에 미칠 것이다." 했다. 문을 지키고 있던 사민들이 이 글을 먼저 뜯어보고는 서로 붙들고 눈물을 흘리며 물러갔다.

동래의 세금징수는 청주에 비교하면 다섯 배도 더 되었다. 선생이 도착하니 비치된 쌀은 3만 석, 벼와 보리는 각 3천 석, 백금이 5천 냥, 면포가 4백 통이었다. 동래의 백성 중에서 3만 명을 뽑고, 또 유랑민 4만 명을 7개소에 나누어서 수용하면서 먹여주었는데 11월부터 다음 해 6월에 이르러서야 먹여주는 일이 끝났으며, 이미 유랑민은 양식을 주어서 각각 향리에 돌려보냈다. 그리고 백성이 납부해야 하는 양세 신포, 환적(관아에 빌려 간 곡식을 갚는 일) 같은 것은 관에서 처리하고 백성들은 알지도 못하게 했다.

공께서 어버이를 생각하며 노심초사하는 것을 안 백성들은 단을 쌓아서 날마다 하늘에 빌기를 "대부인께서 건강하게 해 주소서."라고 했다.

7월 들어서는 일곱 번이나 사직을 청원하게 되니 임금이 병와의 사정을 딱하게 여겨 체직(遞職, 벼슬을 그만 두게 함)을 허락하게 되니, 주민들이 무더기로 모여서 눈물을 흘리며 하직인사를 하였으며, 길 변두리에는 사람들이 빽빽하게 몰려와서 가마채를 붙들고 흐느껴 울면서 "우리가 지금 살아서 있는 것은 모두 선생께서 내리신 것입니다." 하였고, 동래의 백성들은 잊지 못할 기념으로 놋쇠비를 세웠다. 9년 뒤 동도(東都, 경주)의 부윤으로 부임할 때 조령까지 넘어서 병와의 앞에서 절을 올리고 서로 손잡고 맞이한 사람들은 모두 전일 동래에서 흉년 때 구휼해 주었던 사람들이었다.

병와는 처음부터 왜노들을 걱정하였는데 소위 구송사(九送使, 조선에서 왜노와 화해하기 아홉 번 대마도에 보내는 세미)는 한 도의 폐단이 온통 동래에 집결되기에 훈도를 시켜서 몰래 재판차왜인 평성상을 잘 달래어서 9회 보내는 세미를 제일 첫 번째의 선박 편을 이용하여 한 번에 모조리 보내고 나머지 8회는 취소하게 되면 배를 인솔하는 차왜와 사공들이 매번 나와야 하는 번거로움을 피하고 힘들이지 않고 앉아서 지정된 급여미를 차지하게 될 것이며, 그 지정된 몫을 지급하고, 나머지 수백 석의 남는 곡식은 대마도주가 마음대로 쓰도록 요청을 하게 했다. 그렇게 하면 우리나라에서도 그들을 접대하는 잔치의 비용을 줄일 수 있겠기에 이런 편리한 계획을 세워 주고는 병와는 체직되어 돌아갔다.

그 뒤에 평성상은 저들에게 이 계획을 허락받고는 우리 조정에 요청했더니, 조정의 의논이 일치되지 못할 뿐 오히려 계책을 무시할 것으로 연락이 되었다. 이에 평성상은 역관을 상대로 혀를 차면서 "이 부사를 제외하고는 너희 나라에는 사람이 없다고 말할 수 있겠군."이라고 말했다. 조정에서는 뒤늦게 뉘우치고 다시 한 번에 모조리 수송하고자 하여 바다를 건너가서 통역을 시켜 요청했더니 평성상은 크게 웃으면서 "처음부터 그렇게 했어야지 후임 차차왜(次差倭)가 다른 자리로 옮겨간 뒤에야 겨우 계책을 성사할 수 있다니…… 또 다시는 불가합니다."라고 대답했다.

임신(1692)년 10월에 양주목사(楊州牧師)에 제수되었는데 이때 임금은 교지에서 "나는 그가 노모를 모시고 있음을 안다. 그 노모를 모시는데 편리하게 하려고 말미의 의망을 골라서 주노라."고 하였다.

도백이 온 도내의 송사를 모조리 처리하게 하였기에 재판에서 들어온 돈이 여러 천 금이 넘었다. 이 돈으로 춘궁기의 백성을 먹여 살리기를 광주에서와 같이 했다.

때마침 임금이 능행할 때 대면의 기회를 얻어 당나라 시대의 봉선현(奉先縣)의 고사를 인용하여 아뢰었더니, 임금의 특명으로 춘기의 대동미와 포흠적(관아에서 빌린 곡식을 갚지 못한 결손 곡식) 만 여석과 미수된 신포(신역 대신 바치는 포목) 80통을 영원히 감면 받았으며, 거기에다가 집집마다 한 말의 쌀도 내려주었다. 백성들은 그 쌀로 성은에 감사하는 연회를 베풀었다.

이 당시에 오칙(五勅)의 소요가 발생하였는데 조정에서 공을 원수로 하여 진압키로 주선했으나 끝내 사건이 발생하지 않게 되어 그만두었다.

가을에 경주부윤에 제수되고, 또 나주목사에 제수되었으나 선생이 쇠잔된 생업을 소생시키는 데에 주력하고 있다는 이유로 양주목사의 직임을 계속했다.

계유(1693)년에 어떤 사건[32]으로 파직되어서 고향(인천)으로 돌아갔는데 백성들은 병와의 공을 기려서 송덕비[33]를 세웠다.

갑술(1694)년에 조정의 세력이 다시 바뀌면서 선생을 꺼리는 사람이 많아지자 병와는 강도(江都)로 돌아갔는데, 다시 안주목사(安州牧使)에 제수되었으나 사양하고, 『강도지』 2권을 지었으며, 관방수어책을 상세하게 논술하여 조정에 올리려고 준비했으나 올리지는 않았다.

정축(1697)년에 어머니인 파평윤씨의 상을 당하여 묘의 곁에 여막을 차려놓고 날마다 성묘하면서 비바람을 가리지도 않은 채 삼 년을 하루같이 지났다.

기묘(1699)년에 중추부[34]에 제수되고 또 다시 나주목사에 임명되었으나 모두 사양하고 부임하지 않았다.

이때에 경주 운주산(雲住山)에 수천을 헤아리는 토적이 생겨 대낮에도 휘파람을 신호로 하여 모여서는 원근지역을 침략했다. 이에 공을 특별히 경주부윤에 제수했다. 공은 부에 도착하여서는 별도로 하는 일이 없었으며, 목패를 만들어서 한쪽 면에는 '기찰(譏察)' 두 글자를 새기고, 다른 면에는 '사(使)'자와 관인을 새겨 넣은 조각된 글자에는 붉은 물감으로 메운 뒤에 장교, 서리, 병사 각 한 사람씩을 한 조로 하여 장대에 매달아 하루 종일 경내와 인근의 시장을 두루 돌아다니게 했다.

이렇게 하기를 1개월이 지난 어느 날, 토포사(討捕使)가 찾아와서 하는 말이 "조정에서는 도적을 깊이 우려하여 선생을 별도로 파견하였는데 선생께서는 단지 목패만 시장을 돌아다니게 하고 있으니 목패가 과연 몇 사람의 도적을 잡아 들였습니까?" 하였다. 병와는 천천히 말했다. "목패는 도적을 잡기 위해서가 아니라 도적을 흩어지게 하려고 해서였네. 내가 여기에 오기 전에 각 읍리에서 도적을 당했다고 본영에 보고된 것이 하루에 몇 건이며, 내가 온 뒤에는 하루에 몇 건이나 되는고?" 토포사가 한참 만에 "선생께서 부임하시지 않아서는 하루에 최하 4~5건이었는데 요즘에는 우선 한 건도 없기는 합니다."라고 대답했다. 병와는 "이것은 기한을 견디지 못해서 무리들을 집합하여 입에 풀칠을 해보려고 도모함에 불과하다. 그리고 도적 무리들의 약탈은 반드시 시장에 모여서 의논하게 될 터인데, 현재 내가 만든 목패가 시장을 돌면 도적들은 당연히 겁에 질려 감히 모여서 의논하지 못할 것이다. 벌써 모여서 의논치 못할 형편이고 보면 그들이 돌아갈 곳은 농사뿐이다. 농민으로 돌아가면 바로 양민인데 어찌 꼭 잡아 죽이는 것만이 능사겠느냐?"라고 하였다. 이에 토포사는 깊이 이해를 하고 돌아갔고, 도적들도 속속 저절로 흩어져버렸다. 이에 향교나 서원 등에 거듭해서 지시를 내려서 과업을 권장시키고, 향음주례를 행하고, 향약을 닦게 하고, 충효열을 뽑아서 잔치를 베풀어서 장려했다. 이때 어떤 아홉 살 먹은 아이가 손가락을 잘라 그 아버지를 살린 일이 있었다. 관에서 그 노비를 사서 양인으로 풀어 주었다.

고을에서는 음사를 너무 지나치게 지내고 있어서 관청에서 크게 신당 두 개를 설립하여 매월 초하루와 보름에 백성들의 돈을 거두어 제사를 지내게 했다. 외촌에도 사우(제당)가 모두 36곳이나 되었는데 병와는 "폐단이 이보다 더 큰 것이 있겠느냐."라고 말하고는 제문을 지어서 직접 성황당에 제사를 지내고 각각 귀속되는 곳이 있게 한 뒤에 모두 불사르고, 그 사우의 빈터는 학궁에 귀속시켜 정전(고적 및 유적지 보호책)의 터를 측량하여 놓고, 이 측량한 경계는 범하지 못하도록 금지했다.[35]

경진(1700)년에 도백과 뜻이 맞지 않아 관직을 버리고 영천에 복거했다. 성의 언덕에 정자를 지어 '호연(浩然)'이란 편액을 붙인 것은 아마도 거기에서 늙을 계획에서였으리라.

신사(1701)년 겨울에 제주목사에 제수되었는데 도착하여서는 제주의 속된 풍속을 변혁할 생각으로 세 곳의 읍에 있는 성묘(삼성혈)를 보수하고 이름있는 선비를 선발하여 훈장으로 정하여 학업을 독려하게 했다. 고씨, 부씨, 양씨 3성의 사당을 세웠다.

동성간의 혼인과, 이성이라도 공친간의 혼인과 혼례 때에 교배하지 않은 자(혼외자)와, 처를 두고 처를 취하는 자, 남녀가 함께 목욕하거나, 나체의 해녀 등은 조례를 만들어서 금하고, 그 밖에 스스로 전제할 수 없는 것은 모두 장계를 보내어 보고했는데, 그 조목이 14가지였고 임금이 모두 윤허했다.

도민 7백 명이 건포(巾浦)에 모여서 임금의 은혜에 절을 올리고 공에게 와서 인사를 올렸다. 공은 곧 필요치 않는 곳에 지나친 제사에 대한 폐단을 낱낱이 말했더니 모두들 "공의 명령이 있는데 어찌 감히 따르지 않겠습니까."라고 말하고 나와서는 스스로 서로 전달하여 신당 1백 29곳과 2곳의 사찰을 일시에 불사르고 천 개에 가까운 불상을 바다에 던져버렸으며, 무당들은 그들의 안상을 불사르고 농민으로 돌아갔다.

전날에는 관에서 민가의 우황(牛黃)을 취했기에 징수관은 그 주머니가 퍽이나 두둑했는데 공이 도착하자 심약(審藥)[36]이 몇 개의 우황을 가지고 감영에 들어왔기에 공은 말하기를 "백성의 소가 우황을 지녔으면 백성이 스스로 취해야지 관이 무엇 때문에 관여하리요." 하고는 드디어 종전의 법을 고쳐버렸다.

계미(1703)년에 어떤 사건[37]으로 교체되어 돌아왔는데 돌아오는 행장에 아무 것도 없었으며 단지 한라산 백록담 위에 저절로

제주 삼성혈 내 병와 이형상목사 기념비

마른 박달나무로 만든 거문고 한 개와 시를 써놓은 책 몇 권뿐이었다.

백성들이 4곳에 비를 세우고 모두 덕을 기록하여 칭송하였다.

공이 제주도에서 돌아오면서 호남에 들려서 당시 숨어버린 노비의 가족 수가 약 1천 집이나 있었던 것을 그들의 소원을 아낌없이 들어주어서 속량(노비들을 양민으로 적을 바꾸어 줌)을 허락했다. 어느 날 여러 노비들을 불러놓고는 "현종 조 때에 내려진 법에는 이런 것이 있다. '모든 노비에 관한 사건은 60년 이전에 그 사람이 실지로 현존하지 않았으면 재판을 들어줌을 허락하지 말라' 나는 평소에 이 법을 굳게 지켜왔다. 현재 호남의 노비들은 이미 문서상의 사람이 현존해 있지도 않

으며 그리고 60년도 넘어버렸다. 나는 문득 그 햇수를 계산하면서 깨달은 것이 있으니, 비록 일 년이라도 차이가 있게 계산한다면 이것은 스스로를 속이는 것이니 어찌 공사에 법이 다를 수 있겠느냐. 나는 이 논리로써 해방시키려 하는데 너희들 마음에는 어떻게 여기느냐?"라고 말했다. 이때 여러 노비들은 "삼가 명령대로 따르습니다."라고 하였다. 공은 또 "약 천의 노비가 재물이 아니다. 너희들은 어려워하지 말아라. 내가 너희들에게 불리하게 하지 않겠다."라고 말하고는 옛날의 문서를 모조리 태워버리고 그들을 풀어주었다.

을유(1705)년 겨울에 영광군수(靈光郡守)에 임명되었다. 이 해는 크게 흉년이 들었는데 공의 부임시기가 늦었는데도 오히려 관의 쌀 4천 곡을 대여해 주어서 백성들이 흉년을 깨닫지 못하게 하였다.

토속인들은 죽은 자를 산에 가매장하여 두고 어떤 이는 몇 년이 지나도록 장사하지 못한 사람들이 4백 명이 넘었는데 모두 적당하게 재물을 주어서 장사지내게 하였고, 시기를 넘기고 시집가지 못한 여자가 380명에 이르는 것도 역시 적당량의 재물을 주어서 혼인하게 해주었다.

병술(1706)년에 휴가를 얻어서 호연정에 돌아갔는데, 이것이 영원히 돌아가게 된 것이다. 이때에 백성들도 목마르게 그가 돌아오기를 바랐으며 도백도 매우 급하게 돌아오기를 재촉했으나, 어사가 마음 속으로 그를 싫어하여 보고를 올려 파직시켰는데, 그 보고의 내용인즉 "일을 처리하는 솜씨가 너무 절약성이 없고 헤프다."고 했으니 아마도 혼장사(婚葬事, 죽은 자들끼리 영혼 혼례를 올리는 의례)를 지적한 것인 듯하다. 그러나 뒤에 그 어사는 사람들을 대할 때마다 잘못된 처사였음을 후회했다고 한다.

이때로부터 날마다 성현의 책이나 읽으면서 다시는 세상에 대한 생각은 하지 않았다. 무자(1708)년에 경원부사에 제수되어서도, 경인 (1710)년에 판결사에, 신묘(1711)년에 장단부사에, 경종 임인(1722)년에 또다시 판결사에, 현재 임금(영조) 을사(1725)년에 첨지중추부사에, 정미(1727)년에 호조참의에 제수되었으나, 모두 부임하지 않았다. 어쨌든 호연정을 지은 뒤로 지금까지 30년 동안을 한양에는 한 발자국도 들여놓지 않았다.

언젠가는 『팔외십요소』의 1만 자가 넘는 글을 작성하게 되었는데, 원고가 마감되던 날 밤의 꿈에 한 자루의 활과 엷은 판자로 막혀 있는 화살통과 그리고 접혀 있는 세 자루의 부채가 종이갑에 들어있었다. 한 자루의 부채는 매우 길어서 거의 한 자가 넘을 정도였는데, 이 활과 부채를 모두 가죽으로 된 주머니에 쓸어 넣는 꿈이었다. 스스로 꿈을 해몽하기를 "활은 쏘아야 마땅한데 반대로 화살통이 막혔었고, 부채는 흔들어야 마땅한데 반대로 접혔으며, 또 모조리 자루 속에 넣고 묶었으니 꼭 둔서(遯筮, 불김함에서 멀러지다)의 징조로다." 하고는 작성된 원고의 명칭을 『둔서록(遯筮錄)』이라고 붙였다.

무신(1728)년에 흉적이 봉기하자[38] 대신과 연신들이 공을 가선에 발탁하기를 주청하여 경상하도의 호소사(呼召使, 변란이 일어난 지역에 진무를 위해 임금이 특별히 파견하는 직)에 임명되었다. 명을 받은 공은 바로 달려가서 관찰영(경상도관찰사 감영, 대구)에 임하여 적을 토벌할 군사를 모집하는 일을 의논하고 있었는데 갑자기 체포 명령이 내려서 옥에 끌려가게 되었다.[39] 임금께서 직접 문초하시고 죄없이 끌려왔다는 사실을 알고 즉시 석방하려 했으나, 연신들이 뒷날을 기다려 석방해도 늦지 않을 것이라고 대답했다. 임금은 강하게 석방을 고집하고는 동의금(同義禁) 송인명(宋寅明)[40]을 명하여 교지를 전하게 하고 석방시켰으니 이때 공의 나이가 76세였다.

공이 죄수로 있을 때는 목의 칼은 무겁고 수갑은 꽉 조여서 목에서는 씨알 같은 게 솟고, 손은 찢어져서 피가 흘렀으며, 날씨조차 무더웠다. 보기가 너무 측은하여 수졸이 목에 칼을 벗기려 요청하자 공은 허락하지 않았고, 다음날 다시 요청하자 또 허락하지 않았으며, 또 다음날 요청하니 공은 "나의 운명이며, 임금의 명령이다. 운명은 피할 수 없고 임금의 명령도 어길 수 없다."고 대답했다.

그리고 한 번의 국상과 두 번의 양친상을 치르면서 습관이 되어 밥을 먹으면서 고기를 먹지 않았다. 수졸이 "팔십 노인이 이와 같은 입장에 처하여 어떻게 소인들이 밥을 먹겠습니까." 공은 "평소에 그렇게 한 것을 지금 차마 버리지 못하겠다."라고 하였다.

구요관(救療官, 의관)이 이런 이야기를 듣고 감격하여 소찬을 갖추되 더욱 정성을 썼다고 한다. 석방되어 돌아오게 되어서는 얼굴의 모습이 옛날 같으니 사람들은 이상하게 여겼고, 어떤 사람이 묻자 공은

"외부로는 비록 칼을 쓰고 수갑을 찼을지언정, 중심은 위축됨이 없이 태연하여 내가 정자에 앉아있는 것과 다름이 없었다. 때로는 고문을 생각하고 혹은 일찍 풀이한 경의도 다시 생각하면서 70일 동안의 생활을 평소와 같이 했다. 이 때문에 병들지 않았다."고 대답했다.

이때부터 공은 임금이 있는 곳에서 차마 멀리 떠나지 못하고 경성(과천에 있는 선산)에 나그네로 머물면서 이따금 인천에 왕래했다.

기유(1729)년에 서함(西銜)에 배속되었다. 이때 공은 "죄없이 크게 놀란 뒤에 늙은 몸을 보살펴 주니 의리상 거절할 수 없다."고 말하면서 녹을 받은 이후로는 친척과 이웃의 가난한 사람들에게 나누어 주어서 임금의 하사를 더욱 영광되게 하였다.

계축(1733)년에 인천에서 양강(陽江, 양주 한강변)으로 옮기려고 과천에 도착하여 병이 들어 한 달을 머물다가 11월 30일 객사(客舍)에서 돌아가셨으니 81년을 살았다. 부고를 들은 임금은 조제(弔祭)를 지내고 부의를 후하게 하라고 명하였다.

갑인(1734)년 정월에 양산의 정부인 묘의 오른쪽에 장사지냈다가 기묘(1759)년 10월에 경기도 광주 동편 우산에 묘좌로 이장하였고, 부인과 합장했다.

공은 뛰어난 자질로써 얼굴도 남달라서 바라보면 범하기 어려운 위엄이 있었으며, 가깝게 있으면 피부로 느낄 만큼이나 화기가 감돈다. 위대한 기량에 많은 지식을 갖추었고, 탁 트인 흉금으로 세상에 막힘이 없었다. 유재 이현석[41]이 공을 찬양하는 시에는 "넓고 넓은 대해는 물결이 출렁이고, 낙락장송은 푸르름 아득하네."라고 읊었으며, 근곡 이관징[42] 이 공의 모습을 기린 글에는 "언제나 조회에 참석하여 눈으로 사람들을 점검할 때면 위로부터 내려올 때도 필히 공에게 주목하고, 아래로부터 올라가면서도 반드시 공에게 주목이 된다. 다른 사람들도 그런지를 시험삼아 보았더니 역시 모두 공에게로 눈이 쏠렸다."고 하였으며, 어떤 사람이 일세의 인물을 논평한 글에는 "병와공의 눈동자는 마치 잘 익은 청포도 같아서 한 점의 물욕도 없이 반짝인다."고 했다. 공보다 늦게 세상에 태어나서 마음으로 공을 사모하는 사람이 이상의 시와 말을 음미해 본다면 아마도 공의 실상을 7분은 이해할 것이다.

부모에 대한 효성을 말해본다면, 8세 때 참외밭에 가게 되었는데 밭주인이 참외를 가져오니 주인에게 맛이 달지 않은 것을 가려내도록 한 다음 그것을 먹었다. 주인이 이유를 물었더니 공은 남은 것을 부모님께 드릴 것이라고 대답했다. 밭주인이 감탄하여 맛이 좋은 것을 더 따서 직접 집에까지 가져다 주었다고 한다.

입신하게 되어서는 어머님을 집에서 모시게 되었는데 그것은 봉급이 부모를 모실 만했기 때문에서였다. 항상 백씨와 두 분의 자형 및 여러 조카들까지 단란하게 모이게 하였고 봉급이 적었지만 자주 술자리를 마련하여 언제나 그 어머님의 앞에서 화기가 가득 감돌게 하였다. 비록 늦게 귀가했더라도 곁에서 보살필 때면 어머님의 뜻대로 주선했으며, 예쁜 모습으로 민첩하게 움직였고 자중하지 않았다.

영감(永感)의 입장에 놓이게 되어서는 혹시 누구가 돌아가신 부모님의 옛날 있었던 일을 말하기만 하면 눈물을 머금고 흐느끼곤 했기에 사람들은 차마 말을 끄집어 내지 못했다.

남쪽(영천)으로 내려온 뒤에는 부모님의 제삿날을 당하면 옛날 유가의 법대로 설위(設位)하여 제사지냈으며 재계를 극진하게 하거니와 제사 때에 울부짖고 그리워하는 그 모습에는 참으로 사람들의 마음을 감동시킴이 있었다. 어떨 때는 제사를 파하고 나면 탄식하면서 "오늘의 제사는 잘못 지낸 듯 하구나. 제사지내는 이치란 지극히 미묘해서 7계 3재 동안을 외부와 접함을 끊은 채 생각을 정하게 갖고서 잡된 것을 없이한 상태로 계속해야만 극진이라고 말할 수 있다. 만약에 그렇지 못하면 아무리 진수성찬을 차려 놓아도 제사지내지 않은 것과 같은 것이다."라고 말했다.

임금을 어떻게 섬겼는가를 말해 보면, 공은 항상 말하기를 "쓰여지고 버려짐이 공정치 못하고, 죽이고 해치기를 서로 주고받음은 붕당이 그 시초가 되어서 끝내는 국가를 망하게 하고야 마는 것이니 우리 임금의 신하된 사람으로 어찌 차마 국가를 망하게 하는 용어를 사용하리오." 하고는 자손들에게도 엄금시키고, 사람들을 상대해서 말할 때에도 감히 당론은 끄집어 내지도 못하게 하였다. 누구라도 나라를 다스리는 요령을 물으면 즉석에서 붕당을 없애는 것으로 제일 좋은 방법이라고 말했다.

공이 처음 벼슬에 올랐을 때, 공과 잘 지내는 어떤 재상이 와서 공에게 말하기를 "근래에 여러 재상들의 마음에는 그대의 재능을 크게 쓰여질 재목으로 인정은 하지만 그대를 임금의 측근에 두게 되면 임금의 마음이 그대에게 쏠릴 것을 걱정하여 단지 음직예에 의거하여 지방의 수령으로만 임용할 방침이니, 그대는 끝내 이름난 큰 벼슬은 하지 못할 것이네."라고 하였다.

대체로 이때는 서남으로 붕당이 이분되어 그 세력이 일진일퇴하였는데 서쪽이 세력을 잡으면 그들의 생각은 이상에서 말한 바와 같고 남쪽에서 세력을 잡으면 공은 언제나 백성과 사대부가 권력에 탐욕함을 지적하곤 했다. 때문에 민, 유가 자신에게 아부하지 않음을 괘씸하게 여겼기에 공처럼 세상에 크게 쓰일 재목으로 하여금 몸을 움직여 마음대로 활동하지 못하게 하였다. 그랬기에 심지어 『만언소』와 『강도지』를 써서 올리려한 것은 진실로 국가의 근본을 견고히 할 면 경륜의 계책에 대한 집념이었으나 끝내 시행되지 못한 공언으로 돌아갔으니 참으로 애석하다.

집을 다스려 나간 점을 말해보면, 온 집안의 화합에 주력을 기울였고, 내외의 예법과 적서의 명분을 자르듯 엄정하게 하였으며, 언제나 자녀들을 훈계하되 재물을 서로 탐내지 않게 했으며, 따른 노비의 재물이 없는 자가 그 부모의 제삿날이나 명절을 당하면 재물을 주어서 제사지내게 해주었다.

공의 벼슬살이를 말해 보면, 처음 광주를 다스릴 적에는 크고 작은 일을 가리지 않고 마음과 일을 가리지 않고 마음과 힘을 쏟지 않음이 없었는데, 성산을 다스릴 적에는 마음에 깨달음이 있었으니 "포부는 한없이 큰데 총명은 유한하니 유한의 총명으로는 아주 작은 일에까지 정신을 허비해서는 안 되겠다."라고 여기고는 이때부터 단지 대체를 따랐을 뿐이었다. 언제나 관아의 문을 활짝 열어놓고 동헌에서 객을 맞되 각기 간곡하게 말을 다하게 했으며, 한 번도 번거롭다거나 지겹게 여김을 본 적이 없었다. 이속의 단속은 위엄을 위주로 하였으나, 위엄 속에 따뜻함이 있었고, 백성을 부림에는 화합함을 위주로 하였으나 화합함 속에 위엄이 있게 하면서 말하길 "백성이 나의 자식이라면 이속도 나의 백성이니 어찌 꼭 보살피고 억누름을 편협하게 하리요. 오로지 서로 편리함을 제공케 함이 옳은 것이다."라고 하였다. 정당하게 납부할 부세에 관한 것이면 큰 흉년을 당하지 않았다면 아무리 관용이라도 미루거나 면제해주지 않았으며, "속미(세금으로 내는 곡식)와 마사(세금으로 내는 면포) 등을 내어서 윗사람을 섬김은 백성의 직분이다."라고 말하였다.

공의 형옥(刑獄)을 논한다면 항상 말씀하시기를 "죄에는 어찌 사람마다 고통을 심하게만 할 것이며, 형벌에는 어찌 매번마다 매질을 가혹하게 해야만 하는가. 사람들이 죄를 지으면 경범은 바로 처리하고, 중죄인은 반드시 수감을 시킨다. 그것은 사람이 한창 흥분할 때엔 일의 처결이 적중을 얻기가 쉽지 않는 것 때문이다."라고 말하였다.

공이 광주를 다스릴 적에 도적질을 잘하는 한주흥(韓周興)이라는 지방 벼슬아치가 있었다. 고을의 백성도 그를 형살(刑殺)하기를 원했고,

상부에서도 속히 처형하기를 지시하였다. 공은 그 죄상을 밝혀보니 죄가 형살에 해당되었다. 곧 공초(供招, 솟장의 판결)를 받아서 형을 집행하려 하는데, 보아하니 용모도 밉지 않고 그 서명하는 필력이 도둑 패거리의 무지한 솜씨가 아니었다. 이에 공은 "이런 사람을 교화시킴이 옳으리라." 생각하고는 일단 이런 뜻으로 상부에 보고를 하고 주홍을 불러 놓고 타일렀다. "듣자하니 너의 애비가 너를 이끌고 물속에 뛰어들려 하다가 눈물을 흘리면서 차마하지 못함이 여러 번이라고 하니 네가 만약 부모의 키워 준 은혜를 생각는다면, 그 은혜는 갚지 못한다 하더라도 어찌 차마 늙은 아비에게 이처럼 속을 썩이고 가슴을 태우게 하느냐?" 이때 주홍은 "만일 살려만 주신다면 반드시 마음을 고치겠습니다."라고 대답했다. 곧 감방을 지키는 간수에게 잠시도 곁을 떠나지 말고 천천히 그를 살펴보게 했더니, 얼굴이 붉고 눈동자가 튀어나온 것이 아직 심신이 견제되지 못한 상태였다. 그리하여 들뜬 기운이 차츰 가라앉고 눈동자도 점점 안정되기를 기다려서 석방시키고 지인으로 승직시켰다가 얼마 뒤에 형리로 진급시켰더니, 마침내는 청렴하고 부지런한 관리가 되었다.

그리고 공이 동래부사로 있을 때에 이름이 발곤(足昆)이라는 도둑이 있었는데 잡지 못하여 그 아비를 잡아오게 했더니 아비의 모습이 도둑질을 하는 자식과는 같지 않았다. 이에 병와는 "나쁜 자식의 연고 하나로는 차마 매를 때리지 못하겠다."고 말하고는 즉시 풀어주었다. 그 며칠 뒤에 어떤 동판(銅版)을 짊어진 사람이 와서 "나는 관아에서 찾고 있는 발곤입니다. 들으니 관에서 나의 아버지를 죄주지 않고 좋은 말씀으로 놓아주었다고 하니, 나의 마음에 감동되는 바가 있어서 스스로 걸어와서 법에 자수하는 것입니다.”라고 하였다. 선생이 “등에 짊어진 것은 무엇이냐.” 하고 물으니 “이것은 도둑질한 물건들인데 지금 죽을 몸이기 때문에 관으로 가져왔습니다.”라고 대답했다. 이때 어사가 마침 도착하여 이 사건을 어떻게 처리할 것인가를 물었다. 병와는 “사람이 이미 착해졌으니 죄를 주고 싶지 않습니다.”라고 대답하고 곧 석방했는데, 드디어는 양민이 되었고 어사는 이 사실을 돌아가서 보고했다.

병와의 청백을 논한다면 늘 말씀하시기를 “어찌해서 꼭 청백의 이름을 얻으려고 하는고. 단지 스스로 부끄러운 마음이 없으면 그만이다.”라고 하였다. 이런 연고로 아홉 번이나 웅주거읍을 맡았으나 베풀어 주는 것을 기쁘게 여겨서 재물을 쓰는 것은 마치 아까운 게 없는 것처럼 하였으나, 집에는 송곳을 꽂을 땅도 없었다. 백형이 가산을 나누어 주려고 하니, 선생이 굳이 사양을 하니 백형이 “이것은 세업이니 내가 어찌 독점하겠느냐, 아무 곳의 그 전장은 네가 차지하라.”고 말하니, 병와는 형님의 말씀도 옳다고 하면서 억지로 받아 두었다가 뒤에 큰집의 질부를 맞이할 때에 이 전장을 돌려주었으니, 이렇듯이 재물에 청렴하기로는 가정에서나 관에서나 다름이 없었다.

병와의 문장을 말하면 평소에 저술이 많아서 수백 권에 이르지만, 애써 다듬은 적은 없고 오직 이치대로 말을 기록함을 위주로 했기에 사람들이 그것을 보면 누구나 도를 간직한 사람의 말씀이라고 심복했을 뿐이다.

예악(禮樂)에 대한 것을 논한다면 진작부터 예는 곧 송사가 생기는 시초가 되는 것이니 우선 선조의 예절을 따를 뿐이며, 예란 집집이 같지 못하니 길례(혼인례)나 흉례(상례)에서 자기의 견해를 고집하여 하나같이 단정할 수는 없다고 여겼기에 곧 가례 조목을 기록하여 출간하면서 그 아랫부분에 의심나는 구절을 모아서 분리시켜 가지에서 또 가지가 잎에서 또 잎이 생겨나듯 위로는 『의례(儀禮)』로부터 아래로는 우리나라의 문집에 이르기까지 모두 모아서 책을 만들었다. 거기에는 『가례편고(家禮便考)』도 있고 『가례혹문(家禮或問)』, 『가례부록(家禮附錄)』, 『가례도설(家禮圖說)』 등 30여 권이 있으니, 이 책들을 취하여 상고하는 사람이면 누구나 책을 펴면 밝게 보이게 했으니, 쏟은 정력이 후인에게 끼친 혜택은 이보다 더 큰 것은 없으리라.

그리고 "예와 악은 어느 것 한쪽을 폐할 수 없는 것이니, 예가 지나치면 거리감이 생긴다. 그러므로 송나라 때에 예교가 극도로 성하더니 말엽에 이르러서는 3당이 나뉘었고, 우리나라에서도 오로지 번거로운 예문에만 일삼고 악학을 익히지 못하여 근래의 당화는 역시 예가 너무 지나친 말유(末流)의 폐단이다."라고 말하였다. 이에 『시경』의 관저, 종사, 인지지의 장을 유별로 시조의 평조와 계면조, 우조에 화음을 맞추어서 『악학편고(樂學便考)』 1권을 지었으니 그것은 아마도 후세의 자운을 기대하는 심정에서 였으리라.

병와의 학문을 말한다면 중년에 은거한 이후로 성리학에 마음을 기울여서 새벽부터 서책을 대하면 글자마다 연구하여 터득하는 대로 요점을 적어두었다. 겨울이면 언 손가락을 불어서 녹일 겨를도 없이, 여름이면 흐르는 땀을 훔칠 시간도 없이, 맑은 창 깨끗한 책상에서 마치 사람이 없는 듯 적막이 흐르는 속에 저녁에서 새벽까지 몰두함이 날마다 생활이 되다시피 하였다. 베개 위에서 가만히 생각했던 깊은 의미를 때로는 꿈속에서 깨닫기도 하면서 전후 30여 년을 부지런하고 돈독키를 거의 이와 같이 하였다. 만년에는 순(順), 시(是) 두 글자를 마음가짐과 몸을 움직이는 요체로 삼았으며, "이는 본디 '시(是)'이니 '시(是)'는 큰 본이며, '기(氣)'는 역시 '순(順)'이니 '순(順)'이란 천하가 인정하는 도이다. 시(是)를 체(體)로, 순(順)을 용(用)으로 삼아서 지행(至行)이 서로 일치되고 내외가 겸비하게 할 것이니 우리 사람의 천만가지의 일은 이 순과 시를 따라서 해가야 하는 것이다."고 말씀하면서 때로는 순옹(順翁)이라고 자칭하기도 했으며, 언젠가는 손자인 약송(若松)에게 부탁하기를 "다음에 내가 죽으면 병와순옹(瓶窩順翁)이란 네 글자를 무덤의 명정에 써달라."고 하였다.

　　병와가 사람을 가르칠 때, 학생이 와서 학업할 때에는 그 개요를 구술해 주고 스스로 분비케 했다. 일찍이 사서삼경의 강의를 지어서 학생들로 하여금 참고하게 하였으며, 배운 것 중에서 가장 긴요한 구절을 뽑아 문제를 주어서 날마다 과제를 작성하게 하였다. 언제나 주장하기를 "후배들을 지도할 때에는 오로지 몸가짐은 삼가고 조심스럽게, 마음가짐은 밝고 평탄하게 할 것이지 어찌 반드시 곡경섭자(曲擎攝齊), 자의 형식에 얽매여서 끝내 도는 듣지 못하게 하여 부질없이 선비의 이름만 채용하게 하겠는고."라고 했으며, 고을 사람이 오면 제자가 되어 배우려는 사람이 아닐지라도 반드시 몸가짐이나 제사를 받드는 절차 등을 질서정연하게 가르쳐주어서 요컨대 어떤 곳의 사람이더라도 하여금 어떤 변화의 효과가 있게 해주었다.

배위는 정부인 은진송씨(恩津宋氏)이니, 통덕랑 지규(之奎)의 따님이며, 사복시 판관 석복(錫福)의 손녀이고, 세상에서 말하는 쌍청당(雙淸堂) 유(愉)의 9세손이다. 가난 속에서도 효성을 극진히 하여 봉양에 필요한 맛있는 음식은 떨어짐이 없었고, 어떨 때에는 식사에 밥이 적어서 함께 먹을 밥이 없으면 반드시 빈 밥그릇을 앞에 놓고 짐짓 시어머님과 멀리 떨어져 앉아서 숟가락으로 소리를 내어 밥을 먹는 모습을 지어서 시모님의 마음을 편안하게 하였다.

언제나 남편의 임소에 따라 다녔지만 입고 남는 옷이 없었으며, 깨끗한 덕과 검소한 행동에 부합되게 했기에 모두들 두 분의 훌륭함이 서로 잘 어울린다고 칭찬했다. 효종 경인(1650)년에 출생하여 숙종 기해(1719)년에 돌아가셨으니 70수를 누렸다.

4남 2녀를 두었으니, 장자는 여강(如綱), 차자는 생원인 여항(如沆), 생원인 여성(如晠), 진사인 여적(如迪)이며, 큰 따님은 문과에 급제한 정랑 김징경(金徵慶)에게 시집갔으며, 다음 따님은 오명운(吳命運)에게 시집갔고, 여극(如克)은 측실에서 난 아들이다. 여강의 계자는 약송(若

松)이며, 여항은 약송과 지송(志松), 후송(後松), 만송(晚松)과 권숙징(權淑徵)의 처, 안취삼(安就三)의 처를 낳았고, 여성은 제송(齋松), 우송(友松), 유송(惟松), 기송(期松)과 권복인(權復仁)의 처를 낳았으며, 여적의 계자는 만송이고, 두 딸은 권세석(權世錫), 김정봉(金廷鳳)의 처이다.

아아! 제공(濟恭)은 병와는 공보다 너무 뒤에 세상에 나왔기에 병와의 문하를 청소해 보지는 못했으나, 서로 통가(通家, 서로 혼인의 연줄이 닿음)한 사이의 후손이기에 병와의 그 탁행과 모범을 이미 빠짐없이 상세하게 들었고 일찍부터 몰래 존경하는 마음을 간직하고 있었다. 지금 만송이 엮은 가장을 통하여 나의 못난 솜씨는 돌아보지 않은 채 증거가 뚜렷하고 믿을 수 있는 것만 골라서 차례대로 이상과 같이 엮어놓고 보니, 병와의 모든 기록이 이에 한점 부끄러움도 없거니와 또한 스스로 천리마의 등에 붙은 파리의 행운임을 느껴본다. 그러나 가령 선생께서 때를 만나 뜻을 펴서 큰 혜택을 내려보려는 그 의지가 행하여졌더라면, 죽백과 의정에 필히 쉽게 쓰지 못할 것이 있었을 것이니 그렇게 된다면 내가 쓴 이 행장은 역시 없는 것이 오히려 타당할 것이다.

영조 46(1770)년 12월에 숭정대부 전행 병조판서 겸판위금부사 홍문관 제학 예문관 제학 지춘추관사 평강 채제공(蔡齋恭)[43]은 삼가 씀.

(병와 이공행장)

포부가 크면 세속과는 부합되지 못하고

대개 포부가 크면 세속과는 부합되지 못하고 스스로 타고난 임무가 크면 가볍게 쓰이지 않아서 당연히 하는 일이 어긋나고 세상에 따돌림을 당하게 되어 있다. 그러나 만약에 선생이 다행히 높은 직위에 처해졌다고 하더라도 어차피 뜻한 바를 다할 수는 없었을 것이고, 끝내는 스스로 거칠고 고요한 묵가에서 세상의 영욕을 등지고 은둔하여 힘을 다해 완전한 인격을 기르는 공부에 전념하여 널리 논술과 저술을 발표해서 후세의 학자들에게 큰 혜택을 남기려 했을 것이고 보면, 아예 하늘이 처음부터 선생을 곤궁에 빠지게 한 것도 의미가 있다고 하겠으며, 선생께서도 어차피 현재의 은둔과 저 현달하는 것과는 바꾸지 않을 것이 틀림없었을 것이다. 그렇다면 결과적으로 무엇 하나 한스러울 것도 없다.

(이상정의 『병와집』 발문에서)

"제자가 되었으면 하는" 사모하는 마음으로

천하의 이치는 본(本)과 말(末)이 있고 군자의 학문은 체(體)와 용(用)이 있다. 본말이 갖추어지고 체용이 구비된 연후에 바야흐로 선비(儒者)로서 완성된다. 만약 정(靜)만 너무 좋아하여 동(動)을 싫어하고, 외(外)만 좇고 내(內)를 멀리한다면, 이것은 변통 없는 선비의 융통성이 없는 견해이며 세속된 선비의 생리에 빠지는 것이니 어떻게 군자의 체를 완전하게 한 학문이라고 말할 수 있겠는가!

근세의 병와 이 선생께서는 총명한 성품을 타고났으며, 고매한 자질을 지녔기에 어릴 때부터 말하는 가짐이나 일을 처리하는 데 있어서도 일찍이 남보다 뛰어났다.

선생께서 갈포를 벗고 벼슬길에 올라서 두루 주군(州郡)의 목민관을 맡는 동안에 가는 곳마다 명성과 업적을 드날렸으니 충효를 장려하고, 예와 교육을 숭상함과 굶주림을 구휼하고, 구도의 방어, 음사를 철훼하고, 성곽이나 보의 수선 등에서 그 시설과 조치 계획이 모두 멀리 바라보는 원대한 규모에서 이루어졌으니, 지나간 자취에 매달리지 않으면서도 옛 선인들의 백성을 기본으로 하는 뜻에 부합될 수 있었기에 당시 사대부들에게 한결같이 유용한 인재로 추대받을 수 있었다.

그렇다면 선생께서는 어찌 그럴만한 근본이 없었겠는가? 병와는 성리학(性理學)을 탐구하고 경학(經學)과 역사(歷史)서를 종횡으로 음미하였으며, 천문, 지리, 예악, 서수로부터 유학 경전이나 사람들이 관심을 별로 두지 않는 책이나 패사소설에 이르기까지 모조리 관통하여 밝지 않음이 없었다. 특히 인간 생활에서 떼어놓을 수 없는 일상의 윤리의 입장이나 가정에 늘 연결되는 길흉 예의 체제 등에도 더욱 힘을 쏟아서, 나의 한 마음으로 만상의 중대함을 수용하고 내 한 몸으로써 하늘이 부여해준 소중한 임무를 맡으려는 그 자세는 참으로 역량이 깊은 소치였다.

대저 이미 이런 근본을 소유한 채 그것으로써 근간(體)를 이루고 있었기에 현실적으로 어떤 일에서 반드시 쓰임(用)이 되어 나타난다. 비교컨대 마치 그 물(物)이 들려지면 그 눈은 저절로 펴지고, 뿌리가 배양되면 가지는 자연 뻗어나는 것과 같다. 어찌 변통성이 없고 속된 선비들이 혼자 기뻐하고 자만하면서 한 쪽에만 집착함과 같을 수 있으리오!

아! 참으로 선생에게 경연(經筵)을 주선하게 하여 논사(論事)의 직분을 맡긴다든가 임금을 위임하여 경륜의 책임을 맡게 했더라면, 그 시행과 운용에서 나타났을 것은 필히 한나라나 당나라 때의 지력을 겸비한 사람으로 비교될 만도 했을 것인데, 그러나 병와의 발자취는 오히려 하루도 조정에서 편안하게 지내지 못한 채, 오랫동안 말단외직의 부서주묵(簿書朱墨)[44]의 생활에만 머물게 되었으니 병와의 뜻은 이미 호연히 성고영수(城皐潁水)[45]로 돌아가게 되어 있었다.

대개 포부가 크면 세속과는 부합되지 못하고 스스로 타고난 임무가 크면 가볍게 쓰이지 않아서 당연히 하는 일이 어긋나고 세상에 따돌림을 당하게 되어 있다. 그러나 만약에 선생이 다행히 높은 직위에 처해졌다고 하더라도 어차피 뜻한 바를 다할 수는 없었을 것이고, 끝내는 스스로 거칠고 고요한 묵가에서 세상의 영욕을 등지고 은둔하여 힘을 다해 완전한 인격을 기르는 공부에 전념하여 널리 논술과 저술을 발표해서 후세의 학자들에게 큰 혜택을 남기려 했을 것이고 보면, 아예 하늘이 처음부터 선생을 곤궁에 빠지게 한 것도 의미가 있다고 하겠으며, 선생께서도 어차피 현재의 은둔과 저 현달하는 것과는 바꾸지 않을 것이 틀림없었을 것이다. 그렇다면 결과적으로 무엇 하나 한스러울 것도 없다.

병와의 손자인 만송(晩松)[46] 씨가 유고 문집 9책을 판각하여 널리 유포하려고 하면서 그 말미에 한 마디의 기록을 부탁하였다. 나는 생각해보니 늦게 태어나서 병와의 문하에서 물 뿌리고 비질은 못했어도 다행스럽게 이름이라도 그 사이에 오르게 된다면 "제자가 되었으면" 하는 사모하는 마음이 채워질 듯하여 사양하지 않고 이 발문을 쓴다. 뒤에 이 책을 읽는 이가 이 문집에서 깨닫고 얻는 게 있으려니 그때는 역시 어리석은 나의 이 말이 함부로 한 말이 아니었음을 알게 될 것이다.

임진(1772)년 11월 하순

한산(韓山) 이상정(李象靖)[47]은 삼가 씀.

(병와집 발문)

병와 이형상

강전섭, 「병와 이형상의 수사4장에 대하여」, 『어문론지』 6-7, 1990.

강전섭, 「병와 이형상의 한역 가곡 소고」, 『국어국문학』 102호, 1989.

강전섭, 「병와가곡집 형성 연대」, 『대전어문학』 제7호, 1990.

강전섭, 「필사본 악학편고에 대한 관견」, 장암 지헌영선생 고희기념 논총, 형설출판사, 1980.

강화문화원, 국역 『강도지』(상)(하), 1991.

곽신환·김용걸 외, 「한국 사상가의 새로운 발견」, 『정신문화연구』 16-3집, 1993.

권영철, 「규범선영에 대하여」, 여성문제연구 제7집, 효성여대, 1978.

권영철, 「병와 전서 해제」, 『병와전서』, 한국정신문화연구원, 1982.

권영철, 「병와의 평우계면조 수사 연구」, 모산 심재완박사 화갑기념 논문집, 1978.

권영철, 「창부사와 어부사의 계보연구」, 신태식박사 고희기념 논문집, 1979.

권영철, 「『강도지』에 대하여」, 효성여대 논문집, 1978.

권영철, 『병와 이형상 연구』, 한국연구원, 1978.

권영철, 『악학편고』(영인 해제), 형설출판사, 1976.

권오성, 「병와 이형상의 악론연구」, 『동아시아문화연구』 제8집, 1985.

김남형, 「조선후기 악률론 일국면」, 『한국음악사학보』 2집, 한국음악사학회, 1989.

김남형, 「『율려추보』의 해제 및 영인」, 『한국음악사학보』 4집, 한국음악사학회, 1990.

김동준, 「악학습령고」, 『악학습령 영인본』, 동국대 한국학연구소, 1978.

김명순, 「조선후기 기속시 연구」, 경북대학교 대학원, 1996.

김문기·김명순, 「조선조 한역시가의 유형적 특징과 전개양상 연구(2)」, 『어문학』 58, 한국어문학회, 1995.

김성칠, 「남환박물」, 『신광지』, 1951.

김언종, 「병와 이형상의 '자학'에 대하여」, 『한문교육연구』 제38집, 2008.

김영돈, 『제주의 민요』, 신아문화사, 1993.

김영숙, 「상촌과 병와의 악부연구」, 『어문학』 제46집, 한국어문학회, 1985.

김영숙, 「조선시대 영사악부 연구」, 영남대학교 대학원, 1988.

김용찬, 「병와 이형상의 금속행용가곡에 대한 고찰」, 『고전문학연구』 제10집, 1995.

김용찬, 『교주 병와가곡집』, 월인, 2001.

김용환, 「병와 악부의 특성과 작가의식」, 경북대학교 대학원, 1993.

김태능, 「제주토속과 영천 이목사의 치적」, 『제주도지』 30호, 1967.

남동걸, 「병와 이형상과 인천」, 『인천역사』 제2호, 2005.

박노춘, 「시조한역사화총집」, 『어문연구』 제5, 6합병호, 1974.

박민철, 「병와 이형상의 저술과 가장 문헌의 서지적 분석」, 경북대학교 대학원, 2011.

박정희, 「병와 이형상의 한시 연구」, 『한국사상과 문화』 제48집, 2009.

방종현, 『고시조정해』, 일성당서점, 1949.

백원철, 「병와악부소고」, 논문집 22, 공주사범대학교, 1984.

부영근, 「병와 이형상의 한시 연구」, 『한문학연구』 제14호, 1999.

서원섭·김기현, 『시조강해』, 경북대학교출판부, 1987.

송민선, 「병와 이형상의 예론 연구」, 고려대학교 대학원, 1989.

심재완, 『시조의 문헌적 연구』, 세종문화사, 1972.

심재완, 「병와가곡집의 연구」, 『청구대학 창립십주년 기념 논문집』, 1958.

심재완, 『교본역대시조전서』, 세종문화사, 1972.

여기현, 「병와 이형상의 악론 연구」, 『반교어문연구』 제12집, 2000.

여기현, 「병와 이형상의 악론 연구」, 『한국시가연구』 제9-1집, 2001.

연경아, 「병와 이형상의 저술관 연구」, 청주대학교 대학원, 1996.

오성찬, 『제주토속지명사전』, 민음사, 1992.

오용원, 「병와의 현실인식과 시세계 연구」, 『퇴계학과 한국문화』 제37집, 2005.

오중해, 「이형상 목사의 대불정책」, 『제주대학논문집』 제7-1집, 1975.

오창명, 『제주도 오롬 이름의 종합적 연구』, 제주대학교출판부, 2007 참조.

유명종, 『조선후기 성리학』, 이문출판사, 1988.

윤민용, 「『탐라순력도』 연구」, 한국종합예술학교, 2010.

윤영옥, 『시조의 이해』, 영남대학교출판부.

윤일이, 「『탐라순력도』를 통해 본 제주 3성의 건축 특성」, 『대한건축학회지』 제 242호, 2008.

이기문, 「九國所書八字에 대하여」, 『진단학보』 제62호, 1986.

이내옥, 『공재윤두시』, 시공사, 2003.

이병기, 『역대시조선』, 박문출판사, 1946.

이보라, 「옛 문헌에 나타난 제주, 제주문화 : 17세기 말 『탐라십경도』의 성립과 『탐 라순력도첩』에 미친 영향」, 『온지론총』 제17집, 2007.

이상규·오창명 옮김, (국역)『남환박물지』, 푸른역사, 2009.

이수길, 『병와 이형상의 삶과 학문』, 세종문화사, 2008.

이정옥, 『영천에 가면 나무도 절을 한다』, 아르코, 2007.

이정옥, 「병와 이형상의 생지시 분석」, 문학과언어연구회, 1998.

이정옥, 『경북대본 소백산대관록·화전가』, 도서출판 경진, 2012.

이정재, 『병와년보』, 청권사, 1979.

이주영·장현주, 「조선 숙종조 『탐라순력도』를 통해 본 상급관원의 복식」, 『복식』 제57-3, 2007.

이형상 지음, 김언종 외 옮김, 『역주 자학(譯註字學)』, 푸른역사, 2008.

이형상, 『악학습령』(영인본), 홍문각, 1998.

이형상, 『악학편고』, 형설출판사, 1976.

이호형·이종술·차주환·류정동, 『국역 강도지』, 『국역병와집』 3에 전제, 한국정신 문화연구원, 1990.

인천광역시립박물관, 『인천 출신 병와 이형상과 강도지』, 전국학술대회, 2008.

임성원, 「병와 이형상의 악부시 연구」, 성균관대학교 대학원, 2002.

정병석·권상우, 「병와 이형상의 예적 질서에 대한 역학적 해석」, 『불교사상연구』 제25집, 2006.

조성윤·박찬식, 「조선 후기 제주지역의 지배체제와 주민의 신앙」, 『탐라문화』 제

19집, 1998.

조종업, 「국역병와집 해제」, 『국역병와집』 1-3, 한국정신문화연구원, 1990.

진갑곤, 「병와 이형상의 자학 서설-미발표 자료 자학제강을 중심으로」, 『동방한문학』 9, 1993.

최순희, 「병와선생문집」, 『국학자료』 제26호, 장서각, 1977.

최순희, 『병와저서목록』, 문화재관리국, 1987.

최 열, 『옛 그림 따라 걷는 제주길』, 서해문집, 2012.

최재남, 「병와 이형상의 삶과 시계계」, 『한국시작가연구』 제13집, 2009.

한국정신문화연구원, 『국역병와집』, 1990.

한국정신문화연구원, 『국역 병와집』(1~3), 국역총서 90-3, 1990.

한국정신문화연구원, 『병와전서』(1)~(10)(영인본).

한국정신문화연구원, 『탐라순력도』, 『남환박물지』 합본 원색 영인, 1979.

현길언, 「역사적 사실과 문학적 인식-이형상 목사의 신당 철폐에 대한 설화적 인식」, 『탐라문화』 제2집, 1983.

현용준·현승환, 『제주도무가』, 고려대학교 민족문화연구소, 1996.

황충기, 「악학습령고」, 국어국문학 제87호, 국어국문학회, 1982.

황태희, 「병와 이형상의 악부시 연구」, 경북대학교 대학원, 2002.

1부 백성이 궁하면 어찌 인심이 변하지 않겠습니까?

첫 번째 글 백성은 물, 임금은 배

01 중국 동한 사람으로 장군으로서, 경서 연구로 이름난 유학자이다.

02 은나라 시대의 폭군 주(紂).

03 나는 불행히 어려서 부모를 여읜 까닭에 가정교훈을 받지 못하고 성장해서는 사우의 도움을 입지 못해서 다만 스스로 고적하여 심득하였다. 내가 일찍이 퇴계, 지산 등 병와의 문하에서 배웠더라면 또한 이처럼 어리석지는 아니하였을 것이다."(『병와선생언행록』)

04 위징(魏徵, 580~643)은 당나라 초기의 공신이자 학자로 간의대부 등의 요직을 역임하였고 재상을 지냈다. 주(周), 수(隨), 오대(五代)의 정사편찬과 『유례(類禮)』 등의 편찬에 큰 공헌을 하였다. 자는 현성(玄成)이고 시호 문정공이다.

05 『강도지』는 숙종 22(1695)년 병와의 나이 44세 때 찬한 것이다. 병와는 나라의 수비수어의 방책에 대한 논술로 『강도지』 2권을 지어 조정에 올렸으나 채택되지는 못했다. 〈보물 652호〉로 지정되어 있다.

06 지난 날의 사실을 가리킨다.

07 임금이 잠시 머무르거나 경숙하는 일이다.

08 비상을 기(奇), 평직을 정(正)이라 함. 행병법(行兵法)에는 기도 있고 정도 있는데, 그를 참고하여 인용하는 것을 기정(奇正)이라 한다.

09 전술에 있어서 양쪽에서 잡아당겨 찢으려는 양면작전의 태세를 가리킨다.

10 조선시대 중앙과 지방의 각 기관과 관서에서 전임(前任) 관원의 성명·관직명·생년·본관 등을 적어놓은 책. 안책(案冊)이라고도 한다. 각종 제명록(題名錄, 제목의 이름을 적은 기록)·좌목(座目, 자리의 차례를 적은 목록) 등과 비슷한 성격의 책으로서, 보통 필사본 또는 첩장(帖裝)으로 되어 있다.

11 부월(斧鉞)과 같은 말인데, 형륙(刑戮)의 일, 곧 형벌(刑罰)을 가리킨다.

12 이 말은 『맹자』「공손축(公孫丑)」 하편에 보이는데, 곧 세상의 험요(險要)한 것이 사람의 동심협력(同心協力)하는 것만 같지 못하다는 뜻이다.

13 비변사의 별칭이다.

14 인재를 천거하는 공독(公牘)을 가리킨다.

15 나라를 위하는 하찮은 정성을 가리킴. 옛날 어떤 농부가 자신이 별미로 여기는 미나리를 임금에게 바치려고 했다는 고사가 있다.(『문선혜강여산거원서(文選嵇康與山巨源書)』)

16 민진주(閔鎭周, 1646~1700) 조선 후기 숙종 때의 문신이다. 기사환국 때 삭직되었다가 갑술환국으로 대사간, 의금부동지사 등을 지냈다. 평안도관찰사 때 윤지선에 의해 면직되었다. 이어 한성부좌윤, 병조판서, 이조판서 등을 지냈다. 영의정에 추증되었다.

17 앞에 가던 수레가 전복된 길을 가리킴. 앞에 가던 수레가 전복된 길을 뒤따라가는 수레가 그대로 가면 또한 전복되기 쉽기 때문에 전자의 실패는 족히 후자의 감계가 된다는 것을 비유한 것이다. 『한시외전』에 "앞수레가 엎어지면 뒷수레가 경계한다."는 말이 보인다.

18 병자호란 때 강화를 잘 지키지 않고 술이나 마시며 지내던 장수를 가리킨다.

19 이인좌(李麟佐)의 난은 조선 후기 이인좌 등의 소론이 주도한 반란으로 무신란(戊申亂)이라고도 한다. 소론은 경종 연간에 왕위 계승을 둘러싸고 노론과의 대립에서 일단 승리하였으나, 노론이 지지한 영조가 즉위하자 위협을 느끼고 박필현(朴弼顯) 등 소론의 과격파들은 영조가 숙종의 아들이 아니며 경종의 죽음에 관계되었다고 주장하면서 영조와 노론을 제거하고 밀풍군(密豊君) 탄(坦)을 왕으로 추대하고자 하였다. 여기에는 남인들도 일부 가담하여 거병하였는데 많은 유

민(流民)이 가담한 변란으로 도적의 치성, 기층 민중의 저항적 분위기가 중요한 바탕이 되었다.

이인좌는 영조 4(1728)년 3월 15일 청주성을 함락하고 경종의 원수를 갚는다는 점을 널리 책동하면서 서울로 북상하였으나, 24일에 안성과 죽산에서 관군에 의해 격파되었고, 청주성에 남은 세력도 상당성에서 박민웅(朴敏雄) 등의 창의군에 의해 무너졌다. 영남에서는 정희량(鄭希亮)이 거병하여 안음, 거창, 합천, 함양을 점령하였으나 경상도관찰사가 지휘하는 관군에 토벌당했다.

20 '베트남'의 다른 이름. 중국 당나라 때, 지금의 베트남령에 안남 도호부를 둔 데서 유래한다.

21 타이(Thailand)의 예전 이름인 시암(Siam)의 한자음 표기.

22 점성(占城)은 '참파(Champa, 2세기 말엽에 지금의 베트남 남부에 참족이 세운 나라)'의 음역어.

23 위백규(魏伯珪, 1727~1798)가 1770년에 저술하여 1822년에 간행한 지리서 『환영지』, 만락가(滿剌加)는 '말래카(Malacca)', 방갈(榜葛)은 '방글라데시(Bangladesh)', 안남(安南)은 '베트남(VietNam)', 소문답랄(蘇門答剌)은 '수마트라(Sumatra)', 측의란(則意蘭)은 '스리랑카(SriLanka)', 라랄배(亞剌北)는 '아라비아(Arabia)', 여덕아(如德亞) '유대(Judae)', 인도, 천축, 인제아(印度, 天竺, 印弟牙)는 '인디아(India)', 백이서아(百爾西亞)는 '페르시아(Persia)', 발니(渤泥)는 오늘날의 '보르네오(Borneo)'를 가리킨다.

24 『고려사』「지리지」에 따르면, 제주도 3성 시조신의 하나인 고을나(高乙那)의 15대손 고후(高厚), 고청(高淸)과 아우 등 삼형제가 바다를 건너 탐진(耽津)에 이르렀다.

25 한유(韓愈)는 중국 당나라의 문인이자 사상가로 자는 퇴지(退之)이며 선조가 창려(昌黎) 출신이므로 한창려라고도 했다. 25세에 진사시에 합격하고 경조윤 등 여러 벼슬을 거쳐 이부시랑에 이르렀으며 57세로 생을 마쳤다. 조정에서 예부상서의 관작과 함께 문(文)이라는 시호를 추증하여 한문공(韓文公)으로 불리기도 했다. 사상적으로는 도가와 불가를 배척하고 유가의 정통성을 적극 옹호·선양했다. 유종원(柳宗元)과 함께 당송팔대가(唐宋八大家)이며 시문을 모아 『창려선생

집』을 간행한 것이 전해진다.

26 죽취일(竹醉日)은 음력 5월 13일이다. 중국에서는 이 날 대나무를 옮겨 심으면 잘 산다 하여 죽취일, 죽미일(竹迷日), 죽술일(竹迷日)이라고 한다.

27 말의 덮개에 부수되는 여러 가지 도구와 부속물.

28 엷은 천으로 만든 가리개 장막.

29 뱃사공을 도와 배를 부리는 격군.

30 조선시대 때 각 영(領)에 딸린 군대. 갑사(甲士)를 제외한 방패(防牌), 섭륙십(攝 六), 보충군(補充軍) 등이 이에 해당함.

31 진격이나 퇴각을 할 때 나발이나 타악기를 쳐서 병사들을 진무하는 악대.

32 의금부(義禁府)에 소속되어 있는 종으로서 죄인을 문초할 때, 때리는 일을 맡음.

33 공·사노비가 소속 관서 또는 상전에게 신역(身役) 대신으로 매년 바치는 구실.

34 구황청(救荒廳). 기근이나 홍수로 백성이 굶주리게 될 때 구휼미를 지급하는 기관.

두 번째 글 전정(田政)은 공평 균등하게 정해야 할 것입니다

35 1년 농사의 풍흉을 상상년(上上年)·상중년(上中年)·상하년(上下年)·중상년(中上年)·중중년(中中年)·중하년(中下年)·하상년(下上年)·하중년(下中年)·하하년(下下年)의 9등으로 나누어 수세액을 정하는 방식이다. 실제 세액을 산출할 때는 토지의 비옥도에 따라 6등으로 나눈 지품(地品 : 田等이라고도 함)을 합해 산정했다. 즉 상상년의 경우 1등전은 1결에 30두(斗), 2등전은 25두 5승(升), 최하급인 6등전은 7두 5승을 내게 했다. 고려시대에는 전국을 3분하여 토지의 등급과 수세액을 책정하고 매년 수령·향리가 필지마다 답험하여 작황에 따라 수세액을 감액해주는 답험손실법(踏驗損實法)을 사용했다. 그러나 이 법은 중간에 부정이 많이 발생하고 국가의 재정수입이 일정하지 않은 폐단이 있었다. 이를 개선하기 위해 세종 때 1년 농사와 관계없이 정액세를 받는 공법(貢法) 시행을 추진하게 되었다. 그러나 농사의 작황을 고려하지 않는 수세법은 무리하다는 논의가 나와

논란 끝에 세종 26(1444)년 연분구등과 전분육등에 의한 산정법으로 낙찰되었다. 연분은 이전처럼 필지 단위가 아니라 군·현 단위로 책정했다. 매년 수령이 조사해서 감사에게 올리면 감사가 이를 심사해 중앙에 보고했다. 중앙에서는 다시 검토하거나 경차관(敬差官)을 파견해서 확정했다. 단종 2(1454)년에는 단위를 세분하여 군·현을 읍내와 동서남북의 4면으로 나누어 책정하는 면등제(面等第)를 시행했다. 그러나 16세기 이후 재정수입 가운데 전세(田稅)의 비중이 낮아지면서 연분등제는 매년 하하년의 1결당 4두로 고정되었다.

36 결복(結卜)의 수. 결복은 토지에 매기는 목, 림, 뭇의 통칭. 조선 시대의 결부법은 농지를 6등급으로 나누고 사방 10척을 1부로 100부(負)를 1결(結)로 삼았다. 부나 결은 모두 세금 단위를 가리킨다. 결부제의 단위는 '결(結), 부(負), 속(束), 파(把)'가 있는데 우리말로는 '먹(結), 짐(負), 뭇(束), 줌(把)'이며 『경국대전』에 호전이나 양전에서는 4방 1척의 면적에서 거두는 벼의 양을 1파라 하고 10파가 1속, 10속이 1부이며 100부가 1결이라 했다. 농지를 측정하는 결, 부, 속, 파는 지역에 따라 전척(田尺)의 차이는 있었지만, 16세기 이후 전답의 면적 단위를 결부제(結負制)로 파악하였다. 실제로는 "섬지기(石落只), 마지기(斗落只), 되지기(가落只)"와 같이 도량형 단위로도 나타냈다. '마지기'는 지역에 따라 차이를 보이지만 현재로 환산하면 200~150평 정도의 단위이다. 밭은 '일경(日耕)'이라 하여 소를 부려서 하루 동안 농사일을 할 수 있는 단위로 나타내거나 '배미(夜音·夜末·庚末)'라고 부르기도 하였다. 『유서필지』에서는 논의 면적 단위는 "第一負 一束 幾斗落 夜味塵果(한 짐, 한 뭇, 몇 마지기 배미곳과)"로, 밭의 단위는 "第幾田 幾負 幾束 幾日耕(몇 번째 밭 몇 짐 몇 뭇 몇 고랑)"로 구분하여 나타내고 있다. 곧 논은 '두락'으로 밭은 '일경'으로 표시하고 있다. 「함풍 1년(1851) 정치준이 한철주에게 발급한 전답 매매명문」에서는 "율리답 닷말낙을 누연 경식이다가 마산면 덩졍평 복수는 열아옵 짐 얏뭇고"라고 하여 '율리답 다섯 마지기'와 '정쟁평'의 밭은 복수(卜數)로 환산하여 "열아옵 짐 얏뭇고"라 하여 '19짐 여섯 뭇'으로 기재하였다.(이상규, 『한글고문서연구』, 경진출판사, 2011. 참고)

37 전분육등법(田分六等法)은 세종 265(1444)년에 확정된 공법(貢法)에 매년 농사의 풍흉과 토지의 등급을 합산하여 수세액을 정했다. 이 중 토지의 등급을 비옥

도에 따라 1~6등전으로 나눈 것을 전분육등법이라고 한다. 조선시대 토지면적
의 기본단위인 결(結)은 절대면적이 아니라 미(米) 300두(斗)라는 생산량을 단위
로 한 것이기 때문에, 각 등급에 따라 토지를 측정하는 척(尺)의 길이가 달랐다.
즉 주척(周尺)을 기준으로 1등전은 4.775척, 2등전은 5.179척, 3등전은 5.703척,
4등전은 6.434척, 5등전은 7.55척, 6등전은 9.55척을 기본단위로 하여 6종의 양
전척(量田尺)을 만들어 사용했다. 이에 따라서 1등전 1결은 2,753.1평, 2등전은
3,246.7평, 3등전은 3,931.9평, 4등전은 4,723.5평, 5등전은 6,897.4평, 6등전은
1만 1,035.5평이 된다. 산전(山田)은 5~6등전으로 일괄 편입시켰으며, 휴경전인
속전(續田)은 경작했을 때만 수세하되 6등전 이하로 작황에 따라 답험하여 세를
받게 했다. 그러나 조선 후기까지도 토지는 하등급의 토지가 많았으며, 실제로
등급을 정하는 데는 타당성이 분명하지 않아 많은 문제가 야기되었다. 효종
4(1653)년에는 모든 양전척을 1등전척으로 통일하고, 결부수는 환산표를 만들
어 수세액을 산정했다.

38 결부제(結負制)는 삼국시대부터 조선시대 말기까지 국가의 토지파악과 조세부
과의 기준이 되어온 토지제도. 결(結)·부(負)·속(束)·파(把)의 단위가 있다. 10
파가 1속, 10속이 1부, 100부가 1결이다. 조세가 구체적으로 부과될 때에는 결
과 부만 사용되었기 때문에 결부제라는 명칭이 붙었다. 결부제는 수천 년간 내려
오면서 그 제도적 내용이 단계적으로 변화하면서 발전했다.

39 『서경』에 우나라 임금이 홍수를 다스린 치적과 관련된 공납 규정.

40 민응형(1578~1662). 조선 후기의 문신. 본관은 여흥(驪興), 자는 가백(嘉伯). 승
지 민호(閔護)의 아들이다. 광해군 4(1612)년에 식년문과에 병과로 급제, 승문원
에 보임되었으나, 이듬해 인목대비(仁穆大妃)의 폐모론이 일어나자 사직하고 한
때 양근(揚根)으로 퇴거하였다가 1615년 승문원박사를 거쳐, 1621년 분병조정
랑(分兵曹正郞)에 임명되었다. 인조 21(1643)년에 대사간이 되고, 곧 이어서 병조
참의가 되어 최명길, 김류, 심기원 등 대신들을 탄핵하였다가 인조의 노여움을
사 한때 추고(推考)되기도 하였다. 1649년 안변부사(安邊府使)에 임명되었다가
효종이 즉위하면서 다시 부제학으로 돌아왔다. 그 뒤 대사간, 부제학, 병조참판,
대사성, 대사헌, 예조참판, 이조참판, 공조참판 등 청요직(淸要職)을 두루 거쳤다.

현종 1(1660)년 고산 윤선도의 무고함을 주장하지 못하였다. 1662년 우참찬에 있다가 85세의 나이로 죽었다.

41 정조(1559~1623)는 조선 후기의 문신으로 본관은 해주(海州), 자는 시지(始之)이며 선조 23(1590)년에 생원·진사 양시에 합격하고, 1605년 정시문과에 병과로 급제하였다. 이이첨(李爾瞻)의 주구가 되어 인목대비를 죽이려 하였으나, 박승종(朴承宗)의 방해로 실패하였다. 1617년 다시 폐모론을 제기하여 인목대비를 서궁(西宮)에 유폐시키는 데 적극 가담하였고, 다음해 부제학·대사성을 거쳐 1619년에는 대사간이 되었다. 1621년 형조참판을 지내고, 1622년 부제학, 동지의금부사로 있다가 인조반정으로 정국이 역전되면서 원흉으로 지목되어 인조 1(1623)년에 사형되었다.

42 강인(1568~미상)은 조선 중기의 문신으로 본관은 진주(晉州)이며 자는 극수(克修), 호는 남음(灆陰)이며 경상도 함양 출신이다. 선조 36(1603)년에 함양의 유생·생원 등과 함께 정인홍(鄭仁弘)의 편에 서서 양홍주(梁弘澍)를 탄핵하는 소를 올렸다. 1608년 어모장군행충무위사과(禦侮將軍行忠武衛司果)가 되었으며, 그 뒤 『선조실록』 편찬에 참여하였다. 광해군 5(1613)년에는 찰방으로 증광문과에 병과로 급제하였다. 1615년에 정언, 사서, 지평, 헌납 등을 역임하였고, 1617년에 장령, 1618년에 교리, 부수찬, 함경도어사 등을 지냈다. 1623년 인조반정 이후 정인홍의 일당으로 지목되어 추방되었다.

43 한흥일(1587~1651)은 조선 중기의 문신으로 본관은 청주(淸州)이고 자는 진보(振甫), 호는 유시(柳市)이다. 인조 2(1624)년 정시문과에 병과로 급제하여 예문관검열이 되고, 1628년에 수찬을 거쳐 1630년 총융사의 종사관이 되었다. 1633년 이조좌랑, 이듬해에 전라도양전사가 되었다. 이조참판, 대사간, 공조판서, 예조판서를 거쳐, 지춘추관사로 『인조실록』의 편찬에 참여하였으며, 1651년 우의정에 올랐다. 인조 때 척화파의 한 사람으로 후사가 없었다. 조경(趙絅)이 신도비명을, 오준(吳竣)이 묘지명을, 채제공(蔡濟恭)이 시장(諡狀)을 찬술하였다. 시호는 정온(靖溫)이다.

44 조선시대 삼수(三手) 즉 포수(砲手), 사수(射手), 살수(殺手)를 훈련하는 비용에 쓰기 위해 징수하는 세미(稅米).

45 조정에서는 각 도에, 각 도는 각 군에 시켜 그 지방의 산물을 억지로 조정에 바치도록 하는 것.

46 이전에 현물로 바치는 공물(貢物)을 미곡(米穀)으로 환산하여 전세(田稅)와 같이 전(田) 일 결에 대해 일정한 양을 거두어 드리는 조세 방법.

47 첩(牒)이란 관부에서 사용하는 문서. 임명, 증명, 소장(訴狀) 등 매우 다양한 용도에 사용되어 일률적으로 규정하기가 쉽지 않다. 고려시대의 첩으로는 『동문선』에 이규보가 지은 「화주답대경진주첩(和州答對鏡鎭州牒)」이 남아 있는데, 이는 지방관청끼리 주고받은 공문서의 일종이었다. 조선시대에는 더욱 다양하게 사용되었다. 『경국대전』 예전에는 첩의 유형으로서 '입법출의첩(立法出依牒)'과 '기복출의첩(起復出依牒)'이 규정되어 있다. 전자는 법령을 새로이 제정하거나, 또는 기존의 법령을 개정할 때 이를 제기한 관청의 안(案)을 예조에서 국왕에게 윤허를 얻은 뒤 다시 해당 관청에게 발급하는 공첩(公牒)이고, 후자는 예조에서 국왕의 윤허를 받아 상중에 있는 사람에게 기복(起復)을 명하면서 발급하는 공첩이었다.

48 조선시대 향소직(鄕所職)의 하나. 면이나 리 단위의 직무를 담당함.

49 조선시대 향약 단체의 임원. 도약정(都約正)이 있었음.

50 지방관리가 향교 유생에게 서면으로 유시하는 글.

51 신완(1646~1707)은 조선 후기의 문신으로 본관은 평산(平山)이고 자는 공헌(公獻), 호는 경암(絅菴)이며 시호는 문장(文莊)이다. 박세채(朴世采)의 문인으로 현종 13(1672)년 별시문과에 급제, 정언이 되고, 서인으로서 숙종 6(1680)년 경신대출척 때 남인 권대운(權大運) 등의 죄과를 논박하였다. 강양도(江襄道) 관찰사를 거쳐 한성부판윤, 대사헌, 이조판서를 지내고 1700년 우의정에 올랐다. 저서에 『경암집(絅菴集)』이 있다.

52 서문중(1634~1709)은 조선시대의 문신으로 본관은 달성(達城)이며 자는 도윤(道潤), 호는 몽어정(夢漁亭)이며 시호는 공숙(恭肅)이다. 효종 8(1657)년 진사시에 합격, 현종 14(1673)년 학행으로 천거되어 동몽교관을 지냈다. 숙종 6(1680)년 상주목사 때 정시문과에 장원, 광주부윤에 발탁되었다. 이어서 승지, 공조참판 등을 거쳐 우참찬이 되었다.

53 윤지완(1635~1718)은 조선 후기의 문신으로 본관은 파평(坡平), 자는 숙린(叔麟), 호는 동산(東山)이며 시호는 충정(忠正)이다. 현종 3(1662)년 증광문과에 을과로 급제, 숙종 1(1675)년 지평(持平)으로 시독관(侍讀官)을 겸직하여 경연에 나가 당쟁의 폐해와 송시열(宋時烈)의 신구(伸救)를 건의하다 남인의 탄핵으로 삭직되었다. 숙종 6년 경신대출척으로 서인이 집권하자 부교리에 등용, 경상도, 함경도관찰사를 역임하였다. 그 후 통신사로 일본에 다녀왔고, 이듬해 어영대장, 예조판서 등을 역임하고 1684년 경상도관찰사에 재임되었다. 1688년 병조판서, 이듬해 평안도관찰사를 지냈으나, 기사환국으로 남인이 집권함에 따라 관직을 잃고 유배되었다. 1694년 폐비민씨 복위를 지지한 소론이 등용됨으로써 다시 관직을 얻어 좌참찬, 우의정에 올랐고, 청백리에 녹선되었으며 1703년 중추부영사가 되었다. 숙종의 묘정에 배향되었다.

54 이희태(669~1715)는 조선 후기 문인으로 본관은 광주(廣州)이고 자는 대숙(大叔)이며, 아버지는 이광하(李廣河)이다. 1702년 알성시 문과에 갑과로 급제하였으며, 숙종 29(1703)년 6월 이형상의 후임으로 제주목사에 부임하였다. 제주목사 재임 중 애매헌(愛梅軒) 동쪽에 청심당(淸心堂)을 건립하였다. 청심당은 영조 때 세병헌(洗兵軒)이라고 불렸다. 또한 해적선 50여 척이 가파도에서 해적질하는 것을 전임 제주목사 이형상이 엄히 금하였는데, 이희태는 이러한 사실을 비방하고 해적질을 조정에 과장되게 보고하였다. 조정은 이희태의 보고에 대해 이형상의 조치를 옹호하였고, 이희태는 1704년 10월에 파직되었다. 1705년 9월 제주목사 재임 중 관기 곤생(昆生)과 그 딸 다섯 명을 무고하게 고문한 사실이 탄로나 하옥되었다. 숙종 39(1713)년 9월 전라도 고부군수에 부임하였고 숙종 41(1715)년 11월 고부군수 재임 중에 죽었다.

55 법에 저촉되지 않음.

세 번째 글 왜(倭)에게 뒷바라지를 한다는 것은 대의에도 벗어나며

56 차왜(次倭)란 일본이 통신사를 요청하거나, 관백의 부고나 승습 등을 알리는 일, 또는 그 외의 요청이 있을 때 조선에 파견한 외교 사절.

57 박신(朴紳)은 본관은 밀양(密陽), 자는 화경(華卿), 증조부는 이조참판 박이서(朴

毉紋)이고 조부는 병조참판 박노이며, 아버지는 초정공(草亭公) 박수현(朴守玄)이다. 현종 7년(1666)년 식년문과에 급제하여 권지부정자(權知副正字)를 시작으로 저작박사, 성균관전적, 감찰, 예조좌랑, 정언, 병조좌랑, 지평, 정언을 거쳤다. 숙종 4(1678)년에는 암행어사로 숙종 16(1690)년에 동래부사와 1692년 충청도관찰사를 지냈다.

58 『세선정탈등록(歲船定奪謄錄)』에 따르면 인조 15(1637)년에서 현종 6(1665)년 사이에 조선 조정과 왜의 사신이 협상한 세선 감축과 도서 교대에 대한 결정사항을 등록한 것이다. 경상감사, 동래부사의 장계와 비변사, 예조의 회답으로 구성되었으며, 각건 마다 두주가 있다. 제1책(1637년 3월, 1646년 11월), 제2책(1647년 11월, 1665년 7월)의 내용을 살펴보면 세선수의 정감(1637년), 조흥선을 부특송선으로 교대하여 도서를 발급하는 내용(1639년), 평안삼(平彦三)의 도서환납과 평의진(平義眞)(彦滿)의 도서수급에 관한 것(1659년 타결) 등이 중심이다. 1659년 그밖에 평의진의 인삼 구청(1645년, 1646년) 세선의 원한외 체류시 일공부급건(1651년), 왜인 세견선 및 부특송 이하 각 사선의 가감, 변명과 각선에 지급할 포와 잡물에 대한 규정 및 별단(1655년 3), 접위관차정, 예단에 소용되는 잡물 마련, 연향에 대한 기록 등이 있다.

59 관중은 중국 춘추시대 제나라의 재상(?~B.C.645). 이름은 이오(夷吾). 환공(桓公)을 도와 군사력의 강화, 상공업의 육성을 통하여 부국강병을 꾀하였으며, 환공을 중원의 패자(霸者)로 만들었다. 포숙과의 우정으로 유명하며, 이들의 우정을 관포지교라고 이른다. 저서에 『관자(管子)』가 있다.

60 안영은 중국 춘추시대 제나라의 정치가(?~B.C.500). 자는 평중(平仲). 영공(靈公)·장공(莊公)·경공(景公)의 3대를 섬기면서 재상을 지냈다. 소하(蕭何)중국 전한 고조 때의 명재상

61 조참은 중국 전한 시대의 공신으로 유방(劉邦)이 거병(擧兵)하자 그를 따라 활약하였다. 한나라의 통일대업에 이바지한 공으로 건국 후 평양후(平陽侯)로 책봉되고, 경포의 반란 등을 평정하였다. 고조가 죽은 뒤 소하(蕭何)의 추천으로 상국이 되어 혜제(惠帝)를 보필하였다.

62 도주가 청한 세 건의 일을 조정에서 허락하지 않은 때문에 차왜가 돌아가자니

무거운 죄를 받을 것 같고 머무르자니 접대를 허락하지 않고 하여, 그들은 별다른 방법이 없어서, 부산에 뼈를 묻겠다는 생각.

네 번째 글 노비 해방의 선구자, 그리고 가족사랑

63 천대의 수레와 만 섬의 곡식이라는 뜻으로 세속적인 부귀와 영화.

64 이상규, 『한글고문서연구』, 경진출판사, 2010. 윗사람이 아랫사람에게 혹은 관부에서 상사가 아랫사람에게 내리는 문서. '패자', '배자'라고도 한다.

65 공자의 가르침이 천하를 태평하게 만든다는 뜻.

66 고당(高堂)은 남의 부모를 높여 부르는 말. 여기서는 큰집에 계시는 부모님을 뜻한다.

67 오시복(인조 15(1637)~미상). 조선 중기의 문신. 본관은 동복(同福), 자는 중초(仲初), 호는 휴곡(休谷), 오정규(吳挺奎)의 아들이다. 현종 3(1662)년에 증광문과에 병과로 급제하였으며, 이어 수찬, 정언, 지평, 교리, 이조정랑, 사인 등을 거쳐 숙종 1(1675)년에 승지, 이조참판, 개성유수를 역임하고, 강릉부사가 되었다가 부임 전에 허적(許積)에게 아첨하였다 하여 1680년 경신대출척 때 파직되었다. 1689년 기사환국으로 이조참판에 이어 한성판윤, 호조판서가 되었다. 이때 그는 경비부족을 메우기 위해 각도, 각읍의 채은처(採銀處)를 호조에서 관장하여 수세하도록 하였고, 왜에 면포 예급문제, 각 아문의 둔전 경영 문제를 해결하였다. 이듬해에는 이조판서 겸 수어사를, 이어 다시 호조판서가 되었으나 갑술옥사로 하옥, 유배되었으며, 1697년 풀려나와 우부빈객을 지냈다. 1701년 무고(巫蠱)의 옥사에 연루되어 대정현(大靜縣)에 안치되었는데, 1712년 함평, 강진 등지로 이배되었다가 이듬해에 영해부(寧海府)에 이배되어 그곳에서 죽었다. 그는 특히 글씨에 능하였고, 그 뒤에 신원되었다.

다섯 번째 글 예악(禮樂)의 처음과 끝

68 이규보(李奎報, 1168~1241)는 고려 후기의 문신, 학자, 문인으로 본관은 황려(黃

騭)이고 초명은 인저, 자는 춘경(春卿), 호는 백운거사(白雲居士)이다. 『동국이상
국집』 등 많은 저서와 시문이 남아 있다.

69 최간이(1539~1612)는 선조 때의 문장가로, 벼슬이 형조 참판에 이른 최립을 말
함. 간이(簡易)는 그의 호.

70 고구려 양원왕 때 사람으로 거문고의 대가로 현학금(絃鶴琴)을 만들었는데 그가
만든 거문고를 연주하면 학이 날아와 춤을 추었다는 고사가 있다.

71 신라 경문왕 때 사람으로 거문고의 대가.

72 채홍철(1262~1340)은 고려 시대 고려 후기 때의 문신으로 본관은 평강(平康)이
며 자는 무민(無悶), 호는 중암거사(中菴居士)이다. 1283년에 과거에 급제하여
응선부녹사(膺善府錄事), 통례문지후(通禮門祗候)로 장흥부(長興府)에 출보되었
다가 물러나 14년을 한거(閑居)하며, 불교와 음악, 의약 등을 연구하였다. 밀직부
사(密直副史), 지밀직사사(知密直司事), 첨의평리(僉議評里), 찬성사를 차례로 역
임하고, 1320년 평강군(平康君)에 피봉(被封)되었다. 그는 문장과 각종 기예에
모두 능하였는데, 특히 의약과 음악에 조예가 깊었고 불교에 심취하였다. 〈자하
동신곡(紫霞洞新曲)〉을 작곡하였으며, 이곡, 이제현 등과도 교유가 있었다. 특히
〈자하동(紫霞洞)〉이 『고려사』 「악지(樂志)」에 전한다. 문집으로는 『중암집(中菴
集)』이 있다.

73 정서는 고려 때의 문인으로 생몰년 미상이다. 본관은 동래(東萊)이며 호는 과정
(瓜亭)이고 지추밀원사 항(沆)의 아들이다. 인종비 공예태후(恭睿太后) 동생의 남
편으로서 왕의 총애를 받았다. 음보로 내시낭중(內侍郎中)에 이르렀으며, 문장에
뛰어났으며 묵죽화에도 능했는데, 성격이 경박하였다고도 하나 그에 대한 뚜렷
한 기록은 없다. 저술로는 『과정잡서(瓜亭雜書)』가 있고, 동래 유배시절에 지은
것으로 추측되는 「정과정곡(鄭瓜亭曲)」이 있다.

74 정도전(1342~1398)은 고려에서 조선으로 교체되는 격동의 시기에 역사의 중심
에서 새 왕조를 설계한 인물이었다. 그러나 자신이 꿈꾸던 성리학적 이상세계의
실현을 보지 못하고 끝내는 정적의 칼에 단죄되어, 조선 왕조의 끝자락에 가서야
겨우 신원되는 극단적인 삶을 살았다.

75 윤회(1380~1436)는 조선 초기 때의 문신으로 본관은 무송(茂松)이고 자는 청경,

호는 청향당이다. 고려말동지춘추관사(同知春秋館事) 소종(紹宗)의 아들이다. 그의 아버지 소종은 고려 말에 조준(趙浚) 등과 더불어 이성계(李成桂)를 도와 조선왕조를 창건하는 데 깊이 관여하였던 인물이었다. 조선 태종 1(1401)년에 증광문과에 을과로 급제한 뒤 좌정언, 이조, 병조 좌랑, 승정원의 대언(代言), 병조참의을 지냈고 세종 2(1420)년 집현전이 설치되자 1422년에 부제학으로 발탁되어 그곳의 학사들을 총괄하였다. 그 뒤로 예문관제학, 대제학과 같은 문한직(文翰職)을 역임하였다. 또한, 정도전이 편찬한 『고려사』를 다시 개정하는 일에도 깊이 관여하였고, 1432년에는 『세종실록』지리지의 편찬에 참여하였다. 이어 1434년에는 『자치통감훈의(資治通鑑訓義)』를 찬집하기도 하였다. 주호(酒豪)로 이름났으며, 세종이 석 잔 이상의 술은 못 마시게 하자 연회 때마다 큰 그릇으로 석 잔을 마셨다 한다. 저서로는 『청경집』이 있고, 작품은 「봉황음(鳳凰吟)」이 전한다.

76 박연(1378~1458)의 본관은 밀양(密陽)이고 자는 탄부(坦夫)이며, 호는 난계(蘭溪)이다. 시호는 문헌(文獻)이며 초명 연(然), 영동(永同) 출생이다. 태종 5(1405)년에 문과에 급제하여 집현전 교리(校理)를 거쳐 지평(持平), 문학(文學)을 역임하다가 세종이 즉위한 후 악학별좌(樂學別坐)에 임명되어 악사(樂事)를 맡아보았다. 1433년 유언비어 유포혐의로 파직되었다가 용서받고 아악에 종사, 공조참의, 중추원첨지사, 중추원동지사를 지냈다. 1445년 성절사(聖節使)로 명나라에 다녀와서 인수부윤(仁壽府尹), 중추원부사를 역임한 후 예문관 대제학(大提學)에 올랐다. 단종 1(1453)년 계유정난(癸酉靖難) 때 아들 계우(季愚)가 처형되었으나, 그는 삼조(三朝)에 걸친 원로라 하여 파직에 그쳐 낙향하였다.

악기 조율(調律)의 정리와 악보편찬의 필요성을 상소하여 허락을 얻고, 세종 9(1427)년 편경(編磬) 12장을 만들고 자작한 12율관(律管)에 의거 음률의 정확을 기하였다. 또한 조정의 조회 때 사용하던 향악(鄕樂)을 폐하고 아악(雅樂)으로 대체하게 하여 궁중음악을 전반적으로 개혁하였다. 특히 대금를 잘 불었고, 고구려의 왕산악(王山岳), 신라의 우륵(于勒)과 함께 한국 3대 악성(樂聖)으로 추앙되고 있다. 영동의 초강서원(草江書院)에 제향되고, 지금도 고향 영동에서는 해마다 '난계음악제'가 열려 민족음악 발전에 남긴 업적을 기리고 있다. 시문집 『난계유고(蘭溪遺稿)』가 있다.

77 심약(441~513)은 중국 양(梁)나라 시대의 문학가. 자는 휴문(休文). 오흥군(吳興郡) 무강(武康:지금의 저장 성(浙江省) 더칭(德淸)) 사람이다. 관직은 상서령까지 이르렀다. 박학다식하고 특히 사학에 뛰어났다. 여러 종류의 역사서를 저술했는데, 그 중『송서(宋書)』는 24사 가운데 하나이다. 시가의 성률론(聲律論), 즉 '4성8병설'(四聲八病說)을 제창했으며, 사조 등과 함께 '영명체'(永明體)를 창시했다. 후대 율시(律詩)의 형성과 변려문(騈儷文)의 발전에 중요한 영향을 끼쳤다. 저작으로『심은후집(沈隱侯集)』이 있다

78 창힐은 황힐, 힐황이라고도 한다. 황제(黃帝)의 사관(史官) 또는 고대의 제왕이라고도 한다. 후한의 환제(桓帝) 때인 162년(延熹 5)에 세운 창힐 묘비가 산시 성(陝西省) 시안(西安)에 있다. 순자(筍子)는『해폐편(解蔽篇)』에서 "글을 좋아하는 사람은 많지만 창힐만이 홀로 그 글을 전한 사람이다."라고 했다. 현대 학자들은 문자를 인류사회의 집단적 창작이라고 여기는데, 창힐은 중국 고대에 최초로 문자를 수집, 정리하고 창조한 인물로서 오랜 기간에 걸쳐 그에 관한 많은 신화와 전설이 생겨났다.

79 한자를 운(韻)에 따라 주석한 운서(韻書). 1권 1책. 고활자본. 중국의 106운계『예부운략(禮部韻略)』을 우리나라 사람이 쓰기 편하도록 만든 책으로 엮은이와 연대는 밝혀지지 않았다. 우리나라 운서 중 가장 오래된 것이며, 조선시대 과장(科場)에서 쓰인 책이다. 한자의 평·상·거·입 등 사성 순서로 배열된『예부운략』을 이용하기 쉽도록 같은 운을 가진 평성·상성·거성의 한자를 모아 3계단으로 놓고 입성자만 책 끝에 따로 모았다. 이 책에 자수를 더 늘리고 더 자세한 주해(註解)를 붙인 것이 1702년에 나온 박두세의『삼운보유(三韻補遺)』이며, 숙종 때 김제겸·성효기가 엮은『증보삼운통고』는 이를 다시 증보한 것이다. 1747년 간행한 박성원의『화동정음통석운고(華東正音通釋韻考)』는『증보삼운통고』에 한글로 중국 자음과 우리나라의 한자음을 표시한 것이다.『삼운통고』는 한때 유실되었으나 일본으로 건너간 책이 다시 우리나라로 들어와 간행되었다고 한다. 조선 후기의 운학자들에게 많은 영향을 주었으며, 다른 운서의 기본이 된 귀중한 책이다. 이 글에서 병와가『삼운통고』의 후서를 했다는 기록으로 미루어 보아, 이 책의 증보 혹은 축약본 간행에 관여한 것으로 보인다.

80 병와의 부친 이주하(李柱厦, 1621~1673)는 진사로 병와가 19세에 돌아가셨다.

81 최후상(崔後尙, 1631~1680)은 조선 후기의 문신으로 본관은 전주(全州). 자는 주경(周卿). 수준(秀俊)의 증손으로, 할아버지는 기남(起南)이고 아버지는 영의정 명길(鳴吉)이며, 어머니는 허린(許嶙)의 딸이다. 효종 5(1654)년 진사시에 합격하고, 현종 5(1664)년 춘당대정시문과에 병과로 급제하였다. 승문원에 선발되었다가 예문관검열을 거쳐 홍문관응교에 이르렀다. 홍문관부제학에 추증되었다.

82 최석정(崔錫鼎, 1646~1715)은 조선 후기의 문신, 학자. 본관은 전주이고 호는 존와(存窩)·명곡(明谷)이며 최명길의 손자이다. 1697년 우의정에, 1699년 좌의정과 홍문관 대제학을 겸했다. 『국조보감』의 속편과 『여지승람』 증보 편찬을 지도했다. 1701년 영의정으로 장희빈의 처형을 반대하다 유배되었으나 곧 풀려났다. 소론(少論)의 영수로 많은 파란을 겪으면서도 8번이나 영의정을 지냈고, 당시 배척받던 양명학을 발전시켰다. 『경세정운도설(經世正韻圖說)』, 『명곡집(明谷集)』이 있다.

83 구봉(九峯) 채침(蔡沈)이 홍범구주(洪範九疇)를 부연하여 『황극내편(皇極內編)』을 지은 것이 『성리대전(性理大全)』 가운데 들어있는데, 학자들은 존중하여 소자(邵子)의 『황극경세(皇極經世)』와 동등하게 본다.

84 『율려신서』는 남송 때 채원정(蔡元定, 1135~1198)이 지은 책으로 1415년 명나라의 영락황제 때 『성리대전』에 포함된 것이다. 세종 원(1419)년에 우리나라에 처음으로 전래되었으며, 세종 12(1430)년에 처음으로 경연에서 강의를 하였다. 『율려신서』는 아악정비와 함께 『훈민정음』 창제에도 많은 영향을 끼쳤으며 『악학궤범』의 편찬 때에도 중요한 중국 원전의 하나로 인용되었다.

85 『예부운략(禮部韻略)』은 중국 송(宋)나라 정도(丁度)가 지은 운서(韻書)이다. 『배자예부운략(排字禮部韻略)』이라고도 한다. 우리나라에는 고려 때부터 애용되었으며, 조선 중기 이후에는 이 『예부운략』의 체제만을 개편한 『삼운통고(三韻通考)』, 여기에 중국 자음(字音)과 한국 자음을 한글로 표기한 『화동정음통석운고(華東正音通釋韻考)』(1747)가 생겨날 정도로 큰 영향을 주었다. 국내판으로 가장 오랜 것은 세조 10(1464)년의 간기를 가진 복각본이다. 이 복각본에 있는 '大德庚子'(고려 충렬왕 26(1300)년)는 원판(元版)의 것이다. 이 밖에 중종 19년(1524)

을 위시하여 많은 중간본들이 현존하고 있다. 이들 중에는 옥편(玉篇)을 덧붙여 『신간배자예부운략옥편(新刊排字禮部韻略玉篇)』이라는 책도 있다.

86 채원정(蔡元定, 1161~1237)은 중국 남송학(南宋學)의 대가. 자는 계통(季通)이며 주자(朱子)의 영향을 크게 받아 『율려전서(律呂全書)』 등을 집필하였다.

87 식산(息山) 이만부(李萬敷, 1664~1732)는 본관 연안(延安)이며 자는 중서(仲舒)이고 호는 식산(息山)이다. 효성과 학행으로 천거되어 장릉참봉(長陵參奉)과 빙고별제(氷庫別提) 등에 임명되었으나 사퇴하고, 만년에는 역학(易學)에 전념했다. 문장에 능하고, 글씨도 고전팔분체(古篆八分體)를 특히 잘 썼다. 저서에 『역통대상편람(易統大象便覽)』, 『사서강목(四書講目)』, 『노여어(魯餘語)』, 『도동편(道東編)』, 『식산문집(息山文集)』이 있다.

88 남효온(南孝溫)의 『추강집』에 실린 글을 말한다. 남효온(南孝溫)은 단종 2(1454)~성종 23(1492)년, 조선 전기의 문신으로 본관은 의령(宜寧). 자는 백공(伯恭), 호는 추강(秋江)·행우(杏雨)·최락당(最樂堂)·벽사(碧沙)이다. 영의정 재(在)의 5대손으로, 할아버지는 감찰 준(俊)이고, 아버지는 생원 전이며, 어머니는 도사 이곡(李谷)의 딸이다. 김종직(金宗直)의 문인이며, 생육신(生六臣)의 한 사람이다. 고양의 문봉서원(文峰書院), 장흥의 예양서원(汭陽書院), 함안의 서산서원(西山書院), 영월의 창절사(彰節祠), 의령의 향사(鄉祠) 등에 제향되었다. 저서로는 『추강집』, 『추강냉화(秋江冷話)』, 『사우명행록(師友名行錄)』, 『귀신론(鬼神論)』 등이 있다. 시호는 문정(文貞)이다.

89 『예기(禮記)』의 편명으로 음악의 음률에 관한 서술이 있다.

90 명나라 예복(倪復)이 지은 『종률통고(鍾律通考)』를 뜻함.

91 악부 잡곡 가사의 이름. 초사에서 이소와 조식을 비룡에 비유한 잡가.

92 요나라 때 태평을 구가한 동요.

93 요나라 때 태평을 구가한 노래.

94 초사의 편명. 초나라의 신하 굴원의 작품.

95 한대에 천자가 교외에서 하늘에 드리는 제사. 한 무제가 하늘에 제사를 올릴 때 19장의 노래를 제작하였는데 이를 교사가라고 한다.

96 한 고조의 당상부인이 지은 17장의 가사. 「안세방중가(安世房中歌)」라고 한다.

97 황제 기백(岐伯)이 지은 군악(軍樂). 한나라 때에 민간에서 채취한 18곡이 있다.

98 악부 상화곡(相和曲)을 이름. 조나라 왕(趙王)이 뽕잎을 따는 진여(秦女)의 미모
를 탐하려하자 진여가 이를 거부하여 지은 노래이다.

99 진여(秦女)가 조나라 왕(趙王)의 음흉한 흉계를 거부하여 지은 노래이다.

100 춘추전국시대에 조(趙)나라 진(秦)씨의 딸로서 가령(家令) 왕인(王仁)의 아내. 나
부는 조나라 왕이 탐하려 하자, 거문고를 타면서 남편이 있음을 알려 이를 저지
시켰다.

101 악부 진불무가사(晉拂舞歌詞)의 이름. 풍자시의 일종.

102 창주(滄州) 윤춘년(尹春年)이 중국에서 저술된 시법(詩法)에 대하여 주해한 책인
데 필사본 3권 1책으로 되어 있으며, 명종 22(1567)년에 편찬하였다. 내용은 명
나라 회열(懷悅)이 지은 『시법정론(詩法正論)』과 원나라 양중홍(楊仲弘)이 지은
『시법가수(詩法家數)』 및 소재(疏齋) 노학사(盧學士)가 지은 『시해(詩解)』, 『시격
(詩格)』 등에 대하여 윤춘년이 편집하여, 체(體), 의(意), 성(聲), 삼자주해(三字註
解)를 지어 혹문식(或問式)으로 해설하였다. 끝에 『여문정선집(儷文程選集)』이라
제(題)하고 김유신(金庾信)의 「애강남(哀江南)」과 왕발(王勃)의 「익주부자 묘비
(益州父子廟碑)」를 첨부하였다.

103 병와의 저서 중 『지령록(芝嶺錄)』(1706)에 「금속행용가곡(今俗行用歌曲)」에 단
가 55수를 평조(平調), 우조(羽調), 계면조(界面調)로 나누어 한역하여 정리하고,
「장진주사」 등 4수의 장가(長歌, 사설시조)도 첨부하여 있다. 병와의 악학설을 종
합하여 『악학편고』로 완성하였다.

104 주역에서 말하는 육위(六位). 곧 정체가 없음.

105 김상헌(金尙憲, 1570~1652)의 본관은 안동이며, 자는 숙도(叔度)이고 호는 청음
(淸陰), 석실산인(石室山人), 서간노인(西磵老人)인데 제주목사 시절에 『조천록(朝
天錄)』, 『남사록(南槎錄)』을 썼다.

106 홍유손(洪裕孫, 1431~1529)은 본관 남양(南陽)이며 자는 여경(餘慶), 호는 소총 (篠叢), 광진자(狂眞子)이며 저술로『소총유고』가 있다.

107 높이 1,950m이다. 남한에서 가장 높은 산이다. 제3기 말~제4기 초에 분출한 휴화산이다. 현무암으로 이루어져 있으며 줄기는 제주도 중앙에서 동서로 뻗 는다. 남쪽은 경사가 심한 반면 북쪽은 완만하고, 동서쪽은 비교적 높으면서도 평탄하다. 예로부터 부악(釜岳), 원산(圓山), 진산(鎭山), 선산(仙山), 두무악(頭無岳), 영주산(瀛州山), 부라산(浮羅山), 혈망봉(穴望峰), 여장군(女將軍) 등 많은 이름으로 불렸고, 민간 신앙에서는 금강산·지리산과 함께 삼신산(三神山) 가운데 하나로 치기도 한다.

108 오창명,『제주도 오름 이름의 종합적 연구』, 제주대학교출판부, 2007 참조.

109 김문기·강정서,『경북의 구곡문화』, 경상북도·경북대학교퇴계연구소, 2008.

110 경북 포항시 죽장면에 있음.

111 입암서원(立巖書院)은 효종 8(1657)년 죽장면 입암리 토월봉 아래 창건된 서원으로 임진왜란시 이 지방으로 피난와 살다가, 이곳에서 죽은 문강공 장현광 (1554~1637)을 봉안 배향하고 있는 서원이다. 그 후 권극립, 정사진, 정사상, 손우남이 추가 배향되었다. 〈일제당〉은 여헌 장현광 선생이 학문을 강론하던 곳인데 1629년에 노계 박인로 선생이 이곳을 찾아 「입암가」 29수와 「입암별곡 (立巖別曲)」을 남겼다. 〈만활당〉도 역시 여헌이 임진왜란시 피난와서 기거했던 곳이다.

112 영천 선원동에 이웃한 '평천'.

113 박노계의 「입암별곡(立巖別曲)」이 창작된 배경지역이다. 「입암별곡(立巖別曲)」은 포항시 죽장면 입암리 권극립(權克立)의 후손 집에서 발견된 것으로 입암(立巖) 28경을 읊고 있으며 서술 순서가 장현광(張顯光)의 「입암기(立巖記)」와 일치하고 있다. 박인로의 말년에 창작된 듯하며 필사자는 미상이다.

114 주자의 「무이구곡가」는 복건성 숭안현(현 무이산시) 남쪽 15km지점에 있는데,

평천(平川)에서 발원하여 숭계(崇溪)로 이어지는 7.5km의 계곡이다. 복건 제일의 명산인 무이산 속에서도 첫손 꼽히는 경승지이다. 주자께서 은거한 곳으로 유명하며, 「무이도가」 10수는 계곡 입구에서부터 근원을 찾아 거슬러 올라가는 과정을 통해, 사람이 수양을 쌓아 궁극의 도(道)에 도달하는 과정을 묘파한 설리시(說理詩)로 유명하다.

2부 새롭게 주목할 인물, 병와 이형상

첫 번째 글 조선시대 목민관 병와 이형상

01 승문원(承文院)은 조선시대에 외교문서를 담당한 관청. 괴원이라고도 하며, 성균관, 교서원(校書院)과 합칭하여 삼관(三館)이라고 하였다. 사대와 교린문서를 관장하고 중국에 보내는 외교문서에 쓰이는 이문(吏文)의 교육을 담당하였다.

02 병와는 아버지 증 호조참판 이주하(李柱厦)와 어머니 파평윤씨 사이에 2남 2녀 가운데 둘째 아들로 태어났다. 백씨인 형징(衡徵)과 안동 권복에게 출가한 여동생과 강릉 최도현(崔道炫)에게 출가한 여동생이 있다.

03 조광조(趙光祖, 1482~1519)는 자는 효직(孝直)이고 호는 정암(靜庵)이며 시호는 문정(文正)이다. 도학정치를 주장하며 적극적으로 활동했다. 급진적인 개혁을 추진하였으나 이에 염증을 느낀 중종이 훈구파를 지지하기에 이른다. 결국 기묘사화로 인해 능주에 유배되었다가 사사(賜死)되었다. 문집에 『정암집』이 있다.

04 병와의 거문고는 1982년 8월 7일 중요민속문화재 제119-3호로 지정되어 있고, 국보급 문화재로서의 가치가 충분하여, 앞으로 새롭게 국보로 지정될 필요가 있다.

05 중국 고대의 성군 순임금은 다섯 현으로 된 오동나무로 만든 거문고를 만들었으며, 진나라 죽림칠현의 한 사람인 혜강은 옻나무로 거문고를 만들어 평생 즐겨

연주를 하고 금부를 짓기도 하였다고 한다.

06 중국 역산의 남쪽을 말한다. 이곳에서는 오동나무가 많이 생산되어 이를 이용하여 거문고를 만들었다.

07 적송은 고대 선인(仙人)인 적송자(赤松子)를 가리킨다.

08 병와의 거문고에는 "한라산의 고사목 단목과 향나무로 거문고를 만들어 명을 붙이니 산은 삼신산 중의 하나요, 단나무는 태백의 여종인데 내가 천고의 뜻을 가지고 아침 저녁 육현과 함께 노니네."(檀琴, 以漢拏山自枯檀香爲琴 山是三神一 檀爲太白餘 吾將千古意 晨夕六絃於『瓶窩文集』)라는 명문이 새겨져 있다. 이 명문의 글씨를 썼다고 하는 '오야(吳爺)'는 당시 제주에 유배 온, 병와의 오랜 벗인 동복(同福) 오시복(吳始復, 1637~1716)을 말한다.『국역 병와집』(한국정신문화연구원, 1990)에서는 당시 제주 관아에 있던 소속 관원으로 추정하고 있으나 이는 잘못이다.

09 우선(友仙)은 벗으로 삼는 신선, 곧 병와가 직접 만들어 명문을 새겨 넣은 거문고를 말한다. 국내에 남아 있는 옛 거문고 가운데 보존 상태가 매우 양호할 뿐만 아니라 제작 과정이 상세히 기록되어 있으므로, 고증할 수 있는 명품 가운데 하나이다. 현의 소리 전도를 막기 위해 상아와 무소뿔로 이음매를 고정시킨 매우 뛰어난 악기이다.

10 영주는 바다 속에 있는 신선이 산다고 하는 산이름으로 여기서는 제주를 가리킨다. 해반은 해역에 근무하는 하관은 병와 자신을 지칭한다.

11 한라산의 고사목인 단목(檀木)과 향목(香木)으로 거문고를 만들었다. 실제로 거문고의 목재를 분석해 본 결과 배면은 단목이고 바닥나무는 돌배나무, 안족(雁足)은 향목으로 제작된 것으로 밝혀졌다.

12 윤두서(1668~1715)의 본관은 해남(海南)이며, 자는 효언(孝彦). 호는 공재(恭齋)이다. 정약용의 외증조이자 윤선도의 증손이다. 장남인 덕희(德熙)와 손자인 용도 화업(畵業)을 계승하여 3대가 화가 가정을 이루었다. 정선(鄭敾), 심사정(沈師正)과 더불어 조선 후기의 삼재(三齋)로 일컬어졌다. 숙종 19(1693)년에 진사시에 합격하였다. 그러나 집안이 남인 계열이었고 당쟁의 심화로 벼슬을 포기하고 학문과 시서화로 생애를 보냈다. 1712년 이후 만년에는 해남 연동(蓮洞)으로 귀

향하여 은거하였다. 죽은 뒤 영조 50(1774)년 가선대부(嘉善大夫) 호조 참판에 추증되었다. 조선 중기와 후기의 변화기에 활동한 그는 말과 인물화를 잘 그렸다. 산수화를 비롯한 회화 작품은 대체로 중기의 화풍을 바탕으로 하여 전통성이 강한 화풍을 지녔다. 그의 말 그림과 인물화는 예리한 관찰력과 뛰어난 필력으로 정확한 묘사를 보여 준다. 해남에 종손이 소장하고 있는 〈자화상(自畵像)〉이 대표작으로 꼽힌다. 그의 유작들은 〈보물 제481호〉로 지정되어 있다. 그의 실학적 학문에 대한 취향은 그가 남긴 『동국여지도(東國輿地圖)』나 『일본지도(日本地圖)』뿐만 아니라 천문학과 수학에 관한 서적 그리고 이잠(李潛), 이서 등 이익(李瀷) 형제들과의 교분에서도 잘 알 수 있다. 그의 회화는 중국적이거나 전통성이 강하지만 18세기 중·후반 이후의 화단을 풍미한 남종화풍과 풍속화의 선구적 위치에 놓여 있기도 하다. 작품으로는 〈자화상〉, 〈채애도〉, 〈선차도〉, 〈백마도 (白馬圖)〉 등이 『해남윤씨가전고화첩』에 전하고 있다. 〈노승도(老僧圖)〉, 〈오성도(五聖圖)〉, 〈심득경초상(沈得經肖像)〉, 〈출렵도(出獵圖)〉, 〈우마도권(牛馬圖卷)〉, 〈심산지록도 (深山芝鹿圖)〉 등이 있으며, 저서로는 『기졸(記拙)』과 『화단(畵斷)』이 있다.

13 이잠(1660~1706)은 조선 중기의 문신. 본관은 여주(驪州). 자는 중연(仲淵), 호는 섬계(剡溪), 서산(西山)이다. 증조부는 이상의(李尙毅)이고, 조부는 이지안(李志安)이며, 부친은 매산(梅山) 이하진(李夏鎭)으로 삼형제 중 둘째로 태어났다. 이하진은 효종 5(165)4년 갑오식년사마시에 진사로 합격하였고, 현종 7(1666)년 병오식년문과에 갑오 급제하여 도승지와 대사헌을 역임하였다. 모친은 용인이씨로 이후산(李後山)의 딸이다. 이후산은 인조 16(1638)년 무인정시문과에 급제하여 충청도관찰사(忠淸道觀察使)와 병조참판(兵曹參判)을 역임하였다. 형은 청운(靑雲) 이해(李瀣)이며, 동생은 조선후기 실학의 남상(濫觴)이라 불리는 성호(星湖) 이익(李瀷)이다.

14 방안 벽면 앞에 질서인 공재 윤두서가 그린 〈오성도〉에 명(銘)을 붙여 기리는 내용을 시로 남긴 것이다.

15 병와의 인장 23과(果), 호패 9점, 거문고 1점, 홀(笏) 1점, 옥피리 1점, 칼(칼집 포함 2점), 표주박 2점, 청옥 벼루(상자 포함) 1점, 추구통(抽句筒) 1통(죽첩 1,270개), 화살 9촉, 입영(笠纓, 갓끈) 5개(상아 1, 옥 1, 호박 1, 흑옥 2), 관자(貫子) 4개(옥 2, 호

박 2) 등 병와선생의 유품 12종 59종이 1982년 8월 7일 경상북도 〈중요민속자료 제119호〉로 일괄 지정됐다.

16 경주 시내 북쪽에 위치한 작은 산. 경주이씨 시조인 이알평이 하강하였다고 전해지는 산.

두 번째 글 조선 최대의 저술을 남긴 병와 이형상

17 『갱영록』의 편찬 시기를 병와가 73세 되던 영조 1(1725)년에 저술한 것(권영철)으로 보고 있다. 서문이나 간기가 없어 편찬 동기나 편찬시기를 정확히 알 수 없다. 그러나 분명한 것은 『악학편고』 저술 이후에 편찬된 것임은 확실하다. "余於頃年纂樂學便考四卷 (追錄諺文反切說) 余旣編樂學便考 恭俟登壇者之折衷而甚矣 (聲韻本始說)"의 기록으로 이를 알 수 있다. "숙종 41(1715)년에서 영조 4(1728)년 사이"로 추정하고 있으나 이는 오류이다. 병와가 쓴 『악학편고』 「언문반절설추록(追諺文半切說)」에 "내가 근년에 『악학편고』 4권을 편찬하였고, 또 작년 여름에 친구들의 부탁을 받아 10일 만에 『자학(字學)』을 지었다."는 내용과 함께 "일년 뒤인 병신년 7월에 다시 써서 자식들에게 주었다."는 기록에 따르면 이 책의 편찬 연대인 병신년은 숙종 42(1716)년으로 확정할 수 있다.

18 최순희, 『병와선생문집』, 국학자료 제26호, 장서각, 1977.

19 대사성(大司成)은 조선시대 성균관의 으뜸 벼슬인 정3품의 당상관직. 유학과 문묘의 관리에 관한 일을 담당하였다. 법제상 전임직(專任職)이었지만 겸직하는 예가 많았는데, 정3품관이 아닌 상위(上位)의 1, 2품 관원이 겸직하는 예도 있었다. 순조 때 폐지되었다.

20 강령현은 영강현(永康縣)과 백령현(白翎縣)이 통합되어 생긴 경기 옹진군 황해도 지역의 조선 초기 행정구역. 영강현은 고구려시대에 부진이(付珍伊)라 하다가 고려 초 영강현으로 고치고 현종 9(1018)년 옹진에 속하게 되었다. 백령현(현 백령도 지역)은 고구려 때에 곡도(鵠島)라 하다가, 고려시대 백령현으로 고치고 진(鎭)을 두었다. 세종 10(1428)년 영강, 백령이 합하여 강령현이 되고 해주(海州), 우현(牛峴) 이남지역이 그 북쪽지역과 갈라져 강령현에 속하게 되었다. 고종

32(1895)년에는 강령군으로 승격하여 해주부(海州府) 관할이 되고 1909년 옹진군에 합쳐졌다.

21 병와의 아버지인 참판공 이주하를 말함. "辛酉2月8日生 進士 辛亥5月1日卒"
(『전주이씨효령대군파병와공자손록(全州李氏孝寧大君派瓶窩公子孫錄)』)

22 인천 향교의 유생들이 일으킨 사건.

23 부정자(副正字)는 조선시대의 관직. 태조 1(1392)년에 설치된 교서관의 종9품관으로 정자(正字) 아래, 별좌(別坐) 위의 벼슬이다. 정원 2명. 또한 태종 18(1410)년에 설치된 승문원의 종9품관으로 정자(正字) 아래 벼슬이다.

24 봉상시(奉常寺)는 조선시대의 관아. 태조 1(1392)년에 설치한 것으로, 국가의 제사, 시호(諡號), 적전(籍田)의 관장과 권농(勸農), 둔전(屯田), 기공(記功), 교악(教樂) 등의 일을 맡아보았다.

25 동지사(冬至使)는 조선시대에 명나라와 청나라에 정기적으로 파견한 사신. 대체로 동지(冬至) 절기를 전후하여 보냈으므로 동지사라 하였다. 정사(正使)는 3정승(政丞) 또는 6조의 판서 중에서 임명했으며, 정사 이외에 부사(副使), 서장관(書狀官), 종사관(從事官), 통사(通事), 의원(醫員), 사자관(寫字官), 화원(畫員) 등 40여 명이 수행하였다. 조선의 특산품인 인삼, 호피(虎皮), 수달피(水獺皮), 화문석(花紋席), 종이, 모시, 명주, 금 등을 선물로 가져갔는데, 세종 11(1429)년에 금은 면제되었다. 이와 같은 선물을 받은 명, 청나라에서는 그에 맞먹는 중국의 특산품을 조선에 선물했으므로 이 선물교환은 일종의 공무역(公貿易)이었다. 동지사의 파견은 고종 31(1894)년 갑오개혁 때까지 계속되었다.

26 정재숭(1632~1692) 조선 숙종 때의 상신으로 자는 자고(子高), 호는 송와(松窩), 본관은 동래(東萊), 영의정 태화(太和)의 아들. 효종 2(1651)년에 사마시에 합격, 현종 1(1660)년에 문과에 급제한 후 여러 벼슬을 거쳐, 숙종 11(1685)년 호조판서로 있다가 우의정이 되었다. 영중추부사(領中樞府事)를 지냈다.

27 이사룡(1612~1640)은 조선 중기의 의사(義士)로 본관은 성산(星山), 수문장 이유문(李有文)의 손자이며, 남한산성에서 인조를 호위한 공으로 무과에 오른 이정건(李廷建)의 아들이다. 인조 18(1640)년 청나라가 명나라를 치기 위하여 조선에 원병을 청하자 포사(砲士)로 징발되었는데, 금주(錦州)에서 명장(明將) 조대수(祖

大壽(대수)와 대전하였다. 그는 임진왜란 때 명나라의 은혜를 생각하고 공포(空砲)로 응전하였다. 이를 본 동료가 적극 말렸으나, 이미 죽음을 각오하였다면서 듣지 않았다. 끝내 청군에게 발각되어 잡혀가서 칼로 위협을 받았으나 청장에게 욕설을 퍼부으면서 굴하지 아니하니, 이때 우리나라 장령(將領)들이 청장에게 용서를 빌어 살려주기로 허락을 받았는데도, 그는 웃으면서 스스로 죽음을 청하여 의롭게 죽었다. 청장들이 비록 그를 죽이기는 하였으나 그의 높은 절의에 크게 감탄하였다. 뒷날 칠포만호·성주목사에 추증되고, 성주 충렬사(忠烈祠)에 제향되었다.

28 숙종 15(1689)년 윤3월 2일, 숙종께서 유서와 함께 부상으로 숙마 한 필을 하사했다.

29 권대운(1612~1699)은 안동권씨로 자는 시회(時會)이고 호는 석담(石潭)이다. 인조 20(1642)년 진사가 되고, 1649년 별시문과에 을과로 급제하여 승지에 이어 형조, 병조, 예조의 참의와 한성부윤, 형조참판, 개성유수 등을 거쳐 현종 7(1666)년에는 평안도관찰사로 나갔다. 대사간(大司諫), 함경도관찰사를 지내고 1670년 호조판서에 올랐으며 이듬해 동지사(冬至使)로 청나라에 다녀왔다. 1674년 숙종이 즉위하자 예조판서, 병조판서를 거쳐 우의정으로 승진하였다. 당대 남인의 중심적 인물로 처신하다가 숙종 6(1680)년 경신대출척(庚申大黜陟)으로 남인이 실각하고 서인이 득세하자 중추부판사로 좌천되었다가 파직당하고 영일(迎日)에 위리안치(圍籬安置)되었다. 1689년 기사환국(己巳換局)으로 풀려나 영의정에 등용되고, 같은 해 6월 유배중인 서인의 영수 송시열(宋時烈)을 사사(賜死)하도록 하였다. 1694년 갑술환국으로 다시 정국이 반전됨에 따라 관직이 삭탈되고 절도(絶島)에 안치되었으나, 1699년 고령이라 하여 고향에 돌아가 죽었다. 비록 당정에 휘말려 굴곡이 심한 관료생활을 하였으나 생활이 검소하고 청렴하여 명망이 높았다. 죽은 뒤 왕의 특명으로 관작이 복구되었다.

30 박태보(1654~1689)는 조선 후기의 문신. 본관 반남, 자 사원(士元). 호 정재(定齋), 시호 문열(文烈), 중추부판사 세당(世堂)의 아들, 숙종 1(1675)년 사마시를 거쳐 77년 알성문과에 장원, 전적(典籍)을 지냈다. 예조좌랑 때 시관(試官)으로, 출제를 잘못하였다는 이유로 남인(南人)의 탄핵을 받아 선천(宣川)에 유배되었다가, 이듬해 풀려났다. 80년 수찬(修撰)을 지내고 2년 뒤 사가독서(賜暇讀書)를 거

처 교리, 이조좌랑, 호남의 암행어사를 역임하였다. 1689년 기사환국 때 서인을 대변, 인현왕후의 폐위를 강력히 반대하다가, 모진 고문을 당한 뒤 진도에 유배 도중 노량진에서 죽었다. 학문과 문장에 능하고 글씨도 잘 썼으며, 비리를 보면 참지 못하고 의리를 목숨보다 소중히 여겼다. 영의정에 추증, 풍계사(豊溪祠)에 배향되었다. 문집 『정재집』 14권, 편서 『주서국편(周書國編)』, 글씨 『예조참판박 규표비(禮曹參判朴葵表碑)』, 『박상충비(朴尙衷碑)』 등이 있다. 숙종 15년에 일어 났던 실제 사건을 소설화한 고소설 「박태보전」이 남아 있다.

31 숙종 15(1689)년 장희빈의 소생(경종)을 세자로 책봉하려는 숙종의 뜻을 서인 의 거두 송시열 등이 반대하자 남인들이 서인을 탄핵한 결과, 송시열 등 서인계 열은 대거로 유배를 받고 정권이 다시 남인의 영수인 권대운 등에게 넘어갔다.

32 성주목사 재임 시 전정 개혁안의 소를 올린 것에 대해 전정이 소루하다는 당론 의 시비로 양주목사직에서 삭탈관직되었다.

33 현재 경기도 양주시 주내면 유양리 동헌(東軒) 경내에 있다.

34 중추부(中樞院)는 조선 전기 왕명의 출납, 병기, 군정(軍政), 숙위 등의 일을 맡아 본 관청.

35 『동도향음예기(東都鄕飮禮紀)』를 지어 향약을 정비하고 고을의 민풍의 고양과 단합을 권면했다.

36 심약은 조선시대의 외관직(外官職). 각도에 두었던 동반(東班)의 종9품으로, 궁 중에 바치는 약재(藥材)를 검수하는 일을 맡아보았다. 이들은 전의감(典醫監), 혜 민서(惠民署)의 의원(醫員) 중에서 임명하였는데, 경기도, 황해도, 강원도에 각 1 명, 충청도, 평안도에 각 2명, 경상도, 영안도(永安道, 함경도)에 각 3명을 두었다.

37 제주에 유배되어 와 있던 병와의 절친한 벗인 동복 오시복을 절도사 향청에 불 렀다는 사실이 밀고되어 삭탈관직 당하였다.

38 이인좌의 난.

39 병와가 경상도관찰사에게 감영 내 별당에 거처하기를 요청하자, 이를 빌미로 적 도들과 내통한다는 장계를 올려 국문을 당하게 된다.

40 송인명(1689~1746)은 조선 후기의 문신, 본관 여산(礪山), 자 성빈(聖賓), 호 장

밀헌(密軒), 시호 충헌(忠憲). 숙종 45(1719)년 증광문과(增廣文科)에 급제, 검열(檢閱)을 지냈다. 설서(說書)로 있던 중 24년 영조가 즉위하자 충청도관찰사에 기용되었다. 25년 동부승지 때 붕당의 금지를 건의, 영조의 탕평책에 적극 협조했다. 31년 이조판서가 되어 노소론(老少論) 중에서 온건한 사람들을 중용했다. 우의정 등을 거쳐 40년 좌의정 때는 탕평책에 박차를 가하여 국가의 기강을 튼튼히 했다. 왕명에 따라 박사수(朴師洙)와 함께 신임사화의 전말을 기록한『감란록(勘亂錄)』을 편찬하였다. 영의정에 추증되었다.

41 이현석(1647~1703)은 조선 후기의 문신. 본관 전주이고 자는 하서(夏瑞), 호는 유재(游齋)이며 시호는 분복(文穆)이다. 현종 8(1667)년에 진사가 되고 숙종 1(1675)년에 증광문과에 을과로 급제, 이듬해 검열(檢閱)을 거쳐 3사의 벼슬을 역임하고 1682년 우승지가 되었다. 동래부사, 경상도관찰사, 중추부동지사를 거쳐 1693년 춘천부사가 되었다. 이듬해 한성부판윤 등을 거쳐 우참찬, 형조판서에 올랐다. 글씨에도 능하였다. 저서에『유재집(游齋集)』,『역의규반(易義窺斑)』, 편저에『명사강목(明史綱目)』이 있고 글씨로는『낙산사 해중관음공중사리탑비(洛山寺海中觀音空中舍利塔碑)』가 강원도 양양(襄陽)에 있다.

42 이관징(李觀徵, 1618~1695)은 조선 후기의 문신. 본관 연안(延安)이며 자는 국빈(國賓), 호는 근옹(芹翁), 근곡(芹谷)이며 시호는 정희(靖僖)이다. 인조 17(1639)년에 사마시에 합격, 성균관(成均館) 유생으로 재질이 뛰어나 참봉(參奉)으로 천거되었다. 현종 1(1660)년에 1차 복상문제(服喪問題) 때 쫓겨난 남인 허적(許積) 등을 구제하려다가 전라도 도사(都事)로 좌천되고 1674년 숙종이 즉위하여 남인이 득세하자 대사성, 대사헌을 지내고, 예조판서, 보양관(輔養官)에 이어 이조판서, 행중추부판사(行中樞府判事)로 치사(致仕)하고 봉조하(奉朝賀)가 되었다. 해서(楷書)에 뛰어났으며 김생(金生)의 필법을 연구하였다. 저서에『근곡집(芹谷集)』이 있다.

43 문집으로『번암집』이 있다.

44 말단의 직위에서 장부를 대하면서 항상 붉고 검은 글씨로 결재하느라 시달리는 모습을 표현하는 말이다.

45 성고(城皐)는 고향의 언덕과 같은 말로 쓰여졌으며, 영수(潁水)는 옛날 요임금 때

의 은사인 허유가 살던 곳의 강 이름이다. 이 글에서는 고향에 돌아가서 은사의
생활을 꿈꾸고 있었다는 뜻이다.

46 만송은 병와의 손자로 여항(如沆)의 넷째 아들이다.

47 이상정(1710~1781), 조선 후기의 학자. 본관 한산(韓山), 자 경문(景文), 호 대산
    (大山). 영조 11(1735)년 증광문과에 병과로 급제, 정언(正言)을 거쳐 예조참의,
    형조참의에 이르렀다. 경상도 안동에서 학술을 강론하여 많은 제자를 길렀는데,
    그의 학문은 이황(李滉)의 학통을 계승하고 있으며 성리학 연구에 깊었다. 저서
    에 『대산문집』, 『약중편제(約中編制)』, 『사칠설(四七説)』 그리고 후세들이 편집,
    간행한 『대산실기(大山實記)』 등이 있다.

편 자 이정옥

이정옥은 경북대학교 국어국문학과와 동 대학원에서 「내방가사의 미학적 연구」로 석사학위
를, 「내방가사의 전승과정과 향유층의 의식 연구」로 계명대학교 대학원에서 문학박사 학위
를 받았다.

주요 경력

위덕대 교수, 중국해양대학교 객원교수, 경주세계문화엑스포 자문위원, 경상북도 여성정책
개발원장, 미래여성회 회장, 한국교육과정 평가원(KICE) 연구위원(교육과학부 중등교과서 검증
위원), 경상북도 정체성포럼 화랑분과 부위원장, 포항시축제위원장, 한국학중앙연구원 한국
학 자료 구축사업(내방가사데이터베이스) 책임연구원, 수필가, 경주수필가협회 회원.

저서

『내방가사 향유자 연구』(박이정), 『영남 내방가사1-5』(국학자료원), 『경주에 가면 행복하다』
(도서출판 세미), 『이정옥 교수와 함께 하는 이야기로 만나는, 경주사람만 아는 경주 여행』(아
르코), 『영천에 가면 나무도 절을 한다』(아르코), 『경북의 민속 문화』(국립민속박물관) (공저),
『구술생애사로 본 경북여성의 삶』(경북여성정책개발원) (공저), 『이야기로 만나는 경북여성사』
(경북여성정책개발원) (공저) 등이 있으며, 논문으로는 「내방가사 향유자들의 문명 인식과 그 표
출 양상」 외 40여 편이 있다.

300년 전, 백성 편에 선 목민관의 목소리

병와 이형상

초판1쇄 발행   2014년 1월 10일

엮 은 이 이정옥
펴 낸 이 최종숙
펴 낸 곳 글누림출판사

책 임 편 집 이태곤
편집 디자인 안혜진
편   집 이홍주 권분옥 이소희 박선주
마 케 팅 박태훈 안현진
관   리 이덕성

주   소 서울시 서초구 반포4동 577-25 문창빌딩 2층(137-807)
전   화 02-3409-2055(대표), 2058(영업), 2060(편집)
팩   스 02-3409-2059
홈페이지 http://www.geulnurim.co.kr
전자메일 nurim3888@hanmail.net
등록번호 제303-2005-000038호(2005. 10. 5)

ISBN 978-89-6327-256-6 93990

정가 24,000원